庐江丁家畈遗址·槐树墩、月亮墩、东墩

安徽省文物局 主编

河南大学历史文化学院
安徽省文物考古研究所 编著

上海古籍出版社

图书在版编目（CIP）数据

庐江丁家畈遗址·槐树墩、月亮墩、东墩 / 安徽省
文物局主编；河南大学历史文化学院，安徽省文物考古
研究所编著. -- 上海：上海古籍出版社，2024.8.
（安徽省引江济淮工程考古成果）. -- ISBN 978-7-5732-
1278-8

Ⅰ. K878.05

中国国家版本馆CIP数据核字第2024L5D376号

责任编辑：贾利民

装帧设计：黄　琛

技术编辑：耿莹祎

安徽省引江济淮工程考古成果

庐江丁家畈遗址·槐树墩、月亮墩、东墩

安徽省文物局　主编

河南大学历史文化学院
安徽省文物考古研究所　编著

上海古籍出版社出版发行

（上海市闵行区号景路 159 弄 1-5 号 A 座 5F　邮政编码 201101）

（1）网址：www.guji.com.cn

（2）E-mail：guji1 @ guji.com.cn

（3）易文网网址：www.ewen.co

上海雅昌艺术印刷有限公司印刷

开本 889×1194　1/16　印张 13.75　插页 40　字数 361,000

2024 年 8 月第 1 版　2024 年 8 月第 1 次印刷

ISBN 978-7-5732-1278-8

K·3666　定价：198.00 元

如有质量问题，请与承印公司联系

目　　录

插 图 目 录

插 表 目 录

彩 版 目 录

前　言

　　引江济淮工程是继三峡、南水北调之后，我国172项重大水利工程的标志性项目，是以工业和城市供水为主，兼有农业灌溉补水、生态环境改善和发展江淮航运等综合效益的大型跨流域调水工程，按所在的位置自南向北可分为引江济巢、江淮沟通、江水北送三部分，输水线路总长723公里，其中安徽境内输水线路总长587.4公里。由此，该工程被称为安徽的"南水北调"工程，也被称为安徽省基础设施建设的"一号工程"。

　　工程供水范围涵盖安徽省12市和河南省2市，共55个区县。其中，安徽省有亳州、阜阳、宿州、淮北、蚌埠、淮南、滁州、铜陵、合肥、马鞍山、芜湖、安庆12个市46个县（市、区）。引江济巢段蔡子湖线经过铜陵市枞阳县、安庆市桐城、合肥市庐江县等3市6县（区）102个村庄（居委会），其庐江段经过县境内万山镇的永桥村。根据《安徽省志》所记及以往所做的文物勘探调查、考古发掘工作成果，工程沿线分布有多处古代人类生产、生活留下的遗迹，尤其是众多高出周围地面数米的墩台，多系新石器时代及商周时期的遗存。鉴于此，考古工作者先期在工程覆盖区域的河道沿线展开了文物调查、勘探工作，最终发现了几十处古代文化遗存。其中，在永桥村丁家畈自然村东500米处一片比较开阔的区域，发现了一处由5个人工夯筑的土墩台（即条公嘴墩、团墩、月亮墩、槐树墩、长墩，其中，出于考古发掘工作的便利，长墩被分为中墩和东墩两部分）构成的西周时期古文化聚落遗址，以遗址所在村落命名为"丁家畈遗址"。该遗址总占地面积约100 000平方米，其中墩台所占面积约32 700平方米。考虑到"一号工程"推进的紧迫性和遗址文化内涵的重要性，安徽省文物考古研究所与河南大学和南京大学签订了联合考古发掘协议，委托两所高校共同担负起这项考古发掘任务。南京大学负责中墩的发掘工作，河南大学负责团墩、东墩、月亮墩和槐树墩的发掘任务。

　　此次发掘是在配合引江济淮工程建设的同时进行的。河南大学考古队在领队李溯源老师的率领下，按照"全面勘探、重点发掘"的总体要求，对所承担的丁家畈遗址发掘区进行了区块划分。分为3个区域：北区（即团墩，或称北墩、1号墩），编号为2018ALDN；东区（即东墩，或称3号墩），编号为2019ALDE；西区（即月亮墩，也称4号墩；槐树墩，也称南墩、5号墩），编号为2019ALDW，其中：槐树墩为西区一号，编号为2019ALDWⅠ；月亮墩为西区二号，编号为2019ALDWⅡ。2018年8月至11月，在团墩布设21个探方进行了发掘，2019年1月8日至22日又补开一个探方进行发掘，在2 125平方米的实际发掘面积内发现了房址、灰坑、墓葬、祭祀石块堆、围垣等各类遗迹153处，出土和采集陶器、石器、铜器、骨角器等多种遗物602件，其中比较完整和可复原器物233件，挑选可辨器形的标本369件，取得了一系列考古收获。2019年3月8日至5月17日，又先后在槐树墩、月亮墩和东墩通过探方发掘法和探沟发掘法进行了发掘，共计发掘面积2 247平方米，发现了灰坑、房址、墓葬等各类遗迹155处，出土了西周中晚期的陶器、石器、铜器、骨角器、瓷器等遗物190件，以及73件宋代墓葬随葬品，基本厘清了丁家畈遗址的分布范围、文化面貌、文化内涵、时代及性质等问题。丁家畈遗址的时代大致贯穿了整个西周时期，其性质属于西周时期中原王朝为实现经略江淮、管控地方的政治目的，而设置于此的兼有"金道锡行"职能的军政据点。丁家畈遗址的发现和考古发掘，对于安徽江淮地区开展墩台类遗址的考古研究提供了重要材料和新的线索。

本次发掘诚邀专家顾问和技术指导人员，组建了强大的队伍，而且采用了科技考古手段。其中，南京大学历史学院副院长水涛教授、安徽省文物考古研究所副所长宫希成研究员担任顾问；武汉大学历史学院徐承泰教授任监理；河南大学历史文化学院考古文博系副教授李溯源担任领队；南京大学历史学院副教授赵东升、安徽省文物考古研究所考古部主任张辉、信阳师范学院历史系副教授贺辉、湖北省咸宁市博物馆馆长朱强、新疆师范大学历史与社会学学院讲师牛姣为技术指导；河南大学科技考古实验室副教授金锐、河南大学科技考古实验室司义参与了科技考古；河南大学社科处教师张玉芹，硕士研究生华铭、赵新丽负责后勤工作。特邀学术顾问、权威专家水涛教授百忙之中时刻关注遗址发掘的进展、遗迹和遗物的发现及出土情况，对遗址文化遗存的文化内涵、文化特征、文化因素分析等给予了学术力量方面的强力支持。

先后参加本次考古发掘工作的队员有：河南大学考古系博士研究生贾一凡，硕士研究生宋志锐、朱芃宇、刘昊，本科生尹彩彩、张志丹、彭杨柳、王统；南京大学考古系研究生周洁、潘小娟；新疆师范大学硕士研究生刘娟、郭瑶丽，本科生李昊、吴成云、毛珠亮；天津师范大学研究生乔金丽；安徽师范大学历史系研究生周奕鑫；技工李海生。先后配合此次发掘的民工有：孙业超、孙立章、夏著辅、陈健莲、丁荣华、严永金、金爱群、夏著才、李业存、刘家翠、丁成芳、金燕祥、佘长琴、夏克宇、夏世云、周陶翠、钟华月、施祖华、丁荣四、王友情、江学普、江学宏、夏著翠、杨前芬、周金芳、汪志静、李茂珍、王友信、夏著法、沈国春、林清泉、喻大兵、夏和平、章昌根、丁荣云、丁荣照、毛能华、江学义、计光荣、王志珍、杨道翠、丁先贵、伍兰芳、金家荣、张百文、王登爱、许自芳、金家发、童昌贵、俞小红、李业民、夏克树、张灯云、江学发、李业芝、江学胜、凌光稳、金家梅、喻伟玉、陈昌荣、王孝兰、沈方朋、时宗琴、江海山、江文英、张翠平、江经宝等90余人。河南大学2016级、2017级硕士研究生宋志锐、华铭、刘昊、华佳莹、王统等还参加了室内资料整理和报告编写工作。

本报告公布的即为河南大学历史文化学院考古队所承担墩台的全部发掘材料。基于考古发现的遗迹和遗物数量众多，将其按照发掘年度的先后和发掘区所在方位，分别将2018年团墩发掘资料和2019年补开探方资料编入《庐江丁家畈遗址·团墩》，把2019年发掘的槐树墩、月亮墩和东墩全部文化遗存资料编入《庐江丁家畈遗址·槐树墩、月亮墩、东墩》两部考古发掘报告中。

在此次发掘及报告整理编写过程中，得到了安徽省文物考古研究所的鼎力支持和多方面的协助，敬致谢忱。

第一章　概　述

第一节　自然环境与历史背景

一、地理区位

丁家畈遗址位于安徽省合肥市庐江县万山镇永桥村丁家畈自然村东约500米的岗丘地带上（图一；彩版一，1）。

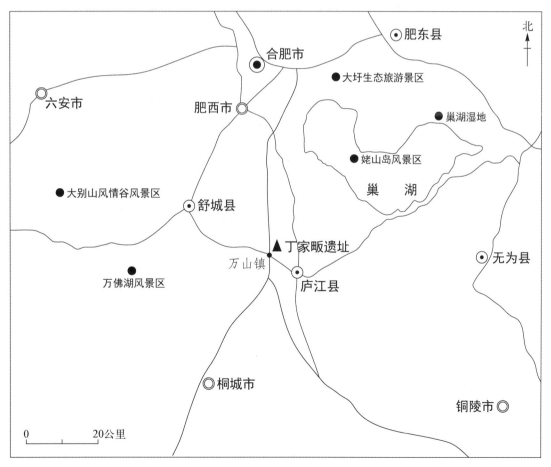

图一　丁家畈遗址地理位置示意图

该遗址东北距巢湖约70公里,北距合肥市约150公里,南距长江约150公里,西邻大别山东麓。遗址地处江淮地区巢湖流域的罗埠河及其支流的西南侧,由五个高出地面约2～6米的墩台组成。本报告中的东墩、月亮墩、槐树墩分别是丁家畈遗址东部(即长墩的东部)、西南部和南部的墩台(图二)。

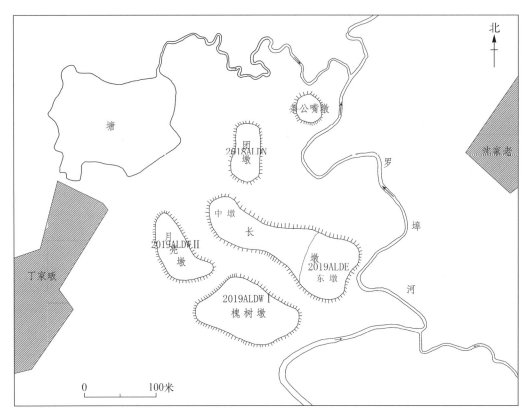

图二　丁家畈遗址平面分布图

二、自然条件

周代之时尚无今安徽省之称谓。康熙六年(1667年)清廷分江南省为江苏(含上海)、安徽两省,自此安徽正式建省,当时的巡抚衙门、布政使司、省会治所在安庆,直至新中国成立。而安庆在历史上受古潜山(皖山)文化影响较深,所以安徽简称"皖"。早在周代,这里分布有皖国、萧国、桐国、六国、舒国等诸多小方国。安徽江淮地区,指广义上的长江、淮河之间的安徽地区及沿江、沿淮的周边地区。

从区域位置上看,安徽的江淮地区,从大别山的东缘开始出现一片海拔在40到80米,大致呈西南向东北方向延伸的阶地,至安徽东部时与那里的丘陵山岗地带相接。这片丘陵岗地位于淮河和长江之间,丘陵地带以东,淮河平原与长江三角洲在江苏合为一体,形成中国东部沿海的一个大型平原。早在周代,这一区域的地理位置十分特殊,北望周王朝腹地及其封国,东北方为东夷部族居住区,西境与楚国相连,东部则与吴、越两国接壤,南部为南方百越民族分布区。这种四面皆与强大势力交接的地理位置十分特殊,亦对本区域历史与文化发展有着十分重要的影响①。

　　从地形地貌上看,周代安徽江淮地区主要山脉有大别山、天目山、黄山、九华山等,山脉之间为新安江、水阳江、青弋江等河流谷地,地势由山地核心向谷地渐次下降,形成了由高山、中山、低山、丘陵、台地(岗地)、平原等组成的类型齐全、层级分布的基本地貌格局。这里地跨长江、淮河、新安江(长江安徽段)三大流域,其中长江与淮河自西向东穿省而过,形成了淮北、江淮与皖南三大自然区域。又将这里自北向南划分成淮河平原区、江淮台地丘陵区、皖西丘陵山地区、沿江平原区、皖南丘陵山地区五大地貌区域,南北差别较大。淮河以北多为平原地貌,地势开阔坦荡,为华北平原的一部分。江淮地区地形复杂,西部与今湖北交界处多为山地,为大别山支系,东部区域丘陵连绵不断,而南部沿江一线则地势低平,呈现出平原地貌。皖南地区地形更为复杂,江南北部沿江一线为平原地貌,这一地貌可延伸至今宣城一带;江南南部则为山地,为黄山山系,新安江及其支流源出于山区之中。周代时这一区域河流众多,水网密布。共有大大小小的河流2 000多条,除南部新安江水系属于钱塘江流域外,其余均属长江、淮河流域。共有湖泊580多个,主要分布于长江、淮河沿岸,占总面积的70%以上。其中,淮河流域有八里河、城西湖、城东湖、焦岗湖、瓦埠湖、高塘湖、花园湖、女山湖、七里湖、沂湖、洋湖等,长江流域有巢湖、南漪湖、华阳河湖泊群、武昌湖、菜子湖、白荡湖、陈瑶湖、升金湖、黄陂湖、石臼湖等。其中,巢湖面积最大,是我国第五大淡水湖。丁家畈遗址即位于江淮地区地处东西联结、南北交界区内的近江处,丘陵起伏、川流纵横、水泽星罗棋布,地形地貌形态极富特点。

　　从气候降水来看,周代安徽江淮地区处于中纬度区域,在气候上属于亚热带和暖温带、湿润区和半湿润区的过渡地段,气候温暖湿润,四季分明。但气候条件分布差异明显,天气多变,降水年际变化大。在我国气候区划中,淮河以北地区纬度较高,属暖温带半湿润季风气候,淮河以南地区处于中纬度地带,属于亚热带湿润季风气候,其气候的主要特点是:季风明显,四季分明,气候温和,雨量适中,春暖多变,夏雨集中,秋高气爽,冬季寒冷。南北气候差异明显,随着季风的变化降水也随之发生明显的变化,是我国季风气候明显的地区之一。淮河以北冬季长于夏季,江南地区则是夏季长于冬季。江淮地区则处于过渡的核心地带,夏、冬两季大致相当,雨量充沛、物产丰富,非常适宜人类居住。

　　从自然资源来看,周代安徽江淮地区资源极为丰富,《尚书·禹贡》关于九州之划分,皖境江淮区域以淮河为界,以北属豫州、徐州,以南属扬州。三地产出自然资源有所不同,向周天子贡纳的物品也不尽相同,各有特色。属豫州一带者有"漆、枲、絺、纻,厥篚纤、纩,锡贡磬错";属徐州一带者有"羽畎夏翟,峄阳孤桐,泗滨浮磬,淮夷蠙珠暨鱼。厥篚玄纤、缟";属扬州部分者则产出"厥贡惟金三品,瑶、琨、篠荡,齿、革、羽、毛、惟木……厥篚织贝,厥包橘、柚"。②综合来看,皖境江淮区域的贡品主要有金、银、铜、锡、玉、小竹、大竹、象牙、鸟的羽毛、木材、絺、纻、纤、纩、缟等品类。

　　查阅传世文献及青铜铭文资料等,发现这一区域诸多自然资源中,屡有记载或被文人学士提

① 王郑华:《周代皖境三地历史文化论析》,华中师范大学2016年硕士学位论文。
② 王郑华:《周代皖境三地历史文化论析》,华中师范大学2016年硕士学位论文。

及的当属"苞茅""金锡"等资源。关于苞(包)茅,人们最熟悉不过的当属鲁迅《从百草园到三味书屋》中的记述:"大家放开喉咙读一阵书……有念'厥土下上上错厥贡苞茅橘柚'的。"另外,传世文献也屡有记载,《左传·僖公四年》:"尔供包茅不入,王祭不共,无以缩酒,寡人是征";《旧五代史·唐书·武皇纪下》:"仆经事两朝,受恩三代,位叨将相,籍系宗支,赐鈇钺以专征,征苞茅而问罪";清黄遵宪《和钟西耘感怀诗》:"但占风雨都来享,偶断苞茅便问诸。"还有在周代产生重大影响的江淮的铜矿资源。上文之"金三品",即金银铜之合称,尤其是江南沿江一线的铜陵、南陵等地,铜矿资源十分丰富,早在夏商时期业已开采,成为中国青铜器制造的重要原材料基地之一。据现代地质部门的勘探资料,滁州市、含山、无为、庐江以及长江隔岸的繁昌、南陵、铜陵等地均有铜矿蕴藏。考古发掘资料显示,这一带曾发现先秦古矿场二十多处,时代最早的可达商末周初。

综上,如此优越的区域自然环境,对于人类的生存繁衍、发明创造是极为有益的。这种特殊的时空环境对丁家畈遗址的历史传统、文化生态等产生了重要影响。自旧石器时代起,经历新石器时代、历史时期,这里都留下了人类的足迹,留下了独具特色的人文景观。

三、人文条件

与自然条件直接对区域的历史与文化产生影响不同,人文条件是通过潜移默化的方式不断地产生影响的。

(一)历史传统

夏商时期,安徽江淮区域多为小国,并未受夏、商的直接控制。但是,这里与夏商的联系十分频繁,境内大部分地区可以看作是夏、商两朝间接控制的区域。夏代,王朝的缔造者夏禹治水的重要区域即为今天的淮河流域,部族有六、英、许、逢、穷、蓍、仍、虞、给、过、戈、商、亳、葛、薛、南巢、有宰氏、陈丰氏、有缗氏等。这一区域至今仍有大禹治水留下的遗迹与传说。《尚书·皋陶谟》记载:"予创若时,娶于涂山,辛壬癸甲,启呱呱而泣,予弗子,惟荒度土功,弼成五服,至于五千,州十有二师";《左传·哀公七年》记载:"禹合诸侯于涂山,执玉帛者万国。"这说明禹会诸侯于涂山是以禹娶涂山氏女为前提和基础的,从而又奠定了夏王朝建立的根基。涂山的地望,即在今安徽蚌埠,尤其是近年蚌埠禹会村遗址发现了龙山时期的大规模祭祀遗存以及多种文化因素共存的最新考古成果,为"禹合诸侯于涂山""三过家门而不入"等传说成为信史提供了强有力的支撑。夏朝十六传而至夏桀,夏桀无道,夏朝被成汤所灭,桀则奔"南巢"而亡。《史记·夏本纪》之《正义》载:"汤败桀于历山,与妹喜同舟浮江,奔南巢之山而死。"南巢所在,即今之巢湖一带。至于夏桀在亡国之后逃往巢湖一带的原因,一方面由于巢湖距离中原地带较远,更为重要的是这一区域的部族与夏朝关系良好,能够为夏桀提供庇护。

商代,境内方国众多,商代的部族有林方、盂方、商、亳、雀、贝、攸、潜、粟、徐、杞、鲁、汝、栎、宋、戈、任、彭、鸡、霍、虎方、江、黄、六、白、陈、归、药、儿、奄等数十个。商王朝为了扩张统治区域,对安徽境内的诸多方国、族邑发动了战争,中央王朝在安徽的影响大为扩大。

周代,境内政治格局发生了重大变化。首先,武王克商以后,基本上控制了商朝原来的统治地区,又征服了四周许多的小国,但如何牢固控制东方的大片领土,成了西周王朝上层统治集团面临的一个十分重要的问题。他们采用了"分封亲戚,以藩屏周"的政策,把其同姓宗亲和功臣谋士分封各地建立诸侯国,一个个诸侯国成为对一方土地进行统治的据点,也起到了拱卫周王室的作用。安徽境内的主要封国有偃姓的桐国,大致在今安徽省桐城市一带,前508年为楚国所灭;偃姓宗氏的宗国,大致在今安徽省舒城县至庐江县一带,前615年为楚国所灭;偃姓巢氏的巢国,大致在今安徽省巢湖市一带,前518年为吴国所灭;嬴姓养氏的养国,大致在今安徽省临泉县杨桥镇一带,前512年为楚国所灭;子姓萧氏的萧国,大致在今安徽省萧县一带,前579年为楚国所灭;偃姓的皖国,大致在今安徽省潜山县一带,为楚国所灭;偃姓的庐国,大致在今安徽省合肥市一带,为楚国所灭;偃姓的州来国,大致在今安徽省凤台县一带,为吴国所灭;归姓的胡国,大致在今安徽省阜阳市一带,前496年为楚国所灭。

(二)文化生态

早在旧石器时代,这里就开始出现了古人类活动的踪迹。考古学者在今安徽境内发现的旧石器时代古人类化石和旧石器地点有40余处。繁昌孙村人字洞遗址发现了距今已有200万年之久的古人类化石,确定这里是已知的亚洲最早的古人类活动遗址;在和县发现了20万年前的直立人化石,在巢县发现了早期智人化石;宁国毛竹山遗址敲响了水阳江畔的营地足音。进入新石器时代之后古人类遗存更是不胜枚举,尤其是在长江沿岸、淮河、巢湖流域以及皖西南地区,一批文化面貌各具特色的考古学文化被相继发现:蚌埠双墩遗址发现了神秘的刻画符号,潜山薛家岗遗址出现了安徽首支考古学文化,蒙城尉迟寺遗址揭开了中华原始第一村的面纱,含山凌家滩遗址展示了一个古代玉器王国的辉煌,怀宁孙家城遗址与固镇垓下遗址分别用考古材料证实了地处长江下游古城和淮河流域第一座史前城址的存在。到了夏商周时期,屯溪土墩墓的发现,让人们了解了黄山脚下西周贵族阶层"事死如事生"的丧葬文化;南陵牯牛山遗址与千峰山土墩墓群的破土面世,让人们感受了江南水乡与它的居民的种种过往;皖南古矿冶遗址内重要遗迹和遗物的发现,为《禹贡》所记南方之"金三品"提供了强力的证据支撑;蚌埠双墩一号墓的随葬器物勾起人们对消失的南方古国的记忆;寿县蔡侯墓彰显了王者归来的荣耀与魄力;寿县朱家集李三孤堆楚王陵的发现让楚国疆域变迁的研究者如获至宝。特别在新中国成立以来的半个多世纪里安徽陆续发现了众多古文化遗址,如铜陵师姑墩青铜冶铸遗址、南陵大工山铜矿采冶遗址、阜南润河商代铜器群、阜阳王岗商代铜器群、肥西馆驿商代铜器群、池州青阳商末铜器群、池州青阳西周晚期青铜器等,都出土有夏商周至战国时期的青铜器,多数堪称艺术瑰宝、国家宝藏。(图三)

值得注意的是,在众多遗址的文化因素中,不但表现出了自身的地方特色以及山东龙山文化、良渚文化等的影响,同时又或多或少地折射出来自中原统一王朝文化(或类型)的强烈冲击,出土器物、葬俗、社会生活等呈现出以中原文化特征为主兼具地域特征。春秋早中期,江淮地区以方国文化为主,同时受到中原、楚文化的共同影响。春秋中期至战国时期随着诸方国的灭亡,

淮北市

亳州市

宿州市
芦城坟遗址

双古堆遗址　　　　　　　泗岗商代铜器群

双墩遗址

阜阳市

台家寺遗址　　　　蚌埠市　　春秋钟离墓

阜南润河商代铜器群

蔡侯墓　　　　　　淮南市

王岗商代铜器群　　　　寿春城遗址　　三江城商周遗址

朱家集李三谷堆楚玉墓

霍邱堰台西周遗址　　　　　　　　　　　　滁州市

何郢遗址

烟大古堆遗址

庙台遗址　　肥西城岗遗址

霍邱红塔寺遗址　　　烟大古堆遗址

六安市　　　　　　　　大城墩遗址

金安区堰墩遗址　　　合肥市　　　　　塔墩山遗址

肥西馆驿商代铜器群　　马鞍山市

九里墩春秋墓　　　　　　　　　五担岗遗址

霍山戴家坟周代遗址　　舒城五里青铜器群

丁家畈遗址

芜湖市

庐江枞阳商周遗址

汤家墩遗址　　　　　　　繁昌瓜墩遗址

铜陵市

怀宁跑马墩商周遗址　师姑墩青铜冶铸遗址凤凰山　大工山铜矿采冶遗址

张四墩遗址　　　　　　　　南陵牯牛山周代遗址　宣城市

安庆市　　　青阳商末青铜大饶

池州市　　　　　　　　千峰山西周土墩墓群

青阳西周晚期青铜器　　　　　　　　　　广德荷花墩周代土墩墓群

黄山市

西周土墩墓

图三　安徽重要考古发现示意图

　　取而代之的是具有地方特色的楚文化。方国文化、楚文化虽然都在礼器制作、葬俗方面有所突破,但自始至终都与周礼相合。

　　到了历史时期,江淮作为中原和长江下游乃至长江中游和长江下游地区间交际的通道更是频繁地发挥着作用。春秋时代,楚国势力北上受挫转而东进夺取江淮,其后吴师入楚国都城。颇为有趣的是，其未经长江水道，反而是溯淮水西上。无独有偶，魏晋南北朝时期、宋金时期乃至解放战争时期，但凡中国处于南北分裂割据状态时，江淮地区的重要性便愈发得到体现。无论是由中原趋江淮而临东南，还是由东南出江淮而图中原，征服江淮都成为一项基本的策略。

第二节　建置沿革

"庐江"，最早见载于《山海经·海内东经》，是一条江名，郡因江名。"庐江郡"设于西汉初。后县因郡名，延续至今。又据《梁书》《魏书》记载，庐江又名潜（潜川），始于南朝梁。

春秋时期属舒国，徐人取舒后，为楚地。秦代，先属九江郡，后属衡山郡。汉代，为舒县，初属淮南国衡山郡，后属衡山国、衡山郡。武帝元狩二年（前121年）废江南庐江郡，分衡山东部、九江郡南部置新庐江郡，舒县属庐江郡。三国时期，先后分属吴庐江郡（治皖）、魏庐江郡（治阳泉）。西晋，仍为舒县，属豫州庐江郡（治阳泉）。

南北朝时期，梁天监元年（502年），置湘州，改舒县名潜，为庐江郡治。隋代，开皇元年（581年），罢庐江郡置庐州，迁庐州治于合肥；大业三年（607年），复改庐州为庐江郡，州、郡治移建于合肥，为存旧名，改旧治为庐江县。唐朝，开元二十三年（735年）分合肥、庐江地置舒城县。宋代，析庐江、巢县地设无为县。

元朝，县境仍沿旧域。明代，属庐州府；崇祯八年（1635年），农民起义军贺一龙、马守应由巢县经盛家桥，攻克庐城；崇祯十五年（1642年），张献忠再次攻克庐城。清朝，顺治二年（1645年），属江南布政使司庐州府；顺治十八年（1661年），属江南左布政使司庐州府；康熙六年（1667年），改左布政使司为安徽布政使司，庐江县属安庐滁和道庐州府。其后，庐江县区域多有调整，现今庐江县属安徽省合肥市，辖17个镇，另设有1个开发区（图四）。庐江县人民政府驻庐城镇塔山路266号。

万山镇1998年经省民政厅批准设立，隶属于安徽省庐江县，位于县城西部，距县城10公里，东与庐城镇接壤，南与柯坦镇相邻，西与汤池镇相接，北与金牛镇、石头镇交界。2004年3月

图四　庐江县行政区划示意图

长岗乡并入,全镇总面积94.35平方公里(2017年),辖8个村和2个社区,297个村民组,总户数11 701户,总人口36 173人(2017年)。军二公路横跨东西,合九铁路、沪蓉高速纵贯南北,合九铁路、庐江火车站、沪蓉高速庐江出口均坐落于万山镇。万山镇地处大别山余脉,地势西高东低,山畈各占一半。西南为山区,鸭池山海拔202米,巅有石池。东北部多丘陵,闸山有半山亭遗迹。境内有长冲河、闸口河,舒庐干渠自西向东穿镇而过,属北亚热带湿润季风气候区,四季分明。以产水稻、玉米、小麦为主,山区盛产茶叶,"龙王井"优质茶享誉京城,兼产竹、木、桐油等。长冲山区发现朴树、枫杨、枸骨冬青百年古树12株。刘秉璋墓园位于沪蓉高速出口旁,冷水关(曹操设关隘)位于合九铁路边,人文旅游资源丰富。

　　万山镇依托合九铁路,依路兴镇,镇规划经省建设厅设计,占地2 300亩,街道6条,全长10公里。其中主干道结合国家级旅游度假区——中国汤池温泉旅游度假区建设,又在建设徽州一条街,集镇文化氛围浓厚。境内交通极其发达,军二公路与沪蓉高速、火车站路、合九铁路形成"丰"字型道路网,架有立交桥2座。集镇按地域性质逐步建成商业、仓储、工业、行政办公、旅游休闲五个小区。一个功能齐全、布局科学、设施配套的新型现代化集镇正在庐江西部崛起。行政辖区有:万金山社区、水关村、廿埠村、卅埠村、长冲村、长岗社区、闸山村、永桥村、程桥村、岳庙村。丁家畈属于永桥村的一个自然村。

第三节　遗址概况与前期勘探

　　结合安徽省庐江县万山镇永桥村丁家畈遗址的卫星图,由5个形成于西周时期的人工夯筑而成的墩台组成的丁家畈遗址,位于两河交汇之处、视野相对开阔的地带。各墩台底部多呈不规则形,顶部基本上是平顶,个别受近代生产生活影响而呈现凹凸或倾斜,横剖面基本上呈正梯形。在罗埠河、小河以及大水塘子的环抱下,整个遗址呈现三面环水、一面与陆地相连通的具有较强防御功能的态势。(图五)几个墩台看似各自独立、互不相连,实则其整体布局又颇具特色,居于遗址东北的条公嘴墩南依小河,该河东面与罗埠河交汇,西面折而向南与大水塘相接;团墩最高,深居其里;中部东西横亘着东墩所在的长墩(包括河南大学发掘的东墩和南京大学发掘的中墩),面积广大又极为开阔,且东墩东坡下紧邻自南向北流的罗埠河,此河北通巢湖,南面通过六安可以连通淮河;南端与陆地相接处分布着两个独立的墩台,即月亮墩和槐树墩,极似矗立于整个遗址入口处的门阙,俨然一处三面临水、易守难攻、具有浓厚军事防御色彩的古代建筑群。

　　尽管由于年代久远,墩台四周及顶部遭到一些破坏,但就已经发掘过的团墩遗址而言,其附属设施:围垣、房址、柱洞、炉灶、祭祀遗迹等保存较为完整,所获各类遗物比较丰富,根据其典型遗物的型式分析及年代推断,该遗址最早可能兴建于西周早期,西周中期至西周晚期一直沿用。结合相关文献资料确认,这里应是西周时期中原王朝设置于江淮地区的军事行政据点之一,对于江淮地区西周古文化遗存的研究以及大量分布于该区域的墩台类古代建筑遗迹的性质研究具有抛砖引玉的作用。因此,为了继续探索安徽江淮流域古文化遗存的面貌,也为了尽可能彻底弄清丁家畈遗址的性质和功能,同时也随着"引江济淮"工程的快速推进,2019年3月8日至5月17

图五 丁家畈遗址卫星图

日,受安徽省文物考古研究所的委托,河南大学考古队的师生们继续对除团墩外的东墩、月亮墩、槐树墩3个墩台遗址进行了考古发掘(彩版二至五)。

田野发掘前,为了弄清遗址区文化堆积的基本情况,2018年与2019年,组织专业人员分别对丁家畈遗址所在区域内13 850平方米的范围(包括各个墩台和河岸台地)进行了文物勘探调查工作,团墩勘探情况见《丁家畈遗址2018年考古报告》,此处不作赘述。2018年3月3日至2018年3月24日,共勘探了7 000平方米,其中东墩面积为2 000平方米,月亮墩面积为5 000平方米;2019年4月3日至2019年4月26日,共勘探面积6 850平方米,其中条公嘴墩面积为1 500平方米,罗埠河河岸面积为4 500平方米,东墩面积为850平方米。这里将团墩以外的勘探情况介绍如下:

条公嘴墩 占地面积2 400平方米,高于现有地表2米多,地表植被为旱地树木间作,地势起伏不平。

长墩(亦称中墩、东墩,或称2、3号墩) 中部有一条自然沟把该墩分为两部分,东墩占地面积15 000平方米,文化堆积深度为1.5～3.5米,地貌是一处中部低两边高的土墩,高于现地表约3～4米,中部1～2米,土墩北部有一处庙堂,植被以杨树为主,杂草荆棘遍地。

月亮墩(亦称4号墩) 占地面积3 800平方米,植被以松树为主,土墩为坡形,南高北低,最高处高于现有地表4～5米,低处与现地表平,文化层堆积厚约3.2米(彩版一,2)。

槐树墩(亦称南墩和5号墩) 占地面积7 200平方米,地势高于现地表1～1.5米,植被以水稻为主,南部有民房;东墩、南墩破坏严重,文化堆积不太丰富。

　　东墩一、二级台地均有遗迹分布,一级台地文化层厚1～2米,二级台地文化层厚0.6～1.4米。月亮墩一、二级台地有文化遗存,一级台地文化层厚0.5～1.2米,二级台地文化层厚0.5～1.8米。条公嘴墩无遗迹发现。小河、罗埠河沿岸为稻田,地势平坦,无遗迹发现。各个墩台共探到6处灰坑遗迹,分别为东墩2处(H1和H2)。H1位于东墩南侧,平面呈椭圆形,东西向,长11.6米,宽9.5米,地表呈坡形,地表向下1～2米可见底,开口距地表0～1米,内含红陶片、黑灰等,土质疏松。H2位于勘探区南部,南距H1有7.6米,平面呈不规则椭圆形,东西向,长12米,宽8米,开口距地表1.2米,底距地表1.8米,内含黑灰和红陶片等。槐树墩没有勘探到遗迹。月亮墩有3处(H1、H2、H3)。H1位于月亮墩中部坡下,平面呈不规则圆形,直径8米,开口距地表1.5米处见黑灰,底距地表2.7米,内含较多黑灰、陶片等,土质湿软。H2位于勘探区中部偏北,距H1约3米,平面呈不规则椭圆形,东西向,长15米,宽8米,开口距地表1.8米,底距地表2.7米,内含黑灰和少量红陶片。H3位于探区北部,距H2约6米,平面呈不规则椭圆形,东西向,长20米,宽10米,开口距地表1.8米,底距地表2.7米,内含黑灰和少量红陶片。

　　根据勘探资料初步判断,几个高出周围地面2～6米的各自相对独立的墩台文化层堆积厚度不一,少则2米,最厚处达4.5米。继2018年团墩考古发掘之后,于2019年仍然遵循全面勘探和重点发掘的原则,通过探方发掘与探沟发掘相结合的方法开展了考古发掘。该年度的发掘区共有3处,分别位于东墩遗址,其编号为2019ALDE;月亮墩遗址,其编号为2019ALDWⅡ;槐树墩遗址,其编号为2019ALDWⅠ,总发掘面积约为2 300平方米。其中,东墩共开10×10米探方11个,编号为2019ALDET1～T11,其中T10和T11进行了扩方,开探沟4个,编号为2019ALDETG1～TG4,发掘面积共约1 260平方米;月亮墩共开10×10米探方7个,编号为2019ALDWⅡT1～T7,T7又进行了扩方,开探沟1个,编号为2019ALDWⅡTG1,发掘面积约850平方米;槐树墩共开10×10米探方2个,编号为2019ALDWⅠT1～T2,发掘面积200平方米。

第二章 资料整理与报告编写

第一节 整理思路与整理原则

2019年度的田野考古工作,着重于对遗址聚落形态的整体探究。我们首先根据"引江济淮"工程沿线文物点的分布规律、特点,以及团墩已有的发掘收获,综合考察了遗址的地貌环境,大致探明了遗址现存范围、面积,并初步分析了其成因,初步勾勒出丁家畈遗址的大致布局和主要功能分区。在此基础上,继续对东墩、月亮墩、槐树墩进行田野考古发掘,陆续发现了灰坑、房址、墓葬、柱洞、墙垣等重要遗存。本报告编写中田野考古资料部分在大的章节设计上即以这些考古发现为主要内容。

另外,为了更好地反映以上工作过程和收获,全面、系统地公布丁家畈遗址田野考古所获取的各种信息资料,本报告的结构按从大到小的顺序展开,首先联系遗址所在安徽地区地理环境介绍遗址所在的地理概况(即其周边自然和人文环境),其次再介绍发掘地点(即各墩台发掘区)的具体情况,从为什么发掘到如何发掘,从发掘墩台的文化堆积到遗迹的分布、各遗迹的特征,再到地层和遗迹中的出土物及采集物,尽量多发表原始资料,既有对遗迹遗物的总体概述,又有对一些重要部位以探方或解剖沟为单位的细部描述,即便是没有任何出土遗物也不具有分期意义的灰坑等遗迹也做了详细描述,对所有给了记录编号的出土物都进行了具体介绍,以便读者了解遗址的全貌。

鉴于考古发掘报告的真实性、客观性、系统性和资料性、可读性,同时考虑丁家畈团墩遗址出土遗迹、遗物的文化特征,因而在整理2019年东墩、槐树墩、月亮墩资料的过程中,制定了以下几项遵循原则:

(1)秉承考古学"有一说一""透物见人""学贵有疑"的原则,以尽可能全面提供原始材料为基础,联系区域环境、历史背景、古代文献、青铜铭文资料等,通过建立遗址的时空框架,对遗址的年代及性质进行了初步的推断与分析,尽力为读者和研究者提供服务。

(2)将考古发掘所获得的全部文化遗存材料和相关信息,按照其发现和出土地点分属于不同的墩台,分别以每一个墩台所包含遗迹遗物的全部内容作为一个整体,每一部分又均按照遗址概况、探方分布、文化堆积、文化遗存(包括遗迹和遗物)、小结五部分进行介绍。

(3)墓葬、房址、灰坑等遗迹材料全部公布,所有修复或成形器物,以及采集、出土的带有编号的遗物（包括残器标本）在尽可能全部公布的同时，多附表格，且配以彩色图照片，以便于直观阅读。

第二节　整理与编写过程

在继团墩遗址发掘之后的初春时节，为了更进一步挖掘丁家畈遗址的文化内涵、时代特点等重要信息，河南大学考古队的师生们又投入到紧张而忙碌的田野考古发掘。依然遵循全面勘探和重点解剖的原则，从2019年3月8日至2019年5月17日，顺利而有序地完成了丁家畈遗址范围内的槐树墩遗址、月亮墩遗址以及东墩遗址的抢救性发掘工作。其间，发现了百余处重要遗迹和数百件典型文物，获得了一批十分有价值的考古发掘成果，为安徽江淮地区墩台类遗址的年代及性质研究提供了一批珍贵的实物资料，并且随着"引江济淮"工程项目的推进和最终完成，这里的遗址本体将不复存在，这批考古发掘的原始资料在某种程度上也成为唯一的参考价值。

在发掘过程中，一直受到安徽省文物考古研究所、当地政府的支持和关注，中国社会科学院原陶寺考古队队长何努、周原遗址考古队队长徐良高、苏州考古队队长唐锦琼、上海博物馆原考古部主任宋建、考古部主任黄翔，南京博物院江苏省文物考古研究所所长林留根、宁波考古研究所考古部主任李永宁，河南大学原历史文化学院院长、现《史学月刊》主编苗书梅等专家、领导先后亲临现场调研和指导工作，部分考古发掘收获也受到电视媒体的跟踪关注和适时报道。

发掘期间，社会各界人士不断到工地感知遗址的文化内涵与价值。最为可喜的是，一群群对未知的古代社会充满好奇与期待的孩子们，或自发、或组团来到工地，听专家讲解、向大学生哥哥姐姐们询问，甚至接过发掘民工手中的工具像模像样地试着刮地层、小心翼翼地提取遗物，不仅亲密接触了考古工地，而且还初次体验了"手铲释天书"的神秘感。这让参与此次发掘的所有人员由衷看到了希望，感受到了文化的力量，体味出"与尘土为友，考古衡今"的辛苦之中的喜和乐，明确了肩负的责任与使命：尽快公布考古发掘资料，让考古成果回馈社会公众，并借此让更多的人认识、研究丁家畈遗址，不断提升广大人民群众对安徽江淮地区文物保护工作的知晓率和参与度。

倍感欣慰之余，为了让更多的研究者审阅这批第一手资料，也为了尽快将这一系列收获惠及于众，在田野发掘工作开展的同时，利用晚上和雨天休息的时间，考古队的全体人员抓紧对考古发掘日记、探方发掘记录、遗迹发掘记录、遗迹发掘记录表、小件登记表、标本登记表、各探方层下平面图、探方四壁剖面图、遗迹平、剖面图等进行整理、核对，其间不少民工也积极到队里帮忙，做些力所能及的工作。

在田野发掘工作结束后，参与发掘的全体师生加班加点进行了室内资料的整理，包括采集物的清洗、选拣、登记入库，所有遗迹和器物标本、小件的绘图扫描，从发掘前直到发掘结束整个过程中的影像资料梳理，等等。接下来，在以探方为单位进行纸质档案和电子档案的归档工作过程中，同学们对照各自分管的探方（或探沟）认真核对了考古日记、各个遗迹发掘记录（或表）、遗物出土记录、结方地层照片等，整理出较为详细的探方（或探沟）的发掘记录，然后集中讨论、纠正,最后形成了一套比较系统完备的原始资料。

　　之后,随着盛夏时节的到来,由于新的考古发掘任务推进的紧迫,考古领队李溯源于2019年7月带领学生(除部分学生返回课堂外)转入安徽省阜阳市太和县马庄遗址考古发掘工地,依然是一边进行新的发掘任务及填写新的发掘资料,一边进行丁家畈遗址发掘资料的整理及报告编写工作。2019年8月10日,领队拟定出《丁家畈遗址2019年考古报告》的体例和章节,开始梳理各墩台、各个探方的地层关系,登记整理所有出土器物。2019年8月至10月,重新翻看所有遗迹单位出土的陶片和陶器,挑选陶片丰富的若干单位进行统计,核定所有单位的时代,挑选、补充口沿标本。与此同时,制作补录各类遗迹登记表、器物登记表,修改、补绘部分遗迹、陶器和其他器物的线图。2019年11月至12月,对典型陶器进行型式划分,同时对器物线图和遗迹线图进行数字化处理,还重新拍摄了部分陶器标本照片和小件照片。2019年12月至2020年2月,开始撰写田野资料部分的章节。2020年3月,继续撰写报告的其余部分,修改形成初稿。与此同时,河南大学历史文化学院金锐老师积极开展科技考古研究,对遗址出土的青铜锭样品等进行鉴定、测量、测试和分析,完成报告。2020年4月,开始进行报告的编辑校改工作。

第三节　相关问题说明

一、工作区划分

　　为了明确区分和记录各发掘区的遗迹遗物,分别将团墩、东墩、槐树墩、月亮墩的发掘区从相对方位上分为三大区域,即北区、东区和西区。

　　2018年的发掘工作,主要集中于丁家畈遗址北部的团墩遗址(也称1号墩、北墩),发掘区编号采用“年份+地点简称”,即2018ALDN。2019年,在属于团墩的T17的西侧补开一个探方T22,发掘时出于工作上的便利,将该探方及其发现的遗迹和遗物归入团墩区域进行原始资料记录。并将其全部发掘资料进行整理,编写《丁家畈遗址2018年考古报告》。

　　2019年的发掘工作,主要集中于东墩、月亮墩和槐树墩,从位于丁家畈遗址的相对方位上来讲,东墩指的就是长墩东部的一块,位于整个遗址的东部,月亮墩和槐树墩相对于东墩而言位于遗址的西部区域(实际上槐树墩位于遗址南部)。依然出于工作上的便利考虑,遵循了上述做法,将位于东部的东墩(也称2号墩)划为东区,发掘区编号采用“年份+地点简称”,即2018ALDE。将位于西部的月亮墩(也称4号墩)和位于南部的槐树墩(也称5号墩、南墩)划为西区,发掘区编号采用“年份+地点简称”,即2018ALDW。并且为了区分西区所包括的槐树墩与月亮墩,亦采用“年份+地点简称+罗马数字序号”,即槐树墩为2018ALDWⅠ,月亮墩为2018ALDWⅡ。将东西区的全部发掘资料进行整理,编写《丁家畈遗址2019年考古报告》。在各个发掘区采集的少量遗物,放入与其邻近的发掘区的探方中一并予以介绍。

二、文化层划分

　　槐树墩仅在中部偏西开挖了两个10米×10米探方,堆积厚度在130～160厘米之间,文化层可分为3层：第①层为近现代耕土层；第②层为宋代文化层；第③层为西周时期文化层，该层又可分为5个亚层；第③e层以下为生土层。

月亮墩为一较长的弧形土梁（或墙），土梁最高处高出地表360厘米，内侧为台地，外侧为平地。发掘采用横断土梁开2米×80米探沟和在内侧台地布10米×10米探方法。剖面显示，内侧台地文化层可分3层：第①层为近现代耕土层；第②层为宋代文化层；第③层为西周时期文化层，该层又可分4个亚层；第③d层以下为生土层。土梁内侧底部堆筑在第③b层之上，叠压于第①层和第③a层下，应为西周时期短期堆筑而成的防御工事土梁（或墙），其断面又可分出18个小层，土梁外侧为深沟。

东墩位于整个遗址的东部偏南，罗埠河环绕东、北两面，西与长墩相连，墩台底部南北宽约100、南北宽约80米，台面中部平坦，北、东、南三面有墙基突出。2018年南京大学在长墩西段、北部并列发掘10米×10米探方20个，发现西端和北部边缘均有宽约3米的土墙，墙内地层平缓。第①层为近现代耕土层；第②层为宋代文化层，堆积较厚，可分多个亚层；第③层为西周时期文化层。西周时期文化层平缓，遗迹很少，推测可能是一处开阔的活动场地。为进一步了解东墩文化堆积情况和与长墩之间的关系，2019年我们依东墩与长墩连接处采用南北布方和向外开挖探沟的方法，对东墩进行解剖。发掘结果显示，西侧边缘有墙基，墙基外为坡地，坡地外围有环壕。墙内地层平缓，第①层为近现代耕土层，第②层为宋代文化层，该层仅在南部个别探方中有所分布；第③层为西周时期文化层，该层可分6个亚层。西周时期文化层下灰坑、房址、柱洞等遗迹较为丰富，第③层以下为生土。墩台北部边缘有墙基，墙外有护坡，护坡外到罗埠河岸边为平缓地带。

三、报告内容与体例

本报告为丁家畈遗址2019年度考古报告。报告内容由前言、主体、后记、附录和彩色图组成。前言部分，主要介绍遗址发现的缘起及遗址发掘的总体情况；主体部分共分六章，第一章为概述，包括地理位置、建置沿革及遗址勘探等情况，简要介绍丁家畈遗址的位置、历史沿革与发掘前的状况；第二章为资料整理与报告编写，介绍了报告的整理思路与编写原则、整理编写过程以及报告中涉及相关问题的说明；第三章至第五章为报告的核心部分。基于各个墩台空间位置上的各自相对独立，其地层堆积情况略有差异，发现的各类遗迹和出土遗物又差别不小等情况，因此，这三章将按照所见遗迹和遗物数量由少到多的原则，从地层堆积、遗迹、遗物几个方面依次介绍槐树墩遗址、月亮墩遗址和东墩遗址发掘所得的全部文化遗存信息。编写体例上采取了遗址概况、探方分布、地层堆积、文化遗存、小结五部分分节介绍的做法，即在大的分区的基础上，以墩台为纲展开介绍。在三个墩台文化遗存的介绍中，均按出土单位发表遗物，以尽可能显现遗物的原始状态及其组合情况，月亮墩和东墩还对遗物按质料做了总体性介绍，并进行了典型陶器的型式划分，其小结部分在以典型陶器为主的遗物型式划分的基础上，与周边地区周代遗址及中原周代遗址同类器进行比较，做出年代上的判断与文化因素的分析。第六章为丁家畈遗址文化因素的来源分析，重点联系遗址所在周代安徽江淮地区的时空背景，从周代该区域位置、地形地貌、气候降水、自然资源等自然条件和历史传统、文化生态等人文条件两大方面进行介绍,对遗址的形成进行自然、人文因素的综合分析和推断。同时,联系诸位先贤及专家、研究者关于传世文献与考古出土的金文资料中记载的淮夷、群舒等江淮区域的族群源流、迁徙等状况的分析,以及对西周王朝征伐淮夷的历史事件及其征伐背后的深层动机的研究,分析丁家畈遗址文化因素来源的历史背景。第七章为结语部分。之后为后记,再次对在丁家畈遗址的发掘和资料整理编写报告的过程中给予关心和支持的领导专家等表示诚挚的谢意。附录部分收集了一些参与此次考古发掘的本科学生及研究生的考古实习日记,与阅读者分享田野考古初学者的成长经历与开心感慨。正文后为彩色图部分,共配61幅,从内容上可分为五个部分,第一部分为遗址发掘前后的地貌及布设探方相关的照片;第二部分为领导与专家到考古工地视察指导及发掘现场、考古课堂等相关的照片;第三部分为槐树墩遗址文化堆积和发现遗迹的相关照片;第四部分为月亮墩遗址文化堆积、发现遗迹及出土遗物的相关照片;第五部分为东墩遗址文化堆积、发现遗迹及出土遗物的相关照片。

另外,本报告的内容,限于东墩、槐树墩、月亮墩考古发掘的全部文化遗存,主要为西周中晚期的遗存,偶有早于该时期或晚期甚或是近代的零星遗存材料。报告的编排因灰坑(沟)类遗存及出土遗物介绍部分体量庞大,特将所有遗迹序号、所在探方(沟)号、层位关系、形状尺寸、包含物等,均于各相关章节结尾处附有遗迹登记表,遗物也按照序号、所在探方(沟)号、层位关系、形状尺寸、包含物等,于各墩台文化遗存介绍的结尾处附有遗物(小件)登记表、遗物(标本)登记表,以便于检索。

四、简称和符号的使用

在田野考古工作中,出于工作上的便利,最常用的是记录符号,以《田野考古工作规程》中列举者为准。即:"T"表示探方;"H"表示灰坑;"F"表示房址;"M"表示墓葬;"G"表示沟;"Q"表示墙。除此之外,本报告还使用了以下简称或符号:"TG"表示探沟;"采"表示采集品;"JC"表示构成房址的墙基槽;"D"表示柱洞;"扩"表示扩方。丁家畈遗址的遗址代号,依2018年团墩例仍为"ALD"。鉴于丁家畈遗址前后发掘的墩台名称各异,为了防止混淆不清,在本报告附表及正文、文内表格中的遗迹遗物代号中一律加上发掘年份和遗址代号"ALD",而图、表等空间局促处及行文中无歧义处也有省略年号、区号的情况。

五、有关编号的说明

(一)探方(或探沟)编号

考古发掘时分别在槐树墩遗址布了2个探方,月亮墩布了7个探方和1条探沟,东墩布了11个探方和4条探沟。每个墩台所布的探方(或探沟)均单独编号,都以各自的T1西南角为水平基点,或向南,或向东,或向西布方。如东墩遗址以T1西南角为水平基点,向东、向南布设探方11个和探沟四条。其面积依地物占压情况而有所。探方(或探沟)的编号统一采用年份+地点简称+探方(或探沟)号,如:2019ALDET6,ALDE代表安徽省庐江县丁家畈遗址东墩;

2019ALDWⅠT1，ALDWⅠ代表安徽省庐江县丁家畈遗址槐树墩，2019ALDWⅡT1，ALDWⅡ代表安徽省庐江县丁家畈遗址月亮墩，在以下的行文中2019ALDE、2019ALDWⅠ、2019ALDWⅡ也将保留，而图、表等空间局促处及行文中无歧义处也有省略年号、区号的。东墩共布方11个，其中T10和T8都进行了扩方，在整理2019年遗址发掘报告时将其编号采用2019ALDET10+（扩）。整理报告时亦按此编写。

（二）地层编号

对于文化层的确认与划分是科学获取地下考古资料的最重要的前提。一个遗址内的遗迹和遗物是靠其所处的层位来决定的，层位关系实际上就是遗迹和遗物的时空关系。对于槐树墩、月亮墩、东墩勘探资料而言，西周时代的文化堆积在各墩所有探方中所处的层位和堆积厚度不尽相同，我们在具体的发掘工作中，主要依据土质、土色和包含物的不同文化堆积在探方中的发掘层位来确定文化层的编号①②③……。最后经过统层，按时代顺序编层号同一时代内分层按层号加a、b、c…编号。遗迹内分层用a、b、c…英文字母编号。个别重要遗迹打破相邻探方，便采取打通隔梁确定文化层的编号，如月亮墩T3和TG1，东墩的T10和T11，根据两个探方内发掘层位按时间上相对的早晚关系标识地层序号。在整理探方发掘资料时，结合各个墩台遗址内文化层和遗迹中出土遗物的特点，发现地层堆积的早晚时间比较明显，可以将遗址内文化遗存按照时代顺序介绍清楚。因此，在整合原始材料的基础之上，通过相邻探方四壁剖面、探方与探沟相交剖面相结合的方式，将各个探方（或探沟）内原来标识的地层序号，按照其在各自所在墩台遗址的分布特点及规律进行了通层后，个别地层序号给予了新编的地层序号。本发掘报告亦按新的地层序号进行编写。

（三）遗迹遗物编号

在实际发掘工作中，需要我们对所发掘的对象进行尽可能详细的记录，因为某一个遗址所提供的信息不应仅仅是某一历史时期的信息资料，而必须是它所存储的全部信息资料。我们对所有遗迹和遗物都进行了详细的清理和记录，做到考古日记、发掘记录、遗迹遗物登记表、层下平面图、遗迹平、剖面图、照片等尽可能一一对应。

（1）遗迹编号

原则上对房址、墓葬、柱洞等遗迹要按照发掘时出现的时间先后顺序统一编号，采取遗迹单位前加年号、区号的形式。如东墩1号房址，编号为2019ALDEF1；东墩1号墓葬，编号为2019ALDEM1，依次类推。再比如月亮墩1号房址，编号为2019ALDWⅡF1；月亮墩1号墓葬，编号为2019ALDWⅡM1，依次类推。但跨探方的大型遗迹在遗迹单位前均加冠探方号，如东墩发现墙垣遗迹1周，环绕遗址台地南、西、北缘，位置偏台地边缘。从各探方内墙垣分布及地层叠压关系看，其属于西周中晚期的遗迹。鉴于墙垣遗迹分布于东墩遗址T2、T6、T7、T10等多个探方中。为方便发掘时记录，于墙垣遗迹编号前加所在探方编号来表示墙基所在的位置。整理报告时将其编号统一为年份+区号+探方号+简称符号。如位于东墩T2的墙垣，其编号即为

2019ALDET2Q1-1；位于东墩T7的墙垣，其编号即为2019ALDET7Q1-2；位于东墩T10的墙垣，其编号即为2019ALDET10Q1-3，本报告亦按此编写，而图、表等空间局促处及行文中无歧义处也有省略年号、区号的情况。

对于各个墩台遗址中发现的柱洞和灰坑的编号则分两种情况：一是像房址、墓葬一样按照发掘时出现的先后顺序统一编号，亦采用年份+区号+遗迹号，如槐树墩1号柱洞，编号为2019ALDWⅠD1；月亮墩1号灰坑，编号为2019ALDWⅡH1，依次类推。二是根据发掘时同一层位及排列关系确定为构成房址的建筑遗迹，则采取以房址为单位进行编号，如月亮墩3号房址（2019ALDWⅡF3）由13个柱洞组成，柱洞编号分别为2019ALDWⅡF3D1、2019ALDWⅡF3D2、2019ALDWⅡF3D3……2019ALDWⅡF3D13。

（2）遗物编号

对于遗迹中出土的遗物，采取年份+区号+遗迹号+遗物序号，如东墩T3发现的21号灰坑（2019ALDEH21）中出土了一件陶鬲，其编号为2019ALDEH21：1；22号灰坑（2019ALDEH22）中出土了一件石器，其编号为2019ALDEH22：1；37号灰坑（2019ALDEH37）中出土了一件陶鬲，其编号为2019ALDEH37：1。对于地层中出土的遗物，采取年份+地点简称+探方号+地层号+遗物序号，如在T3第⑥层出土4件器物，其编号为2019ALDET3⑥：1、2019ALDET3⑥：2、2019ALDET3⑥：3、2019ALDET3⑥：4。第四至六章插图中以遗迹为单位的器物图各器物下的阿拉伯数字，即为该器物的标本编号。较大型遗迹内器物图器物编号前则有的加有探方号或分层号。彩版按照遗迹、遗物的分类编排，以展现遗迹、遗物的总体面貌。两部分的排列顺序非完全与第四至六章的叙述顺序相同。墓葬部分则辅之以随葬器物的组合。整理报告时亦按此编写。

（3）插图编号

插图按照插入本报告各章节的先后为序进行统一编号。插表编号的原则同插图。各墩台探方（沟）壁地层剖面图上文化层与生土的界限，以短斜线条表示；各墩台遗迹的剖面图上文化层与生土的界限，以黑色粗线条表示。

六、遗迹判断说明

2019年发掘过程中，共发现各类遗迹155处，其中东墩125处，包括墙垣一周，灰坑90个，墓葬2个，沟4条，柱洞21个，房址8处。槐树墩仅有3处，包括灰坑1个，柱洞2个。月亮墩27处，包括：房址3处，灰坑20个，灰沟1个，墓葬3座。这里仅就实际发掘过程中对房址、墓葬、灰坑、柱洞等遗迹的判断和编号做一说明。

（一）房址

该遗址主要是西周时期的生活遗存，鉴于团墩遗址内房址的判断依据，在考古发掘的过程中，我们特别关注遗址内房址的存在形式。同团墩一样，经常发现柱洞遗迹，在东墩T3西部近隔梁处的第③f层下发现了由6个圆形柱洞组成，足可以构成长约4、宽约3米的12余平方米的空间；在东墩T9西南部的第③c层下发现了由5个圆形柱洞组成，亦可以构成长约5、宽约3米的15

余平方米的空间。尽管没有发现灶、门道等相关遗迹，也没有出土有关遗物，但从平面形态上推断，其极有可能属于房基。

另外，又在月亮墩T4内距西壁310、距南壁350厘米的第③b层下也发现了打破第③c层的、由一面墙基槽（编号为F3JC1，近直壁，近平底）和5个圆形柱洞（编号为F3D1、F3D2、F3D3、F3D4、F3D5）组成的，构成一定生活空间的遗迹。由此，我们给这类遗迹统一编写了房址号，东墩T3的房址号为F1，东墩T9的房址号为F2，月亮墩T4的房址号为F3，并作了详细的发掘记录。随后，又发现了大量柱洞密集分布的遗迹，如开口于东墩T10第③f层下发现的F7，由分布密集的22个圆形柱洞组成，或直壁圜底，或斜壁圜底。再如开口于东墩T11第③f层下发现的F8，由分布密集的18个圆形柱洞组成，均系斜壁平底。从柱洞内土质土色及包含物，再结合柱洞之间及其周围活动面判断，应属于建筑遗迹，故而亦将其编入房址类遗迹。总之，在2019年的发掘过程中，始终还是觉得部分房址的证据不是十分充分。在后期整理资料过程中，我们根据对东墩F1、F2、F7、F8和月亮墩F3的认识，从逻辑分析上判断了由基槽和柱洞组成，或由大量柱洞组成的11个房址遗迹，认为丁家畈墩台遗址内房址的存在形态不一，既有墙基槽和柱洞构成的房址，又有一层为密集柱洞组成的建筑。由此，该地区构成一个房址的基本条件是：位于同一个活动面上，且位置相距不远，有可构成一定空间的长短相近基本平行的基槽；或者位于同一个活动面上的占有一定面积的数组柱洞亦可构成房址。

（二）灰坑

东墩、月亮墩、槐树墩遗址中也发现了为数不少的灰坑遗迹，按遗址统一编号登记，月亮墩有20个，东墩有90个，槐树墩仅有1个，分布于各个探方。灰坑内没有发现木柱，多数坑内保留少量红烧土及炭屑，少数灰坑内含有大量红烧土、草木灰，但是除了部分坑内出土少量陶片外，很少有遗物出土，仅有位于东墩T3的H21、H22、H37出土有小件器物。H21出土了一件完整的陶鬲，编号为2019ALDET3H21：1；H22出土一件石器，编号为2018ALDET3H22：1；H37出土陶陶鬲一件，编号为2018ALDET3H37：1。

灰坑的形状也很多样，平面有呈圆形、椭圆形、不规则形的，底部有直壁圜底、弧壁圜底、直壁略平底、斜壁略平底、直壁略圜底、斜壁略圜底、斜壁平底的等。但有的灰坑，既没什么遗物，又与多数柱坑或柱洞类似，于是不再以灰坑编号，而是作为建筑遗迹归入房址。同样，为了方便阅读报告者检索，在报告中附有统计表，标明各个灰坑的位置、平面形状、开口层位、填土、相关尺寸等内容，也有利于研究者参考使用。

从遗址内房址、柱洞、灰坑遗迹的数量及分布状况判断，起码在当时该遗址内存在的人口不会太多，其现有的力量难以建成如此规模的墩台，属于普通居址性聚落的可能性比较小。

（三）墓葬

东墩、月亮墩、槐树墩遗址墓葬遗迹很少，此次共发掘墓葬5座，其中1座为宋代墓，其余4座为西周中晚期墓葬。墓葬均为竖穴土坑墓，除月亮墩宋墓随葬有73件器物外，余皆无葬具，且多无随葬品。

在基于对整个丁家畈墩遗址全面发掘的基础上，从遗址沿用的时间来考虑，生存于该遗址的实际人口（或常住人口）不会太多。

（四）柱洞

基于团墩遗址中发现很多柱洞，从早期到晚期都有，所以在2019年的考古发掘过程中，对有些探方内分布排列没有什么规律的柱洞，就统一进行了编号，而对于同一探方内同一平面上出现的几个甚至几十个柱洞，并且还发现了局部墙基槽遗迹，虽然从直观上仍无法准确判断这些柱洞与墙基到底能构成什么样的建筑形式，但其肯定是与该时期建筑有关的遗迹。鉴于此，我们将构成房址的一些柱洞依照团墩的做法给了新的编号，即在每个房址编号后加上柱洞号，号码从1排起。比如构成东墩1号房址（2019ALDEF1）的6个柱洞，就采用F1D1～F1D6登记。其余的散见于遗址各探方内的柱洞，采用遗迹的统一编号，其编号即在柱洞编号前加上年份、发掘区号，如槐树墩1号柱洞，编号为2019ALDW Ⅰ D1；东墩1号柱洞编号为2019ALDED1。

这些柱洞从形态和结构上看，大致分为两类，一类是挖坑埋柱，由柱坑和柱洞组成，此类仅4例，编号为2019ALDED1、2019ALDED2、2019ALDED3、2019ALDED4，占总数量的13%（同团墩比例一样）；一类是没有柱坑的柱洞，这类占总数量的87%。柱坑本身的形态有圆形、椭圆形及不规则形等，柱坑内的包含物多为陶片，个别还有石器。无柱坑的柱洞形态较单一，基本为圆形。房址柱洞在各房址遗迹中已经介绍，不再进行赘述，编写报告时仅对槐树墩2个柱洞（2019ALDWD Ⅰ D1、2019ALDWD Ⅰ D2）、东墩21个柱洞（2019ALDED1～D21）的平面形状、开口层位、结构、填土及相关尺寸等内容进行了介绍。

第三章 槐树墩遗址

第一节 遗址概况

槐树墩,亦称南墩或5号墩,位于整个遗址区的南部略偏西,东距罗埠河约100米,西北距月亮墩约20米,东北距东墩70米。墩台平面形状呈不规则长方形,底部东西长约120米,南北宽约60米,占地总面积约7 200平方米。顶部东西长约100米,南北残宽40米,高于周围地表约1～1.6米。顶部现状为树林、稻田,南侧被现代民房等建筑物占压。槐树墩破坏比较严重,文化堆积较为简单。

第二节 探方分布

槐树墩位于整个遗址的西南部,其与月亮墩之间有20余米的缺口,呈南北弧形分布。两墩之外向南地势平坦开阔,向内对团墩和长墩形成包围之势。由于受水土流失和生产生活破坏,墩台外侧边缘已不明显,内侧边缘高出地表1～1.6米。对该墩的发掘主要是为了了解墩台的堆筑结构、文化内涵、形成年代以及与其他墩台之间的关系。发掘前我们对该墩做了全面详细的调查勘探,对墩台分布范围和地层堆积情况已有大致了解,第①层为近现代耕土层,第②层为宋代文化层,第③层为西周文化层,其下为生土层,未发现任何重要遗迹现象。鉴于所批发掘面积所限,只在该墩中部偏北开设了两个10米×10米的探方(图六),编号分别为:2019ALDWⅠT1(以下简称T1)和2019ALDWⅠT2(以下简称T2)。

第三节 地层堆积

槐树墩发掘的两个探方,大致为东西并列,发掘深度在1.6米左右,地层堆积相对简单,可分为以下几层:第①层为近现代耕土层,第②层为宋代文化层,第③层为西周文化层,西周文化层又分为4个亚层,即③a层、③b层、③c层、③d层,其下为生土层。以下以T1北壁和T1、T2东壁为例,对槐树墩遗址的地层堆积情况加以介绍。

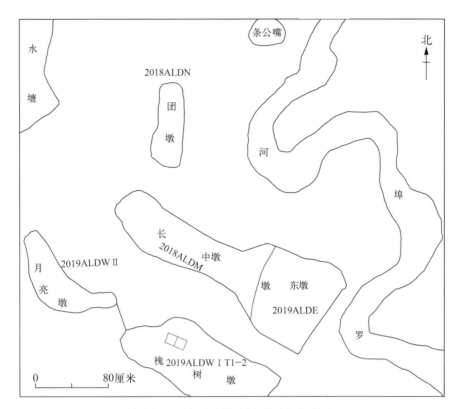

图六　丁家畈遗址槐树墩探方分布图

一、T1 北壁剖面地层

T1位于槐树墩（2019ALDWⅠ）北部，南邻T2。T1按南北10、东西10米布方，东部和北部各留2米宽隔梁，实际发掘面积为64平方米。根据探方内土质、土色、包含物的不同，T1的文化层堆积自上而下依次为第①、②、③a、③b、③c、③d层，第③d层下为生土层。下面以T1北壁为例，自上而下分层介绍该探方的地层堆积情况（图七；彩版六，1）。

第①层：现代耕土层，厚3～35厘米，土色呈浅灰色，土质较为松软，包含大量植物根茎，以及少量的陶瓷片、炭屑、现代生活与建筑垃圾。堆积比较水平，局部略有起伏。探方南壁附近较薄，探方北壁中部起伏较大，最厚处约35厘米。本层未采集陶片。

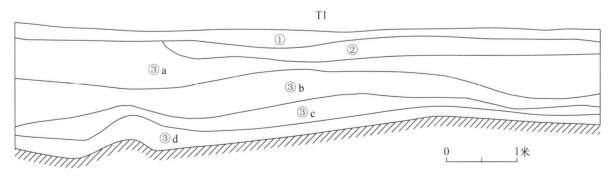

图七　槐树墩（2019ALDWⅠ）T1北壁剖面地层图

第②层：厚0～35厘米，土色灰褐色，土质较松软，包含少量红烧土颗粒、少量陶瓷片。分布于探方东部、北部偏东大部分区域，自东北侧向西南侧倾斜直至消失，西壁剖面、南壁西段剖面不见该层，大致呈斜坡状堆积，厚度不均。本层未采集陶片。

第③a层：厚10～70厘米，土色黄褐色，土质较硬，黏性大，结构致密，包含较多红色颗粒。分布于整个探方，堆积起伏较大，厚薄极为不均，探方北部、中东部及西南部区域较薄。本层出土少量西周时期陶片。该层下发现1处灰坑，编号为2019ALDWⅠH1。

第③b层：厚10～72厘米，土色浅黄褐色，土质较硬，结构致密，较为纯净，夹杂极少量红色颗粒。分布于整个探方，堆积起伏较为明显，厚薄不均。探方东北角、北部、西北角最薄，厚10厘米；探方中部开始变厚，探方西南部最厚处72厘米。本层出土少量西周时期陶片。

第③c层：厚0～35厘米，土色灰白色，土质较松软。分布于整个探方内，堆积略有起伏，厚薄不均，不同区域厚薄差距较大。西壁分布较为水平，平均厚度约15厘米，与南壁相接处逐渐变窄，继而逐渐消失，至南壁不见，与北壁相接处略变厚，北壁中部最厚处约35厘米。本层出土少量西周时期陶片。

第③d层：厚10～35厘米，土色青灰色，土质较硬，结构致密，夹杂有红色颗粒。分布于整个探方，堆积略有起伏，厚薄不均，西壁分布较水平，厚约20厘米，与南壁相接处变宽，南壁东段厚约35厘米，与北壁相接处略变宽，北壁上该层呈现向上倾斜趋势。本层出土少量西周时期陶片。

第③d层以下为生土，土质黄褐色，致密均匀。

二、T1、T2东壁剖面地层

T2位于槐树墩（2019ALDWⅠ）北部，北邻T1。T2亦按南北10、东西10米布方，东部和北部各留2米宽隔梁，实际发掘面积为64平方米。根据土质、土色、包含物的不同，并与邻方（T1）对比地层后，本探方可划分为第①、②、③a、③b、③c、③d、③e层，第③e层下为生土层。现以T1、T2东壁剖面为例，自上而下介绍T1与T2的地层堆积情况（图八；彩版六，2）。

第①层：现代耕土层，厚3～25厘米，土色浅灰色，土质松软，包含大量植物根茎，以及少量陶瓷片、炭屑、红烧土颗粒、现代生活与建筑垃圾。分布于发掘区的北部、东部、西部，南部堆积较薄。T1的南部居中区域、东南角受近现代生产生活取土及雨水冲刷等人为与自然因素影响，堆积非常薄，厚仅3厘米左右。该层堆积较为倾斜，由西向东呈斜坡状分布。本层出土物未做采集。

第②层：厚0～50厘米，土色灰褐色，土质较软、疏松，夹杂较少量炭屑及较多红烧土颗粒。除T1的西部及西南角一小部分未见分布外，两个探方的大部分区域均有分布。其中，T1内堆积起伏较大，厚0～50厘米；T2内堆积较为水平，厚约10～25厘米。

第③a层：厚0～70厘米，土色黄褐色，土质较硬，黏性大，结构致密，包含较多褐色颗粒物。除T2东部、东北部和T1东北角未见该层外，两个探方的大部分区域均有分布。T2内堆积自东向西倾斜，T1内堆积起伏较大。本层出土少量西周时期陶片。该层下发现遗迹3处，T2西南部有2个柱洞（2019ALDWⅠD1和2019ALDWⅠD2），打破第③b层；T1中南部有1处灰坑，编号为2019ALDWⅠH1，包含红烧土块，打破第③b层。

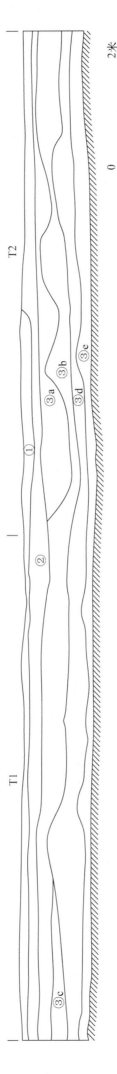

图八　槐树墩（2019ALDWⅠ）T1、T2东壁剖面地层图

第③b层：厚10～40厘米，土色浅黄褐色，土质较硬，结构致密，较为纯净，夹杂极少量红色颗粒。分布于两个探方内，堆积起伏较大。本层出土少量西周时期陶片。

第③c层：厚10～60厘米，土色深黄褐色，土质较硬，结构致密，较板结，黏性较大，夹杂较多红色颗粒和少量炭屑。分布于T1南部、T2东部等局部区域。本层出土少量西周时期的陶片。

第③d层：厚10～40厘米，土色浅灰白色，土质较硬，致密，包含较多红褐色颗粒物，T1内土质略松软。分布于两个探方内，T1内堆积略有起伏，厚薄不甚均匀，西壁分布较水平，与南壁相接处变窄，与北壁相接处略变宽，北壁上该层呈现向上倾斜趋势；T2内也分布于全方。本层出土少量西周时期陶片。

第③e层：厚10～35厘米，土色青灰色，土质较硬，致密，粉状土，较为纯净，T1内夹杂红色颗粒。两个探方内均有分布，堆积有起伏，厚薄不均。本层出土少量西周时期陶片。

第③e层以下为生土层，土色黄褐色，致密均匀。

第四节　文化遗存

两个探方中的第①、②层为生产生活形成，包含有少量瓷片和陶片。第③层为人工堆积形成，各亚层土质相对纯净，偶见个别西周时期陶片。在③a层下，发现1处灰坑和2个柱洞，均打破③b层（图九）。柱洞和灰坑中未见任何遗物。

一、遗迹

（一）灰坑

2019ALDWⅠH1

H1位于T1南部居中区域，开口于第③a层下，打破第③b层。

1. 形制结构

坑口平面形状近椭圆形，距地表约38厘米，开口处有一处灰白色堆积，南北长80、东西宽72厘米，斜壁微弧，凹圜底，深度约36厘米（图一〇；彩版七，1、2）。

2. 坑内堆积

该灰坑内填土为灰白色，土质较软，包含红烧土颗粒、炭屑、灰色粉砂土。

3. 出土器物

无出土器物。灰坑形成原因和用途不明。根据地层叠压关系判断，其时代应为西周中晚期。

（二）柱洞

1. 2019ALDWⅠD1

D1位于T2西南部，开口于第③a层下，打破第③b层。

（1）形制结构

开口平面形状呈圆形，距地表约40厘米。开口处呈灰黄色，直径约16厘米，斜直壁平底，深

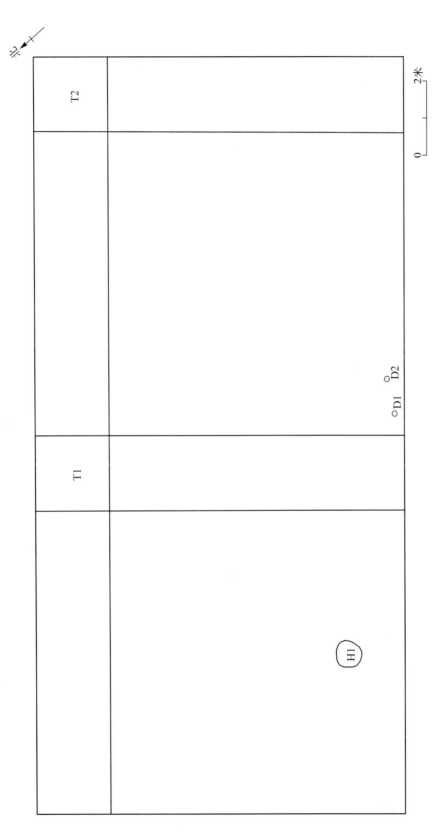

图九 槐树墩（2019ALDWⅠ）遗迹分布图

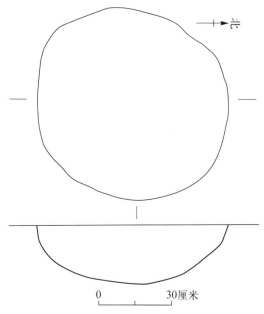

图一〇　槐树墩（2019ALDWⅠ）H1平、剖面图

为12厘米。其中部为圆形柱芯，直壁圜底，口径约6厘米，深度约12厘米（图一一；彩版七，3）。

（2）内部堆积

柱洞内填土为灰黄色土，土质松软；柱芯内填土为灰褐色土，土质松软，内含红烧土颗粒。

（3）出土器物

无出土器物。用途不明。根据层位关系判断，其时代应为西周中晚期。

2. 2019ALDWⅠD2

D2位于T2西南部，开口于第③a层下，打破第③b层。

（1）形制结构

开口形状平面呈圆形，距地表约40厘米。开口处为灰黄色堆积，直径约16厘米，斜直壁近平底，深度约11厘米。其中部有一处较小的圆形柱芯，直壁圜底，直径约5厘米，深度约11厘米（图一二；彩版七，4）。

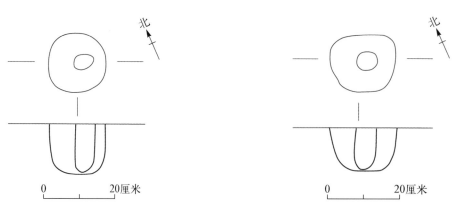

图一一　槐树墩（2019ALDWⅠ）D1平、剖面图　　　图一二　槐树墩（2019ALDWⅠ）D2平、剖面图

（2）内部堆积

柱洞内填土为灰黄色土，土质松软；柱芯内填土为灰褐色土，土质松软，内含红烧土颗粒及块状红烧土。

（3）出土器物

无出土器物。用途不明。根据地层关系推断，其时代应为西周中晚期。

二、遗物

槐树墩内出土陶片较少，因缺少器物的口沿、器底，故器形不易辨识，未挑选标本。

第五节　小　结

从槐树墩的地层堆积、层位关系、出土陶片等发掘资料来看，文化遗存信息不多，灰坑及地层出土陶片很少，无法进行同类器物间的分析比对，难以直接判断其年代。仅从陶片特征看，与丁家畈遗址其他墩台的陶片差别不大，应属同一时期，由此推断，其大致为西周中晚期。从T1、T2东壁地层堆积情况看，南北方向地层坡度平缓，生土面水平；T1北壁第③层堆积起伏较大，生土面向西呈坡状下沉，中部相对隆起，说明该墩台原有地面已呈东西向隆起，为依原地势堆筑。另发掘中少见遗迹和遗物，土质相对纯净，应为短时期堆筑而成，应与月亮墩同为整个遗址的外围防御工事。

第四章　月亮墩遗址

第一节　遗址概况

月亮墩亦称4号墩,位于整个遗址的西部,东隔槐树墩与罗埠河相望,东距槐树墩约20米,西距丁家畈村约150米,西北距大水塘约200米,北距长墩100米。该墩平面形状极像一轮弯月,故当地人称其为月亮墩。

墩台底部东西最长距离约100米,南北最宽距离38米,总占地面积约3 800平方米,土墩现状为脊状隆起,南高北低,最高处高于周围现有地表约4～5米,外围低处与现地表齐平,内侧为二级台面。台地上松树和其他灌木密集,二级台面上为稻田。顶部南北长约80米,东西残宽36米,现存总面积约1 600平方米。

第二节　探方分布

月亮墩脊顶和两坡均长满松树和其他灌木,进入比较困难。前期调查仅发现个别地方有红烧土,未发现重要遗迹和遗物。内坡前台地较为平整,发掘前为稻田和打谷场,勘探中发现有灰坑、红烧土块和墓葬。发掘目标主要是了解墩台主体的堆筑结构、形成时间,判明与其他墩台之间的关系。故在墩台中部横跨东西布设26米×2米的探沟1条,在墩台内坡前台地上西北部布10米×10米探方4个,东南部布10米×10米探方3个(图一三)。探方编号为2019ALDWⅡT1～T7(以下简称T1～T7),探沟编号为2019ALDTG2(以下简称TG2)。发掘结果表明,墩台为西周时期人工堆筑的高台,相当于一堵高墙,地层堆积为中部高、两边坡度较大,各层土质都很纯净,偶尔可见西周时期陶片和一些红烧土颗粒。二级台地上发现有宋代的文化层、墓葬以及西周时期的灰坑和房址。

第三节　地层堆积

月亮墩发掘26米×2米探沟一条,10米×10米探方7个。以下以TG2南壁、T1～T3东壁和T4～T7东壁为例,对月亮墩的地层堆积情况进行介绍。

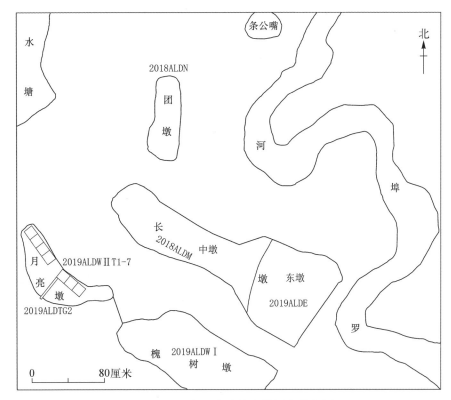

图一三 丁家畈遗址月亮墩探方分布图

一、TG2南壁剖面地层

TG2横跨墩台中部,向外延伸至坡台外侧底部边缘,向内连通T3并延伸至阶地边缘。探沟两壁既可清楚看到墩台的地层堆积情况,又可以了解其与阶地之间的关系(图一四)。

第①层:现代耕土层,厚0～50厘米。土色深灰色,土质松软,包含大量植物根茎,以及少量陶瓷片、炭屑、现代生活垃圾与建筑垃圾。墩台内一级阶地上该层分布厚度均匀,厚10～30厘米;墩台坡面及顶部厚薄不均。

第②层:宋代文化层。土色青褐色,土质较硬,结构致密。该层仅见于一级台地,包含物较少,偶见少量陶片和瓷片。

第③a层:厚0～60厘米,土色黄褐色,土质较硬,结构致密。T3、TG2均有分布,T3内堆积比较水平,分布于整个探方,东南部略厚;TG2内中部、北部不见该层,呈坡状分布于探沟南侧,面积不大,但较厚。本层出土少量陶罐、陶鬲残片。

第③b层:厚0～50厘米。土色灰褐色,土质较硬,结构致密,夹杂红褐色颗粒及黄斑。分布于T3、TG2内,T3内的堆积比较水平地分布于整个探方,东南部较厚;TG2内分布于探沟南部。本层出土少量陶片,可辨识的器形有罐、鬲等。

第③b层下为生土层,土质坚硬,土色呈黄灰色,无包含物。

地层剖面中有一面墙垣断面,编号为2019ALDWⅡQ1,叠压于第③a、②、①层下,起建于第

③b层和生土上,由人工分层堆筑,各层堆积情况详见第四节。

二、T1、T2、T3东壁剖面地层

　　T1、T2、T3均按南北10、东西10米布方,东部和北部各留2米宽隔梁,每个探方实际发掘面积皆为64平方米。T1、T2、T3均位于一级台地上,地层堆积较为水平。根据探方内土质、土色的不同,统一地层后自上而下依次为第①、②、③a、③b、③c层。下面以T1、T2、T3东壁剖面为例,介绍月亮墩东南部一级台地的地层堆积情况(图一五;彩版八,1)。

　　第①层:现代耕土层,厚15～30厘米。土色灰褐色,土质松软,包含大量植物根茎、炭屑、现代生活垃圾。T1南部、北部略厚,中部略薄,土质黏稠,包含红色铁锈状土块、碎陶片。T2东北部略厚,土质较板结,包含物有少量的陶片、红烧土、炭灰及木炭颗粒。T3土质较松散,包含植物根茎、杂草等,无陶片出土。

　　第②层:宋代文化层,厚5～25厘米。土色灰黄色,土质为黏土,结构致密,包含少量植物根茎。各探方均有分布,为水平堆积。T1东北部略薄,土质较硬;T2中部较厚,南、北稍薄,采集陶片3片。T3南半部略厚,包含陶片、红烧土及木炭颗粒,以及少量植物根茎。本层出土少量陶片。

　　第③a层:厚10～30厘米。土色灰褐色,土质为黏土,结构致密。包含少量炭屑及红烧土,出土少量陶片,可辨识的器形有罐、鬲等。该层下发现的遗迹有G1、H2、H7、H9、H11、F2、M2等。

　　第③b层:厚0～35厘米。土色黄灰色,土质为黏土,包含少量炭屑、红烧土颗粒和少量陶片。各探方均有分布,堆积略有起伏。

　　第③c层:厚10～30厘米。土色黑灰色,土质为黏土,结构较致密,包含少量炭屑及红烧土,出土少量陶片,可辨识的器形有罐、鬲等。

　　第③c层下为生土层,土质坚硬,土色呈黄灰色,无包含物。

三、T4、T5、T6、T7东壁剖面地层

　　T4、T5、T6均系北偏西30°方向、10米×10米布方,东部和北部各留2米宽隔梁,每个探方实际发掘面积皆为64平方米。T7最初按照北偏西30°方向、10米×10米布方,东部和北部各留2米宽隔梁,实际发掘面积为64平方米。后为了探究第③b层黑灰土层的范围及性质,进行了扩方,将T7东壁及南壁外扩各4米,扩方后发掘的实际面积为80平方米。根据土质、土色的不同,并与邻方统一地层后可划分为第①、②、③a、③b、③c、③d层。下面以T4、T5、T6、T7的东壁剖面为例,介绍月亮墩西北部一级台地的地层堆积情况(图一六;彩版八,2)。

　　第①层:现代耕土层,厚0～40厘米。土色呈黄灰、深褐、灰褐等色,土质较松软,包含大量植物根茎,以及少量陶瓷片、炭屑、现代生活与建筑垃圾。

　　第②层:宋代文化层,厚10～40厘米。土色灰黄色,土质松软,包含炭粒、红色铁锈状土块,以及少量瓷片与陶片等。各方内均有分布,T7东壁不见该层,主要分布于西半部。

　　第③a层:厚10～50厘米。土色灰褐,土质较硬,结构致密,包含较多的炭屑、炭块、红烧土、陶片等,可辨识的器形有罐、鬲等。各探方均有分布,堆积有起伏。

第③b层：厚0～60厘米。土色黄灰色，土质较硬，结构致密，包含少量炭屑、红烧土颗粒和大量陶片，可辨识的器形有鬲、豆、罐等。分布于T6、T7内，堆积略有起伏。

第③c层：厚5～150厘米。土色黑灰色，土质疏松，夹杂有土黄色夹层，包含物有土块、红烧土、陶片等。各探方均有分布，堆积有起伏，厚薄不均。该层下有灰坑4处，均靠近西壁附近，由北向南依次为H15、H14、H13、H12。

第③d层：厚0～30厘米。土色土黄色，较为纯净，土质坚硬，结构致密，包含炭粒、红烧土块，以及少量陶片。各方均有分布，为水平堆积。

第③d层下为生土层，土质坚硬，土色呈黄灰色，无包含物。

第四节　文化遗存

一、遗迹

2019ALDWⅡ发现的遗迹有房址、灰坑、灰沟、墙垣、墓葬等26处。其中房址3处，编号为2019ALDWⅡF1、2019ALDWⅡF2、2019ALDWⅡF3；灰坑18处，编号为2019ALDWⅡH1、2019ALDWⅡH2、2019ALDWⅡH3、2019ALDWⅡH4、2019ALDWⅡH5、2019ALDWⅡH6、2019ALDWⅡH7、2019ALDWⅡH8、2019ALDWⅡH9、2019ALDWⅡH11、2019ALDWⅡH12、2019ALDWⅡH13、2019ALDWⅡH14、2019ALDWⅡH15、2019ALDWⅡH18、2019ALDWⅡH19、2019ALDWⅡH20、2019ALDWⅡH21；灰沟1条，编号为2019ALDWⅡG1；墙垣1处，编号为2019ALDWⅡQ1；墓葬3座，编号为2019ALDWⅡM1、2019ALDWⅡM2、2019ALDWⅡM3（图一七）。

（一）房址

房址共有3处，形状有近方形和不规则形两种，房门朝向不详。房址四周无墙基槽，居住面用纯净土铺垫，有的经过烧烤。居住面上分布有柱洞，柱洞有圆形、卵圆形和椭圆形三种。柱洞均为无础形，底部由坚硬黄土或碎陶片掺土夯筑而成。

1. 2019ALDWⅡF1

F1位于2019ALDWⅡT5的南部，开口于③b层下。

（1）形制结构

从其活动面保存部分判断，房址平面略呈长方形，南北长3.75米，东西宽3.25米，面积约12.2平方米。房内居住面为夯土，平整光滑。房址中部有多处用火烧烤呈红色或褐色的烧结面，地面上保留有4个柱洞，编号为F1-D1、F1-D2、F1-D3、F1-D4（图一八；彩版九，1）。

F1-D1　位于房址东北部，平面形状为卵圆形，直壁，壁面不甚平整，底近平。长84厘米，宽75厘米，深26厘米。柱洞内填土为灰黑色，土质较松软，包含少量陶片。

F1-D2　位于房址西北部，西距F1-D1约125厘米。平面形状为卵圆形，直壁，壁面不甚光滑，底近平。长60厘米，宽50厘米，深16厘米。柱洞内填土为灰黑色，土质较松软，包含少量陶片。

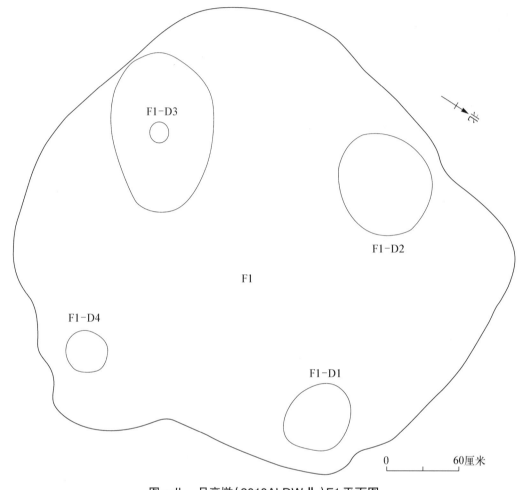

图一八　月亮墩（2019ALDWⅡ）F1平面图

　　F1-D3　位于房址西南部，北距FID1约107厘米。平面形状为椭圆形，由柱坑和柱洞组成。柱坑弧壁圜底，长128厘米，宽89厘米，深18厘米。坑内填土为灰黄色，较致密，内含红烧土粒。柱洞平面呈圆形，直壁，壁面较光滑，底近平，直径16厘米，深17厘米。柱洞内填土为灰黑色，土质较松软，包含少量陶片。

　　F1-D4　位于房址的东南部，西距F1-D3约110厘米。平面形状为圆形，直壁，壁面不甚光滑，底近平，直径35厘米，深16厘米。柱洞内填土为灰黑色，土质较松软，包含少量陶片。

　　房址保存较差，仅存4个柱洞和红烧土石，房门朝向和结构不详。大面积红烧土石和烧结块显示，房址可能与烧制陶器有关。

　　（2）出土器物

　　柱洞内包含少量陶片，未挑选标本或小件。

　　2. 2019ALDWⅡF2

　　F2位于2019ALDWⅡT3内大部分区域，部分位于隔梁下。开口于第③a层下，开口距地表60～80厘米。

（1）形制结构

F2部分位于隔梁下，未发掘，活动面具体范围不详。活动面上有13个柱洞，编号为F2-D1、F2-D2、F2-D3、F2-D4、F2-D5、F2-D6、F2-D7、F2-D8、F2-D9、F2-D10、F2-D11、F2-D12、F2-D13（图一九）。

F2-D1　位于探方北部，为近椭圆形，斜壁，坡状底。长径50厘米，短径39厘米，深13厘米。填土为灰褐色，粉砂土质，较为疏松，包含炭灰、炭粒及红烧土。

F2-D2　位于探方西北部，东北距F2-D1约230厘米。平面形状为近椭圆形，斜壁，袋状底。长径37厘米，短径33厘米，深约30厘米。填土为灰褐色，粉砂土质，较为疏松，包含炭灰、炭粒及红烧土。

F2-D3　位于探方北部，西距F2-D2约168厘米。平面形状为近圆形，斜壁，袋状底。直径34厘米，深29厘米。填土为灰褐色，粉砂土质，较为疏松，包含炭灰、炭粒及红烧土。

F2-D4　位于探方东部，西距F2-D3约231厘米。平面形状为近圆形，斜壁，袋状底。直径34

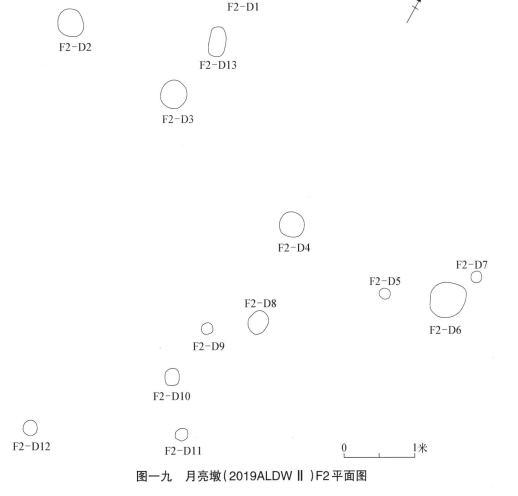

图一九　月亮墩（2019ALDWⅡ）F2平面图

厘米,深18厘米。填土为灰褐色,粉砂土质,较为疏松,包含炭灰、炭粒及红烧土。

F2-D5　位于探方东部,西距F2-D4约160厘米。平面形状为近圆形,斜壁,坡状底。直径13厘米,深12厘米。填土为灰褐色,粉砂土质,较为疏松,包含炭灰、炭粒及红烧土。

F2-D6　位于探方的东部,西距F2-D5约90厘米。平面形状为近椭圆形,斜壁,袋状底。长径51厘米,短径48厘米,深28厘米。填土为灰褐色,粉砂土质,较为疏松,包含炭灰、炭粒及红烧土。

F2-D7　位于东壁中部,西南距F2-D6约13厘米。平面形状为近椭圆形,斜壁,袋状底。直径13厘米,深8厘米。填土为灰褐色,粉砂土质,较为疏松,包含炭灰、炭粒及红烧土。

F2-D8　位于探方的东南部,东北距F2-D5约174厘米。平面形状为近椭圆形,斜壁,袋状底。长径33厘米,短径26厘米,深22厘米。填土为灰褐色,粉砂土质,较为疏松,包含炭灰、炭粒及红烧土。

F2-D9　位于探方南部,东北距F2-D8约65厘米。平面形状为近圆形,直壁,坡状底。直径16厘米,深10厘米。填土为灰褐色,粉砂土质,较为疏松,包含炭灰、炭粒及红烧土。

F2-D10　位于探方的南部,北距F2-D9约77厘米。平面形状为近圆形,斜壁,袋状底。直径20厘米,深14厘米。填土为灰褐色,粉砂土质,较为疏松,包含炭灰、炭粒及红烧土。

F2-D11　位于探方南壁处,西北距F2-D10约77厘米。平面形状为近圆形,直壁,平底。直径16厘米,深22厘米。填土为灰褐色,粉砂土质,较为疏松,包含炭灰、炭粒及红烧土。

F2-D12　位于探方西南壁,东北距F2-D11约206厘米。平面形状为近圆形,斜壁,平底。直径约19厘米,深约16厘米。填土为灰褐色,粉砂土质,较为疏松,包含炭灰、炭粒及红烧土。

F2-D13　位于探方北壁,北距F2-D1约45厘米。平面形状为近椭圆形,直壁,平底。长径38厘米,短径22厘米,深26厘米。填土为灰褐色,粉砂土质,较为疏松,包含炭灰、炭粒及红烧土。

总体上,这些柱洞无一定的排列规律,但从其分布上看,又似各自进行了组合,如F2-D1、F2-D2、F2-D3、F2-D13应为一组;F2-D4、F2-D8、F2-D9、F2-D10、F2-D11、F2-D12应为一组;F2-D5、F2-D6、F2-D7颇似一组,组成了相互独立的几间小型房址,但具体的房屋朝向、门道等情况不详。

（2）出土器物

无。

3. 2019ALDW Ⅱ F3

F3发掘部分位于2019ALDW Ⅱ T4中西部,部分被压于西壁下,开口于第③b层下。

（1）形制结构

由活动面和5个柱洞（编号为F3-D1、F3-D2、F3-D3、F3-D4、F3-D5）组成,部分压于西壁下,未发掘,活动面具体范围不详(图二〇;彩版九,2)。

F3-D1　位于探方西南部,距西壁285厘米,距南壁114厘米。平面形状呈圆形,口大底小,斜壁,平底。上径14厘米,下径8厘米,深12厘米。柱洞填土为灰黑色,土质为粉砂土,较为疏松,包含夹细砂红陶片、红烧土及炭灰。

F3-D2　位于探方南部,距西壁414厘米,距南壁143厘米,西南距F3-D1约136厘米。平面形状呈圆形,口大底小,斜壁。上径13厘米,下径8厘米,深12厘米。柱洞填土土色为灰黑色,土

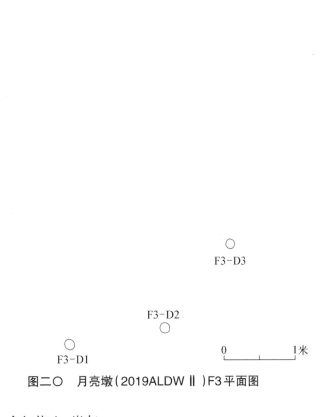

图二〇　月亮墩（2019ALDWⅡ）F3平面图

质为粉砂土,较为疏松,包含红烧土、炭灰。

F3-D3　位于探方南部,距西壁507厘米,距南壁250厘米,西南距F3-D2约143厘米。平面形状呈圆形,口大底小,斜壁。上径12厘米,下径10厘米,深23厘米。柱洞填土为灰黑色,土质为粉砂土,较为疏松,包含红烧土、炭灰。

F3-D4　位于探方北部,距西壁471厘米,距南壁642厘米。平面形状为椭圆形,直壁。上径14～21厘米,下径17厘米,深22厘米。柱洞填土为灰黑色,土质为粉砂土,较为疏松,包含红烧土、炭灰。

F3-D5　位于探方西北部,距西壁182厘米,距南壁686厘米,东距F3-D4 300厘米。平面呈椭圆形,口大底小,斜壁。上径15～22厘米,下径12厘米,深12厘米。柱洞填土为灰黑色,土质为粉砂土,较为疏松,包含红烧土、炭灰。

F3内活动面平坦、光滑,有多处用火烧烤的红色或褐色的烧结面。房址空间布局及门道朝向等情况不详。

（2）出土器物

无。

（二）灰坑

月亮墩发现并发掘灰坑18个，依坑口平面形状分为圆形（或近圆形）、半圆形、椭圆形（含近椭圆形）、扇形、不规则形等5种。圆形者3个，半圆形者1个，椭圆形者11个，扇形者2个，不规则形者1个。

1. 2019ALDW Ⅱ H1

H1位于2019ALDW Ⅱ T3中部偏西，开口于③a层下，开口距地表50厘米。

（1）形制结构

坑口形状为椭圆形，斜壁，平底，坑壁及坑底较为粗糙。长189厘米，宽72厘米，深44厘米（图二一；彩版一〇，1）。

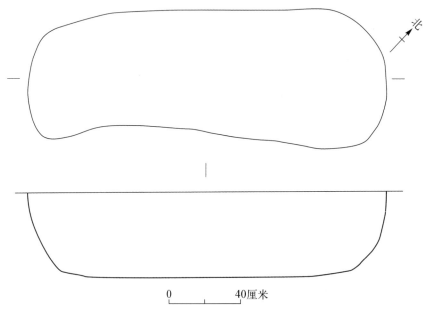

0　　　　　40厘米

图二一　月亮墩（2019ALDW Ⅱ）H1平、剖面图

（2）坑内堆积

坑内填土呈灰黑色，夹杂黄土，土质为粉砂土，较疏松。填土内包含草木灰、红烧土及少量陶片等。

（3）出土器物

未挑选标本。

2. 2019ALDW Ⅱ H2

H2位于2019ALDW Ⅱ T2西北部，开口于第③b层下。

（1）形制结构

平面形状为椭圆形，斜壁，底略圜，坑壁及坑底较为粗糙。长65厘米，宽40厘米，深13厘米（图二二）。

（2）坑内堆积

坑内填土为灰褐色，土质较软，结构疏松。填土内无包含物。

（3）出土器物

无。

3. 2019ALDWⅡH3

H3位于2019ALDWⅡT3西南角，开口于第③a层下，开口距地表48厘米。

（1）形制结构

开口平面形状为圆形，坑壁倾斜，坑底为坡状，均较为粗糙。直径54厘米，深35厘米（图二三）。

（2）坑内堆积

坑内填土为灰黑色，土质为粉砂土，较为疏松。填土内包含大量的草木灰和少量的红烧土。

（3）出土器物

无。

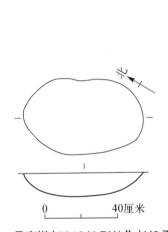

图二二 月亮墩（2019ALDWⅡ）H2平、剖面图

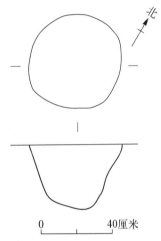

图二三 月亮墩（2019ALDWⅡ）H3平、剖面图

4. 2019ALDWⅡH4

H4位于2019ALDWⅡT3西南部，开口于③a层下，开口距地表45厘米。

（1）形制结构

开口平面形状为近圆形，斜壁，平底，坑壁和坑底较为粗糙。直径74厘米，深54厘米（图二四；彩版一〇，2）。

（2）坑内堆积

坑内填土为灰黑色，土质为粉砂土，较为疏松。填土内包含炭灰和红烧土。

（3）出土器物

无。

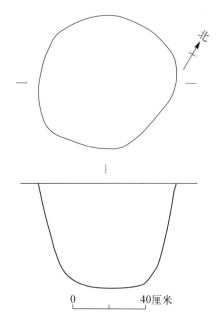

图二四　月亮墩（2019ALDWⅡ）H4平、剖面图

5. 2019ALDWⅡH5

H5位于2019ALDWⅡT5东北角和T6东南角,大半压于隔梁下,开口于③a层下。

（1）形制结构

平面开口呈不规则形,斜壁,底部凹凸不平。长420厘米,发掘宽度325厘米,深65厘米（图二五）。

（2）坑内堆积

填土为灰黑色,土质松软。填土内无包含物。

（3）出土器物

无。

6. 2019ALDWⅡH6

H6位于2019ALDWⅡT3东南角,大部分被压于隔梁下,开口于第③a层下,开口距地表60～70厘米。

（1）形制结构

发掘部分开口平面形状为扇形,壁斜弧,底近平。发掘长度240厘米,发掘宽度237厘米,深34厘米（图二六）。

（2）坑内堆积

填土为黑灰色,土质较疏松。填土内包含较多的炭块、炭灰和少量的红烧土、陶片。

（3）出土器物

未挑选标本。

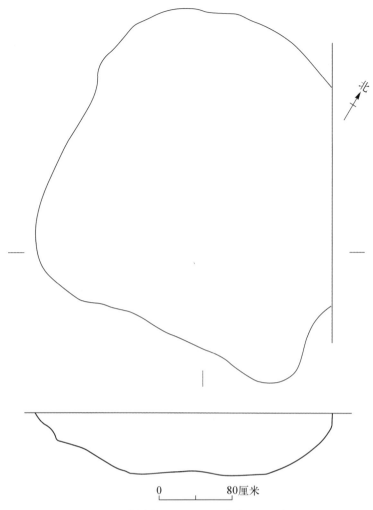

0   80厘米

图二五　月亮墩（2019ALDWⅡ）H5平、剖面图

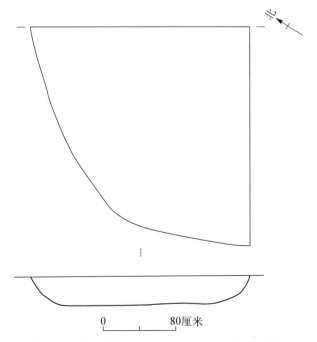

0   80厘米

图二六　月亮墩（2019ALDWⅡ）H6平、剖面图

7. 2019ALDWⅡH7

H7位于2019ALDWⅡT3西北部,大部分压于探方壁下,开口于③a层下。

（1）形制结构

发掘部分开口形状为扇形,斜壁,平底。发掘长度90厘米,发掘宽度54厘米,深18厘米（图二七；彩版一一,1）。

（2）坑内堆积

填土为灰黑色,土质较软。填土内包含大量的草木灰及少量的红烧土、炭粒和陶片。

（3）出土器物

未挑选标本。

8. 2019ALDWⅡH8

H8位于2019ALDWⅡT3中部略偏东南处,开口于第③a层下,开口距地表70厘米。

（1）形制结构

开口平面形状为近圆形,斜壁,底部凹凸不平,坑壁及坑底较粗糙。长82厘米,宽74厘米,深35厘米（图二八；彩版一一,2）。

（2）坑内堆积

填土为灰黑色,粉砂土质,较疏松。填土内包含草木灰、红烧土及炭块。

（3）出土器物

无。

9. 2019ALDWⅡH9

H9位于2019ALDWⅡT3东部偏北处,开口于③a层下。

（1）形制结构

开口形状为椭圆形,斜较直,坡状底。长63厘米,宽44厘米,深34厘米（图二九；彩版一二,1）。

（2）坑内堆积

填土为灰黑色,土质较硬,结构致密。填土内包含大量的草木灰及少量的红烧土颗粒。

（3）出土器物

无。

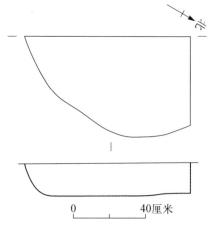

图二七　月亮墩（2019ALDWⅡ）H7平、剖面图

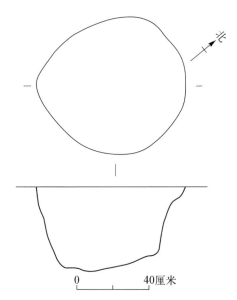

图二八　月亮墩（2019ALDWⅡ）H8平、剖面图

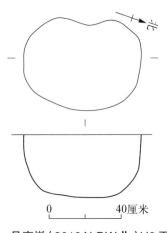

图二九　月亮墩（2019ALDWⅡ）H9平、剖面图

10. 2019ALDW Ⅱ H11

H11位于2019ALDW Ⅱ T2北部,部分被压于北隔梁下,开口于第③b层下。

(1)形制结构

发掘部分开口平面形状呈半圆形,弧壁,坑底为坡状。长162厘米,宽98厘米,深77厘米(图三〇)。

(2)坑内堆积

填土为灰黑色,土质较软,结构疏松。填土内无包含物。

(3)出土器物

无。

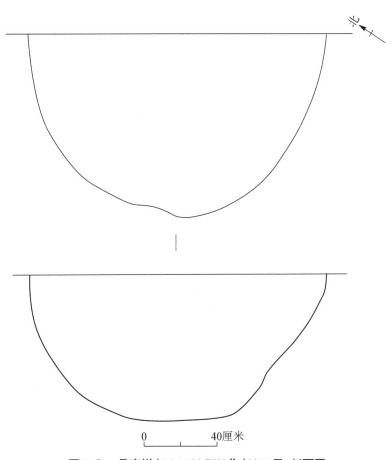

0   40厘米

图三〇 月亮墩(2019ALDW Ⅱ)H11平、剖面图

11. 2019ALDW Ⅱ H12

H12位于2019ALDW Ⅱ T4西部,距西壁30厘米,距南壁160厘米。开口于第③b层下。距地表64厘米。

(1)形制结构

开口形状为长椭圆形,斜壁,西端较深,东部较浅。长250厘米,宽53厘米,深13～61厘米

（图三一）。

（2）坑内堆积

填土为灰黄色黏土，土质较硬，结构致密。填土内包含草木灰、红烧土。

（3）出土器物

无。

12. 2019ALDW Ⅱ H13

H13位于2019ALDW Ⅱ T4西南部，距西壁30厘米，距南壁340厘米。开口于第③b层下，开口距地表65厘米。

（1）形制结构

开口形状为长椭圆形，斜壁，西部较深，东部较浅。长130厘米，宽52厘米，深16～30厘米（图三二；彩版一二，2）。

（2）坑内堆积

填土为灰黄色黏土，土质较硬，结构致密。填土内包含草木灰、红烧土。

（3）出土器物

无。

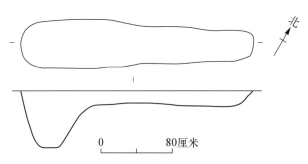

图三一　月亮墩（2019ALDW Ⅱ）H12平、剖面图

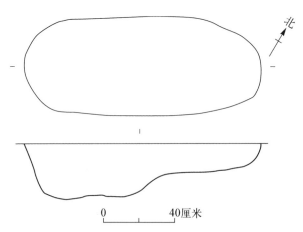

图三二　月亮墩（2019ALDW Ⅱ）H13平、剖面图

13. 2019ALDWⅡH14

H14位于2019ALDWⅡT4西北部，距西壁70厘米，距南壁680厘米。开口于第③b层下，被H20打破。

（1）形制结构

开口平面形状为椭圆形，斜壁，坡状底。长96厘米，宽38厘米，深22厘米（图三三）。

（2）坑内堆积

填土为灰黑色砂土，土质较软，结构疏松。填土中包含大量的草木灰及少量的红烧土颗粒。

（3）出土器物

无。

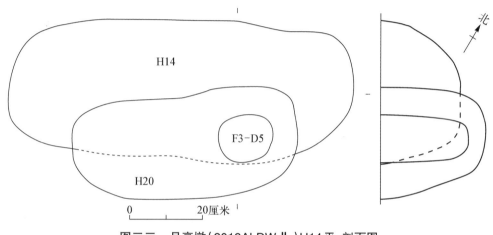

图三三　月亮墩（2019ALDWⅡ）H14平、剖面图

14. 2019ALDWⅡH15

H15位于2019ALDWⅡT4西北部，部分被压于西壁下，距南壁680厘米。开口于第③b层下。

（1）形制结构

发掘部分开口平面形状为椭圆形，斜壁，平底。长50厘米，宽41厘米，深19厘米（图三四）。

（2）坑内堆积

填土为灰黑色砂土，土质较软，结构疏松。填土中包含大量的草木灰、炭块及少量的红烧土颗粒。

（3）出土器物

无。

15. 2019ALDWⅡH18

H18位于2019ALDWⅡT7西北部，开口于第③a层下，距地表90厘米。

（1）形制结构

平面开口近椭圆形，斜壁，平底。长110厘米，宽50厘米，深10厘米（图三五）。

（2）坑内堆积

坑内填土为黄褐色，土质较硬，结构致密。填土内包含红烧土块。

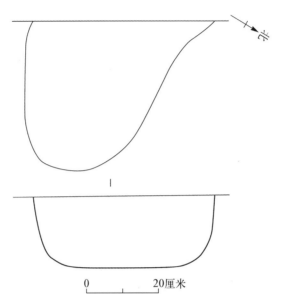

0　　　　20厘米

图三四　月亮墩（2019ALDW Ⅱ）H15平、剖面图

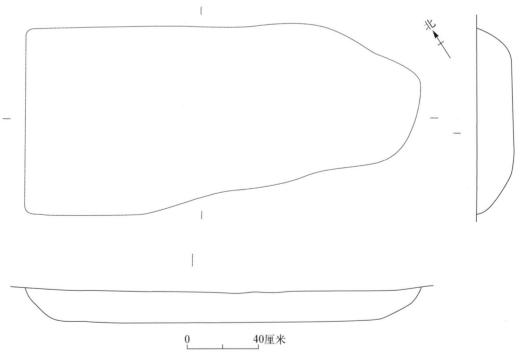

0　　　　40厘米

图三五　月亮墩（2019ALDW Ⅱ）H18平、剖面图

（3）出土器物

无。

16. 2019ALDW Ⅱ H19

H19位于2019ALDW Ⅱ T4中北部，距西壁470厘米，南壁590厘米，开口于第③b层下。

（1）形制结构

开口平面形状为椭圆形，斜壁，平底。长70厘米，宽31厘米，深21厘米（图三六）。

（2）坑内堆积

填土为灰黑色砂土，土质较软，结构疏松。填土内包含大量的草木灰及少量的红烧土颗粒。

（3）出土器物

无。

17. 2019ALDW Ⅱ H20

H20位于2019ALDW Ⅱ T4西北部，距西壁83厘米，南壁720厘米，开口于第③b层下，开口距地表85厘米，被F3-D5打破。

（1）形制结构

开口平面形状为椭圆形，斜壁，平底。长64厘米，宽30厘米，深29厘米（图三七）。

（2）坑内堆积

坑内填灰黑色粉砂土，土质较软，结构疏松。填土内包含大量的草木灰及少量的红烧土颗粒。

（3）出土器物

无。

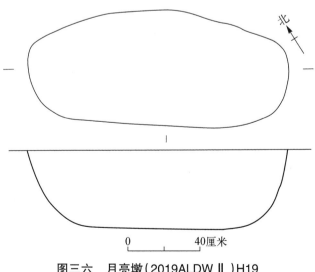

图三六　月亮墩（2019ALDW Ⅱ）H19
平、剖面图

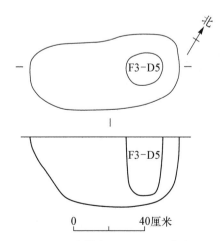

图三七　月亮墩（2019ALDW Ⅱ）H20
平、剖面图

18. 2019ALDWⅡH21

H21位于2019ALDWⅡT4东北部，距西壁600厘米，距南壁640厘米。开口于第③b层下，开口距地表90厘米。

（1）形制结构

开口平面形状为椭圆形，斜壁，圜底，坑壁与底部较粗糙。长92厘米，宽70厘米，深23厘米（图三八）。

（2）坑内堆积

填土为灰黑色砂土，土质较软，结构疏松。填土内包含大量草木灰及少量红烧土颗粒。

（3）出土器物

无。

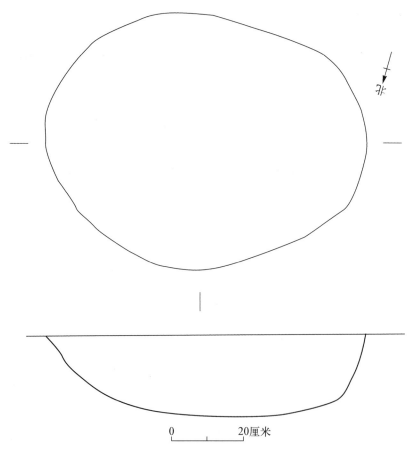

图三八　月亮墩（2019ALDWⅡ）H21平、剖面图

（三）灰沟

2019ALDWⅡG1

位于2019ALDWⅡT1东北部，整体呈东北—西南走向，部分压于东壁与北壁下。开口于第③a层下，开口距地表300厘米。

1. 形制结构

发掘部分平面形状不规则,大体呈长条状,斜壁,底略平。长450厘米,最宽处140厘米,深24厘米(图三九)。

2. 沟内堆积

填土呈灰褐色,土质疏松。填土内包含有炭粒、红烧土颗粒、黑色炭块和少量石块。

3. 出土器物

无。

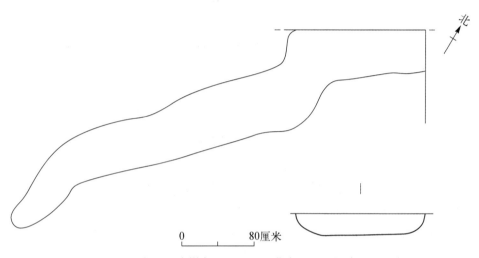

图三九　月亮墩(2019ALDWⅡ)G1平、剖面图

（四）墙垣

2019ALDWⅡQ1

Q1 2019ALDWⅡTG东壁显示,墙基北侧叠压于③b层之上,被③a、②、①层所叠压,南侧起于生土之上,被①层所叠压。墙垣呈东南—西北走向,底部宽约36米,顶部最高4.5米。墙垣为人工堆筑而成,堆积自上而下分18层,具体如下:

第a层:厚4～19厘米,土色灰黄色,土质为黏土,结构致密,包含陶片、红烧土、木炭颗粒和少量植物根茎。

第b层:厚0～24厘米,土色灰褐色,土质为黏土,结构致密,包含少量炭屑及红烧土,出土少量陶片,可辨识的器形有罐、鬲等。

第c层:厚0～29厘米,土色黄色夹杂着灰白斑点,土质较硬,结构致密。本层出土少量陶片,可辨识的器形有罐、鬲等。

第d层:厚0～26厘米,土色黄色,土质较硬,结构致密,夹杂大量红烧土块、黑灰土块及少部分炭粒。本层出土少量陶片,可辨识的器形有罐、鬲等。

第e层:厚0～17厘米,土色灰褐色,土质较软,结构疏松。本层出土少量陶片,可辨识的器

形有罐、鬲等。

第f层：厚0～36厘米，土色黄褐色，土质较硬，结构致密。本层出土少量陶片，可辨识的器形有罐、鬲等。

第g层：厚0～50厘米，土色青褐色，土质较硬，结构致密，含黄色颗粒。本层出土少量陶片，可辨器形有罐、鬲等。

第h层：厚0～31厘米，土色灰褐色，土质较硬，结构致密。本层出土少量陶片，可辨识的器形有罐、鬲等。

第i层：厚0～24厘米，土色灰褐色，土质较硬，结构致密。本层出土少量陶片，可辨识的器形有罐、鬲等。

第j层：厚0～71厘米，土色为黄色，土质较硬，结构致密，夹杂少量灰色颗粒。本层出土少量陶片，可辨识的器形有罐、鬲等。

第k层：厚0～31厘米，土色黄灰色，土质较硬，结构致密。本层出土少量陶片，可辨识的器形有罐、鬲等。

第l层：厚0～45厘米，土色黄色，土质较硬，结构致密，夹杂少量灰色颗粒。本层出土少量陶片，可辨识的器形有罐、鬲等。

第m层：厚0～48厘米，土色为黄灰色，土质较硬，结构致密，夹杂黄斑和红褐色颗粒以及零星的黑色炭粒。本层出土少量陶片，可辨识的器形有罐、鬲等。

第n层：厚0～48厘米，土色黄灰色，土质较硬，结构致密，夹杂黄斑和红褐色颗粒以及零星的黑色炭粒。本层出土少量陶片，可辨识的器形有罐、鬲等。

第o层：厚0～33厘米，土色灰褐色，土质较软，结构疏松。本层出土少量陶片，可辨识的器形有罐、鬲等。

第p层：厚0～76厘米，土色黄灰色，土质较硬，结构致密。本层出土少量陶片，可辨识的器形有罐、鬲等。

第q层：厚0～21厘米，土色灰褐色，土质较硬，结构致密，夹杂黄色土块。本层出土少量陶片，可辨识的器形有罐、鬲等。

第r层：厚0～26厘米，土色青灰色，土质较硬，夹杂有红烧土块、褐色颗粒和木炭颗粒。本层出土少量陶片，可辨识的器形有罐、鬲等。

（五）墓葬

发现并发掘墓葬3座，2座为西周时期墓葬，1座为北宋时期墓葬。

1. 2019ALDWⅡM1

M1位于2019ALDWⅡT6东北部，开口于第③b层下，方向40°。

（1）形制结构

为长方形竖穴土坑墓，直壁，平底。长210厘米，宽62厘米，残深16.0厘米（图四〇；彩版一三，1）。填土为灰黑色，土质较硬。

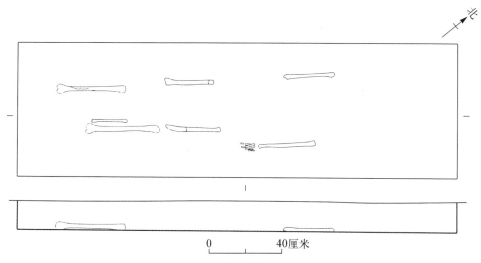

0   40厘米

图四〇 月亮墩（2019ALDWⅡ）M1平、剖面图

（2）葬具葬式

未发现葬具痕迹。墓室内葬有人骨一具，葬式为仰身直肢，大部分已腐朽，仅存四肢骨。

（3）出土器物

无。

2. 2019ALDWⅡM3

M3位于2019ALDWⅡTG2内，开口于第③a层下，方向59°。

（1）形制结构

为长方形竖穴土坑墓，直壁，平底。长200厘米，宽62厘米，残深30厘米（图四一）。填土为黄褐色，土质较疏松。

（2）葬具葬式

墓葬被地表树木破坏，未发现葬具与人骨，仅出土少量棺钉。

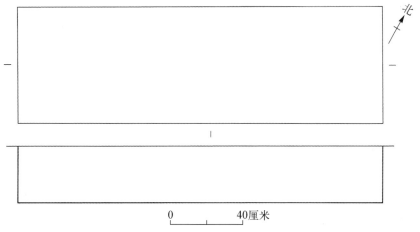

0   40厘米

图四一 月亮墩（2019ALDWⅡ）M3平、剖面图

（3）出土器物

无。

3. 2019ALDWⅡM2

M2位于2019ALDWⅡT2西北部，距西壁135厘米。开口于第②层下，方向120°。

（1）形制结构

为长方形竖穴土坑墓，直壁，平底。长212厘米，宽42～52厘米，残深28厘米（图四二；彩版一三，2）。填土为黄褐色，土质较硬。

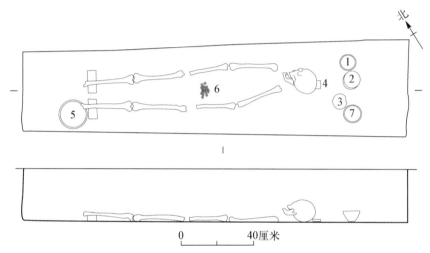

图四二　月亮墩（2019ALDWⅡ）M2平、剖面图

1. 陶瓶　2、3. 瓷碗　4. 陶砚　5. 陶盆　6. 铜钱　7. 陶瓶

（2）葬具葬式

葬具已腐朽，墓室内发现数枚棺钉。葬有人骨一具，骨骼保存较差，仅存头骨与四肢骨，葬式为仰身直肢，头向东，面向上。

（3）出土器物

出土器物7件（组），其中陶瓶2件、陶盆1件、陶砚1件，瓷碗2件，铜钱1组67枚。陶瓶、瓷碗位于墓主头骨旁，陶砚位于墓主头骨下，陶盆位于墓主足旁，铜钱位于墓主腹部（彩版一九，1）。

陶瓶　2件。

2019ALDWⅡM2：1，泥质灰陶，轮制。侈口，斜方唇，束颈，深腹略收，平底。腹部饰数道凹弦纹。口径11.0、底径10.0、高16.0厘米（图四三，1；彩版一九，2）。

2019ALDWⅡM2：7，泥质灰陶，轮制。侈口，斜方唇，束颈，深腹略收，平底。腹部饰数道凹弦纹。口径11.0、底径10.0、高17.0厘米（图四三，2；彩版一九，2）。

陶盆　1件（2019ALDWⅡM2：5）。泥质灰陶，轮制。敞口，圆唇，浅腹斜收，平底。通体素面。口径23.0、底径16.0、高7.0厘米（图四三，6；彩版二〇，2）。

陶砚　1件（2019ALDWⅡM2：4）。泥质灰陶，手制。平面呈长方形，砚面池堂一体，内凹呈凤池,凤池呈椭圆形,腹略斜收,平底。长10.0、宽6.5、高1.4厘米(图四三,5;彩版二〇,1)。

瓷碗 2件。

2019ALDWⅡM2:2,通体施白釉,轮制。敞口,斜沿,尖圆唇,深腹弧收,高圈足。口径12.5、圈足径5.0、高5.3厘米(图四三,3;彩版一九,3)。

2019ALDWⅡM2:3,内壁施黑釉,器表施黑釉不及底,红胎,轮制。敞口,圆唇,深腹斜收,平底。口径11.0、底径3.4、高4.5厘米(图四三,4;彩版一九,4)。

铜钱 1组67枚(2019ALDWⅡM2:6)。

开元通宝 2019ALDWⅡM2:6-1,圆形,外郭规整,方穿。穿四周铸有"开元通宝"四字。钱径2.5、穿宽0.6、郭宽0.2厘米(彩版二〇,3)。

乾元重宝 2019ALDWⅡM2:6-2,圆形,外郭规整,方穿。穿四周铸有"乾元重宝"四字。钱径2.4、穿宽0.7、郭宽0.2厘米(彩版二〇,4)。

唐国通宝 2019ALDWⅡM2:6-3,圆形,外郭规整,方穿。穿四周铸有"唐国通宝"四字。钱径2.4、穿宽0.7、郭宽0.2厘米(彩版二〇,5)。

祥符元宝 2019ALDWⅡM2:6-4,圆形,外郭规整,方穿。穿四周铸有"祥符元宝"四字。钱径2.5、穿宽0.6、郭宽0.3厘米(彩版二〇,6)。

景德元宝 2019ALDWⅡM2:6-5,圆形,外郭规整,方穿。穿四周铸有"景德元宝"四字。钱径2.5、穿宽0.6、郭宽0.2厘米(彩版二一,1)。

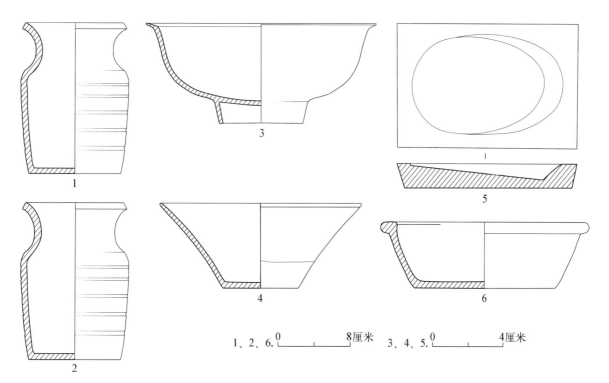

图四三 月亮墩(2019ALDWⅡ)M2出土器物

1、2.陶瓶(M2:1,M2:7) 3、4.瓷碗(M2:2,M2:3) 5.陶砚(M2:4) 6.陶盆(M2:5)

咸平元宝　2019ALDWⅡM2：6-6，圆形，外郭规整，方穿。穿四周铸有"咸平元宝"四字。钱径2.5、穿宽0.6、郭宽0.2厘米（彩版二一，2）。

天禧通宝　2019ALDWⅡM2：6-7，圆形，外郭规整，方穿。穿四周铸有"天禧通宝"四字。钱径2.4、穿宽0.7、郭宽0.2厘米（彩版二一，3）。

至和元宝　2019ALDWⅡM2：6-8，圆形，外郭规整，方穿。穿四周铸有"至和元宝"四字。钱径2.4、穿宽0.6、郭宽0.2厘米（彩版二一，4）。

圣宋元宝　2019ALDWⅡM2：6-9，圆形，外郭规整，方穿。穿四周铸有"圣宋元宝"四字。钱径2.5、穿宽0.6、郭宽0.2厘米（彩版二一，5）。

皇宋通宝　2019ALDWⅡM2：6-10，圆形，外郭规整，方穿。穿四周铸有"皇宋通宝"四字。钱径2.5、穿宽0.7、郭宽0.2厘米（彩版二一，6）。

嘉祐通宝　2019ALDWⅡM2：6-11，圆形，外郭规整，方穿。穿四周铸有"嘉祐通宝"四字。钱径2.5、穿宽0.7、郭宽0.2厘米（彩版二二，1）。

熙宁元宝　2019ALDWⅡM2：6-12，圆形，外郭规整，方穿。穿四周铸有"熙宁元宝"四字。钱径2.4、穿宽0.6、郭宽0.2厘米（彩版二二，2）。

元丰通宝　2019ALDWⅡM2：6-13，圆形，外郭规整，方穿。穿四周铸有"元丰通宝"四字。钱径2.9、穿宽0.6、郭宽0.3厘米（彩版二二，3）。

元祐通宝　2019ALDWⅡM2：6-14，圆形，外郭规整，方穿。穿四周铸有"元祐通宝"四字。钱径2.9、穿宽0.7、郭宽0.3厘米（彩版二二，4）。

大观通宝　2019ALDWⅡM2：6-15，圆形，外郭规整，方穿。穿四周铸有"大观通宝"四字。钱径2.4、穿宽0.7、郭宽0.2厘米（彩版二二，5）。

政和通宝　2019ALDWⅡM2：6-16，圆形，外郭规整，方穿。穿四周铸有"政和通宝"四字。钱径3.0、穿宽0.7、郭宽0.3厘米（彩版二二，6）。

二、地层出土器物

月亮墩（2019ALDWⅡ）地层堆积相对简单，表层为耕土层，其下为宋元明清时期的文化层，再下为西周时期的文化层，之下为生土层。除T2中一座宋代墓葬出土器物较丰富外，其余遗迹中出土物太少或没有，采集的器物标本均出土于地层之中，均为陶器。

器物标本共32件，质地分泥质陶和夹砂陶两类，泥质陶1件，占3.1%；夹砂陶31件，占96.9%。陶色以灰陶居多，共20件，约占62.5%；红陶次之，共11件，约占34.4%；褐陶仅1件，占3.1%。可辨识的器类主要有鬲、罐、盆、器底等。

陶器以手制为主，常见横向抹划痕迹；轮制较少，口沿多经轮修；三足器如陶鬲，袋足模制，袋足底部多接一段或高或矮的实足根。纹饰以绳纹为主，多为竖向和斜向，或抹平，或以弦纹隔断，有的腹部饰交错绳纹。也有少量素面陶器。下面按器类介绍收集的陶器标本。

陶鬲　13件。

2019ALDWⅡT4③b：1，口沿残片。夹砂红陶，砂粒较粗，内壁、外壁及胎为红褐色。侈口，圆唇，束颈，圆肩，直腹。肩部饰一道弦纹。器壁较厚，内壁抹平，较粗糙。口径17厘米，残高6.2厘米（图四四，1；彩版一四，1）。

2019ALDWⅡT5③b：2，口沿残片。夹砂灰陶，砂粒较粗，外壁及胎为深灰褐色，内壁为浅灰褐色。侈口，圆唇微外卷，束颈，折肩，腹略直。颈部素面，肩部饰绳纹，纹痕较浅，有抹压痕迹，不甚明显。器壁较厚，外壁有烟炱痕，内壁抹平，较粗糙。口径14厘米，残高3.2厘米（图四四，2；彩版一四，2）。

2019ALDWⅡT7③c：8，口沿残片。泥质灰陶，内、外壁均为浅灰褐色，胎为深灰褐色。侈口，斜方唇，束颈，折肩，直腹。素面。沿面及口部磨光，内壁抹平，较粗糙。口径24厘米，残高5.5厘米（图四四，3；彩版一四，3）。

2019ALDWⅡT7③c：9，口沿残片。夹砂灰陶，砂粒较细，内壁为灰褐色，外壁为深灰色，胎为红褐色。侈口，斜方唇，束颈，圆肩，直腹。肩部饰一周细绳纹，其下饰交错粗绳纹。器壁较厚，内壁抹平，较粗糙。口径20厘米，残高7厘米（图四四，4；彩版一四，4）。

2019ALDWⅡT7③c：14，口沿残片。夹砂灰陶，砂粒较细，内、外壁均为浅灰色，胎为深褐色。敞口，斜沿，圆唇，圆肩，直腹。素面。外壁有少许烟炱痕，内壁抹平，较粗糙。口径20厘米，残高7厘米（图四四，5；彩版一四，5）。

2019ALDWⅡT7③c：15，口沿残片。夹砂灰陶，砂粒较细，内、外壁为浅灰褐色，胎为红色。

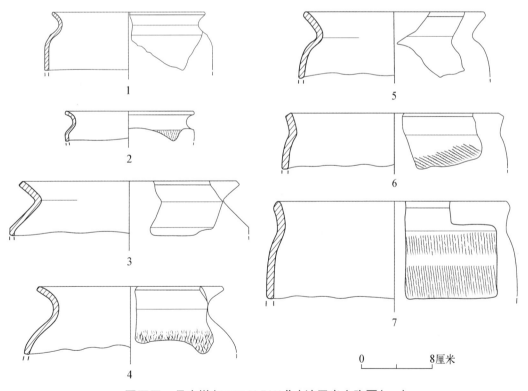

图四四　月亮墩（2019ALDWⅡ）地层出土陶鬲（一）

1. 2019ALDWⅡT4③b：1　2. 2019ALDWⅡT5③b：2　3. 2019ALDWⅡT7③c：8　4. 2019ALDWⅡT7③c：9
5. 2019ALDWⅡT7③c：14　6. 2019ALDWⅡT7③c：15　7. 2019ALDWⅡT7③c：16

侈口,斜方唇,微束颈,直腹。上腹部饰细绳纹,纹痕较浅,局部有抹压痕迹。外壁有明显烟炱痕,内壁抹平,较粗糙。口径26厘米,残高10厘米(图四四,6;彩版一四,6)。

2019ALDWⅡT7③c:16,口沿残片。夹砂红陶,砂粒较细,外壁及胎为红褐色,内壁为红色。口微侈,斜方唇,微束颈,直腹。上腹部饰细绳纹,中有抹划痕。外壁下部有烟炱痕迹,内壁抹平,较粗糙。口径26厘米,残高10厘米(图四四,7;彩版一五,1)。

2019ALDWⅡT5③b:3,口沿残片。夹砂灰陶,砂粒较粗,外壁及胎为深灰褐色,内壁为浅灰褐色。侈口,圆唇,束颈,圆肩,腹斜收。颈部素面,肩部饰细绳纹,纹痕较浅,有抹压痕迹。器壁较厚,外壁有烟炱痕,内壁抹平,较粗糙。口径17厘米,残高5.2厘米(图四五,1;彩版一五,2)。

2019ALDWⅡT5③b:4,口沿残片。夹砂灰陶,砂粒较粗,外壁及胎为深灰褐色,内壁为浅灰褐色。侈口,斜方唇,束颈,溜肩,腹斜收。颈部素面,肩腹结合部饰交错绳纹,纹痕较浅,有抹压痕迹。器壁较厚,外壁有烟炱痕,内壁抹平,较粗糙。口径17厘米,残高4.0厘米(图四五,2;彩版一五,3)。

2019ALDWⅡT7③c:1,口沿残片。夹砂灰陶,砂粒较粗,内、外壁均为浅灰褐色,胎为红褐色。侈口,尖圆唇,束颈,折肩,腹斜收。肩部饰一周细绳纹,纹痕较浅,有抹划痕迹。器壁较厚,内壁抹平,较粗糙。口径13厘米,残高5.1厘米(图四五,3;彩版一五,4)。

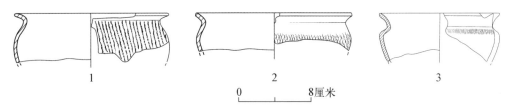

图四五　月亮墩(2019ALDWⅡ)地层出土陶鬲(二)
1. 2019ALDWⅡT5③b:3　2. 2019ALDWⅡT5③b:4　3. 2019ALDWⅡT7③c:1

2019ALDWⅡT5③b:1,口沿残片。夹砂灰陶,砂粒较细,内、外壁均为浅灰色,胎为红色。侈口,斜折沿,微外卷,圆唇,束颈,斜腹较深。腹部饰细绳纹,纹痕较浅,有抹划痕迹。器壁较薄,内壁抹平,较光滑。口径25厘米,残高12厘米(图四六,1;彩版一五,5)。

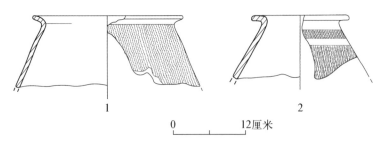

图四六　月亮墩(2019ALDWⅡ)地层出土陶鬲(三)
1. 2019ALDWⅡT5③b:1　2. 2019ALDWⅡT7③c:11

2019ALDWⅡT7③c：11，口沿残片。夹砂灰陶，砂粒较细，内、外壁均为浅灰色，胎为红色。侈口，折沿较平，圆唇，束颈，斜腹较深。上腹部饰交错绳纹，纹痕较浅。器壁较薄，内壁抹平，较光滑。口径16厘米，残高10厘米（图四六，2；彩版一五，6）。

2019ALDWⅡT4③b：2，口沿残片。夹砂红陶，砂粒较粗，外壁及胎为深红褐色，内壁为浅灰褐色。敛口，折沿较平，圆唇，束颈，圆肩，腹微鼓。颈部饰一道弦纹。器壁较厚，外壁龟裂明显，内壁抹平，较粗糙。口径20厘米，残高3.2厘米（图四七；彩版一六，1）。

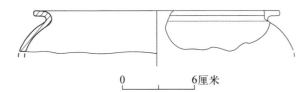

0　　　　　　6厘米

图四七　月亮墩（2019ALDWⅡ）地层出土陶鬲（四）

2019ALDWⅡT4③b：2

鬲足　3件。

2019ALDWⅡT3③b：1，夹砂灰陶，砂粒较粗，内、外壁均为灰褐色。袋足较肥，锥形足根，足尖内填塞柱状泥芯，厚胎。袋足饰细绳纹，有烟炱痕。内壁抹平，较光滑。残高5.5厘米，器壁厚0.7～1.3厘米（图四八，1；彩版一六，2）。

2019ALDWⅡT4③b：3，夹砂红陶，砂粒较细，外壁及胎为红褐色，内壁为灰褐色。袋足较瘦，锥形足根，足尖内填塞柱状泥芯，厚胎。袋足饰细绳纹，有明显的烟炱痕。内壁抹平，较光滑。残高10.3厘米，器壁厚0.8～1厘米（图四八，2；彩版一六，3）。

2019ALDWⅡT4③b：4，夹砂灰陶，砂粒较细，胎为红色，内、外壁均为灰褐色。袋足较瘦，锥形足根，足尖内填塞柱状泥芯，厚胎。外壁素面，有明显的烟炱痕。内壁抹平，较光滑。残高7.5厘米，器壁厚0.7～1.2厘米（图四八，3；彩版一六，4）。

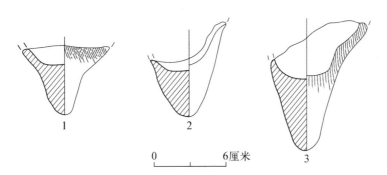

0　　　　　　6厘米

图四八　月亮墩（2019ALDWⅡ）地层出土鬲足

1. 2019ALDWⅡT3③b：1　2. 2019ALDWⅡT4③b：3　3. 2019ALDWⅡT4③b：4

陶罐　6件。

2019ALDWⅡT3②：1，口沿残片。夹砂褐陶，砂粒较粗，内、外壁为深黄褐色，胎为浅灰色。

直口,窄平沿,双唇,直腹。颈部饰一道细线纹。器壁较厚,内壁抹平,较粗糙。口径17厘米,残高6.3厘米(图四九,1;彩版一七,1)。

　　2019ALDW II T7③c:2,口沿残片。夹砂红陶,砂粒较粗,内、外壁及胎皆为红色。侈口,斜折沿,斜方唇,束颈,广折肩。肩部饰细绳纹,纹痕极浅。器壁较薄,内壁抹平,较光滑。口径20厘米,残高8.2厘米(图四九,2;彩版一七,2)。

　　2019ALDW II T7③c:5,口沿残片。夹砂灰陶,砂粒较细,内、外壁为浅灰褐色,胎为深灰褐色。侈口,斜折沿,圆唇,束颈,斜领,广斜肩。颈部饰一周细绳纹,肩部饰两周网格纹,有抹划痕迹。器壁较厚,外壁有大量烟炱痕,内壁抹平,较粗糙。口径14厘米,残高7厘米(图四九,3;彩版一七,3)。

　　2019ALDW II T7③c:6,口沿残片。夹砂红陶,砂粒较粗,内、外壁均为红褐色,胎为红色。侈口,斜方唇,束颈,折肩。肩部饰细绳纹,纹痕较浅。器壁较厚,口沿有烟炱痕,内壁抹平,较粗糙。口径20厘米,残高8厘米(图四九,4;彩版一七,4)。

　　2019ALDW II T7③c:7,口沿残片。夹砂红陶,砂粒较粗,内、外壁及胎均为红色。侈口,凹唇,束颈,折肩。颈部与肩部饰细绳纹,纹痕极浅。器壁很厚,内壁抹平,较粗糙。口径30厘米,残高6厘米(图四九,5;彩版一七,5)。

　　2019ALDW II T7③c:10,口沿残片。夹砂灰陶,砂粒较细,内、外壁为浅灰褐色,胎为红褐色。侈口,圆唇,束颈,折肩。素面。器壁较厚,内壁抹平,较粗糙。口径24厘米,残高6.5厘米

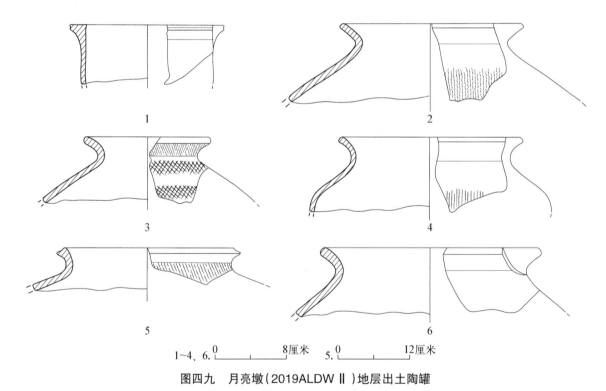

图四九　月亮墩(2019ALDW II)地层出土陶罐

1. 2019ALDW II T3②:1　2. 2019ALDW II T7③c:2　3. 2019ALDW II T7③c:5　4. 2019ALDW II T7③c:6
5. 2019ALDW II T7③c:7　6. 2019ALDW II T7③c:10

（图四九,6;彩版一七,6)。

陶盆　2件。

2019ALDWⅡT7③c:4,口沿残片。夹砂灰陶,砂粒较粗,内、外壁为浅灰褐色,胎为灰褐色。敞口,圆唇,腹弧收。颈部饰细绳纹,纹痕较浅。器壁较厚,器表有轮制痕迹,内壁抹平,较粗糙。口径20厘米,残高5厘米(图五○,1;彩版一六,5)。

2019ALDWⅡT7③c:12,口沿残片。夹砂灰陶,砂粒较细,内、外壁为浅灰褐色,胎为红褐色。敞口,斜折沿,斜方唇,腹弧收。素面。器壁较厚,器表有轮制痕迹,内壁抹平,较粗糙。口径22厘米,残高7.1厘米(图五○,2;彩版一六,6)。

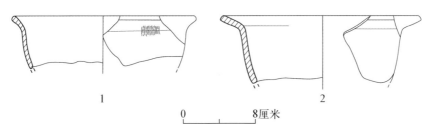

图五○　月亮墩(2019ALDWⅡ)地层出土陶盆

1. 2019ALDWⅡT7③c:4　2. 2019ALDWⅡT7③c:12

器腹　1件。

2019ALDWⅡT5③b:5,夹砂红陶,砂粒较细,外壁及胎为红褐色,内壁为红色。器表饰交错细绳纹,被五道凹弦纹隔断。器表残存烟炱痕,内壁抹平,较粗糙。残长12厘米,残宽8厘米(图五一;彩版一八,1)。

器底　7件。

2019ALDWⅡT4③a:1,夹砂红陶,砂粒较粗,内壁、外壁及胎为红色。下腹斜收,平底。素面。器壁较厚,内壁抹平,较粗糙。底径10厘米,残高4厘米(图五二,1;彩版一八,2)。

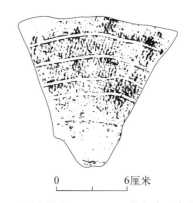

图五一　月亮墩(2019ALDWⅡ)地层出土器腹

2019ALDWⅡT5③b:5

2019ALDWⅡT4③a:2,夹砂红陶,砂粒较细,内壁、外壁及胎为红色。下腹弧收,平底。下腹部饰网格纹。器表近底处有横向加工痕迹,内壁抹平,较粗糙。底径12厘米,残高6厘米(图五二,2)。

2019ALDWⅡT4③b:5,夹砂灰陶,砂粒较细,内、外壁为浅灰色,胎为灰褐色。下腹斜收,平底。下腹部饰竖向、斜向细绳纹。内壁抹平,较粗糙。底径13.5厘米,残高5.5厘米(图五二,3;彩版一八,3)。

2019ALDWⅡT4③b:6,夹砂灰陶,砂粒较细,内、外壁及胎均为灰色。弧腹斜收,平底。下腹部饰斜向细绳纹,纹痕较浅。内壁抹平,较粗糙。底径12厘米,残高3.8厘米(图五二,4;彩版一八,4)。

2019ALDW Ⅱ T4③b:7,夹砂灰陶,砂粒较粗,内、外壁及胎均为灰色。下腹斜收,平底。下腹部饰斜向细绳纹,纹痕较浅。内壁抹平,较粗糙。底径13厘米,残高2.3厘米(图五二,6;彩版一八,5)。

2019ALDW Ⅱ T7③c:13,夹砂灰陶,砂粒较细,内、外壁及胎均为浅灰色。下腹弧收,平底。下腹部与底部饰细绳纹。内壁抹平,较粗糙。底径16厘米,残高7厘米(图五二,5;彩版一八,6)。

2019ALDW Ⅱ T7③c:3,夹砂红陶,砂粒较细,内、外壁及胎均为红色。下腹斜收,底内凹。素面。内壁抹平,较粗糙。底径20厘米,残高2厘米(图五二,7)。

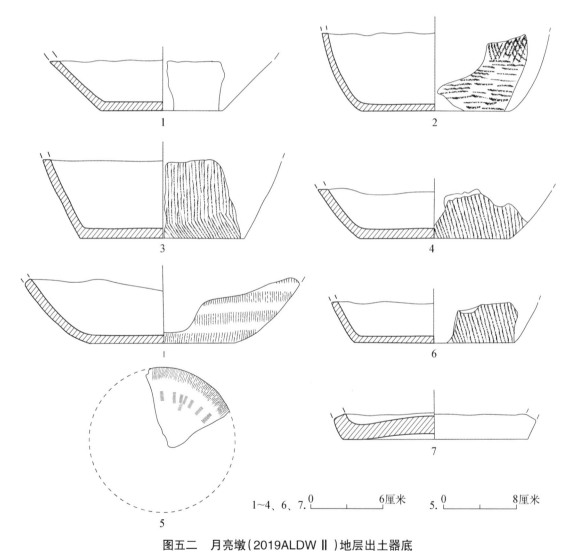

图五二　月亮墩(2019ALDW Ⅱ)地层出土器底

1. 2019ALDW Ⅱ T4③a:1　2. 2019ALDW Ⅱ T4③a:2　3. 2019ALDW Ⅱ T4③b:5　4. 2019ALDW Ⅱ T4③b:6
5. 2019ALDW Ⅱ T7③c:13　6. 2019ALDW Ⅱ T4③b:7　7. 2019ALDW Ⅱ T7③c:3

第五节 小 结

从月亮墩（2019ALDWⅡ）的考古发掘可知，月亮墩是一处面积不大、延续时间较长、文化堆积比较丰富的墩台类古代文化遗址。遗址包含西周时期和宋代的人类活动遗存，特别是发现了较多西周时期的文化遗存。首先，几乎每个探方内都发现了大量炭灰夹杂红烧土的地层堆积。比如，T5第③c层为大面积的炭灰地层，土质松散，包含大量炭块、红烧土、西周时期陶片等；同时，还在T5南部该层下发现一处由4个排列整齐的柱洞构成的房址（2019ALDWⅡF1），房内地面上有大面积用火烧烤过的红色或褐色的烧结硬面。其次，西周时期的灰坑发现较多，灰沟、墓葬、房址等均有零星发现，遗迹种类多样。最后，在墩台的外围发现有墙垣遗迹，表明墩台在使用时期具备一定的防御功能。以上现象说明，月亮墩在西周中晚期是一处有一定数量的人群生产生活的场所。

本次发掘出土的遗物以陶器为主，以残缺的口沿、器底居多，其年代主要通过与周围或中原地区已知遗物的年代比较来判断。

西周时期遗存中，陶盆标本2019ALDWⅡT7③c∶4与团墩第二期出土的Ca型Ⅰ式陶盆特征相似，时代为西周中期。陶鬲标本2019ALDWⅡT5③b∶2、2019ALDWⅡT5③b∶3、2019ALDWⅡT5③b∶4，与团墩第四期出土的Da型Ⅱ式、Db型Ⅱ式陶鬲相似，年代为西周晚期。其中，陶鬲标本2019ALDWⅡT5③b∶2与山西平陆虞国故城遗址陶鬲标本（71∶249）[1]相似，已发表的简报称，陶鬲标本71∶249与张家坡A型Ⅳe式陶鬲（M629∶1）[2]、闻喜上郭村A型Ⅰ式陶鬲（89WSM7∶6）[3]相似，年代为西周晚期。陶罐标本2019ALDWⅡT7③c∶2、2019ALDWⅡT7③c∶5与团墩第二期出土的Cb型Ⅰ式陶罐相似，年代为西周中晚期。

宋代遗存仅有一座墓葬，出土的钱币数量较多，其中钱文清晰可辨的有开元通宝、乾元重宝、唐国通宝、祥符元宝、景德元宝、咸平元宝、天禧通宝、至和元宝、圣宋元宝、皇宋通宝、嘉祐通宝、熙宁元宝、元丰通宝、元祐通宝、大观通宝、政和通宝等，可以确定其时代不早于北宋晚期。

综上，月亮墩发现的西周文化遗物与中原地区西周中晚期的同类器物具有相似性，但未见春秋时期的遗物，可能之后很长一段时期内月亮墩没有人类居住生活，直到宋代才有了墓葬发现。由此可见，月亮墩的主要使用年代应在西周中晚期。

---

① 山西大学北方考古研究中心、山西省考古研究所侯马工作站、平陆县文物旅游局：《山西平陆虞国故城遗址调查简报》，《中原文物》2019年第6期。

② 中国社会科学院考古研究所：《张家坡西周墓地》，中国大百科全书出版社，1999年，第101页。

③ 山西省考古研究所：《闻喜县上郭村1989年发掘简报》，《三晋考古（第一辑）》，山西人民出版社，1994年，第148页。

第五章 东 墩 遗 址

第一节 遗 址 概 况

东墩,即3号墩,位于整个遗址区的东部偏南,西面与长墩(中墩)相连,东面为自南向北流的罗埠河绕行,形成河边陡坡,西南距槐树墩约100米,西北距团墩约230米。俯视该墩,其平面形状呈圆角长方形,墩台底部东西最长距离约80米,南北最宽距离约100米,顶部南北长约85米,东西残宽60米,高于周边地面的残存高度约1~3.5米,占地总面积约8 000平方米。墩台东部有一处土地神庙,植被以杨树为主,杂草荆棘遍地。

第二节 探 方 分 布

通过前期的调查勘探,发现东墩北、东、南三面边缘有明显高出地面的墙垣,墙垣内较为平坦。地层堆积大致可分三大层,第一层为近现代耕土层;第二层为宋代文化层,该层仅在个别探方中有分布;第三层为西周文化层。西周时期文化层堆积较厚,且可分出多个亚层,发现有大量的灰坑、红烧土等遗迹现象。鉴于发掘面积所限,为进一步探明地下遗存情况,确定墩台的形成年代、文化内涵及其与其他各墩台之间的关系。结合2018年南京大学在中墩北部试掘情况以及东墩地形地貌和勘探情况,选取了在中部偏西北位置,采用探沟、探方相结合的方法,横跨东墩开设探沟2条(编号2019ALDTG3、2019ALDTG4),探方7个(编号2019ALDET1~2019ALDET7)。TG4位于墩台南部边缘,与T1东壁相通。T1~T7一字横跨墩台。TG3接T7向墩台北部边缘向外延伸20米。发掘过程中,根据遗迹发现情况,又分别在T3、T4东部外扩2个探方(编号2019ALDET8、2019ALDET9)。为了解中墩与东墩之间的关系,在北部边缘沿墙垣走向向西进行扩方(编号2019ALDET10、2019ALDET11)(图五三)。

通过有限的发掘可以看出,东墩边缘有宽约2米,高约1.5米的夯土墙垣,南部边缘有外环壕。墙垣内周代地层堆积丰厚,底层地面平坦,灰坑、房址、柱洞等遗迹较多。北垣外地势低平,向外连通罗埠河。与中墩之间没有发现围垣,应是相通的。

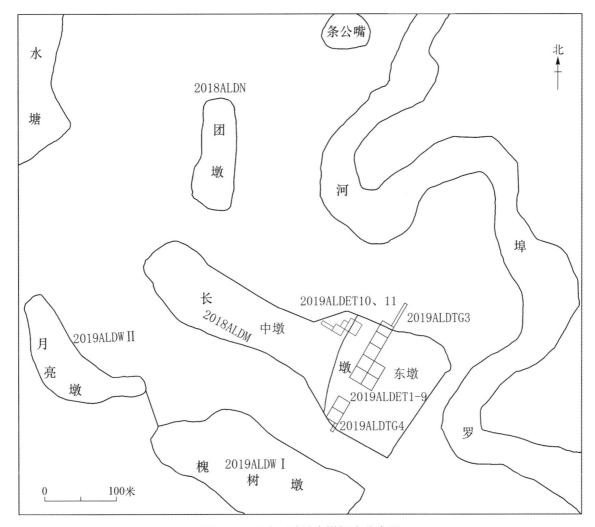

图五三　丁家畈遗址东墩探方分布图

第三节　地层堆积

东墩发掘2米×20米、2米×6米探沟各1条，10米×10米探方11个。TG3向内连通T7，向外延伸至阶地边缘，TG4向内连通T1，向外延伸至墩台底部边缘。TG3、T1～T7和TG4南北横断墩台，根据探沟两壁和探方壁剖面可清楚看到墩台的地层堆积情况，并了解其与阶地之间的关系（图五四、五五、五六）。现选取典型地层剖面介绍地层堆积情况。

一、T3、T4、T5、T6、T7、TG3东壁剖面地层

第①层：近现代耕土层，厚5～40厘米。土色浅灰或浅灰褐色，土质松软，包含大量植物根系以及少量陶瓷片、炭屑、红烧土颗粒和现代垃圾。分布于整个墩台。G1叠压于T3该层下，发掘部分向北延伸至T6东隔梁下。Q1-2叠压于T6该层下，发掘部分位于T6北隔梁下，向东、向西继续延伸。

第②层：厚0~135厘米，土色浅黄褐色，土质较疏松，包含少量植物根系和少量团状小颗粒物质及少量炭屑，出土少量陶片。分布于T3、T4、T7、TG3内，T3、T4、TG3内该层分布厚度均匀、水平。T7内仅中部可见该层，厚约0~30厘米，其他范围未见该层。H2叠压于T6该层下。

第③a层：厚0~65厘米，土色浅灰褐色，土质较致密，夹杂较少量红烧土颗粒，出土大量陶片，较多为鬲足，质地多为夹砂红陶。各探方和探沟均有分布，仅T3南部和T7中部未见该层。D5~D10叠压于T6该层下。

第③b层：厚0~50厘米，土色浅黄褐色，土质较致密，夹杂微小颗粒，出土大量陶片。分布于T3、T4、T5、TG3内。TG3内该层分布厚度均匀、水平，探方内该层堆积起伏较大，整体上南北较厚，中部较薄。

第③c层：厚0~40厘米，土色深灰褐色，土质较致密，夹少量红烧土颗粒，出土大量陶片。分布于T3、T4、T5、T6内。该层在T4、T5、T6内堆积自北向南呈缓坡状，T4南部未见该层，在T3内堆积自南向北呈缓坡状，探方北部未见该层。H20、H23、D11~D18、G2叠压于T6该层下，H39叠压于T8该层下。

第③d层：厚0~50厘米，土色灰黄色或灰褐色，土质较致密，夹少量红烧土颗粒，出土大量陶片。分布于T3、T4、T5、T6内。该层在T3内堆积范围较小，仅西南部可见；T4内堆积范围较大，分布厚度均匀、水平；T5、T6内分布于整个探方，堆积厚度薄厚不均。D1~D4叠压于T3该层下，H3叠压于T5该层下，H45、H47、H49、H50、H57、H58、F3叠压于T4该层下，H87~H91、F6叠压于T6该层下。

第③e层：厚0~50厘米，土色浅灰色或浅灰褐色，土质较致密，夹少量红烧土颗粒，出土大量陶片。分布于T3、T4、T5、T6内。在T5、T6内堆积自南向北呈缓坡状且厚薄不均；在T4中部和北部堆积较厚，分布均匀、水平，南部未见该层；在T3内堆积自南向北呈缓坡状均匀分布，北部未见该层。H4、H6~H9、H11、H24~H33、D20~D22叠压于T5该层下，H15、H35、H46、H48、H51、H52、H54~H56、H65叠压于T4该层下。

第③f层：厚0~55厘米，土色灰黑色，土质较疏松，包含少量炭屑，出土大量陶片。仅分布于T3东部、东北部和南部部分区域，西部未见该层，堆积厚度不均。H16、H22、H21、H37、H42、H37、H60~H62、F1叠压于T3该层下。

第③f层以下为生土层，土色浅黄褐色，土质致密。

二、T1、T2、TG4东壁剖面地层

第①层：近现代耕土层，厚15~90厘米，土色浅灰或浅灰褐色，土质疏松，包含大量植物根系、少量陶瓷片、炭屑、红烧土颗粒以及现代生活与建筑垃圾。各探方（探沟）均有分布，T2、TG4内堆积较厚，T1内堆积较薄，可能与水土冲刷有关。Q1-1叠压于T1该层下。

第②层：厚0~15厘米，土色浅黄褐色，土质较疏松，包含少量植物根茎。分布于T1东北部分和T2南部区域，堆积自南向北呈缓坡状均匀分布，T2内堆积较厚，T1内堆积较薄。堆积厚度较薄，可能与水土冲刷有关。

第③e层：厚0～45厘米，土色浅灰褐色或灰白色，土质较致密，含有大量微小红色颗粒。仅分布于T1整个探方内，堆积厚度较均匀、水平。出土较多陶片，可辨识的器形有鬲足。

第③f层：厚0～75厘米，土色浅黄褐色，土质较致密，含有红色大颗粒。仅分布于T1南部，堆积不平整。出土较多陶片，可辨识的器形主要有鬲。H1、H5、H72叠压于T1该层下，G5叠压于TG4该层下。

第③f层以下为生土层，土色浅黄褐色，夹有水锈斑，土质致密。

三、T4、T9北壁剖面地层

第①层：近现代耕土层，厚10～25厘米，土色浅灰色，土质松软，包含大量植物根系、炭屑、红烧土颗粒，以及少量现代生活与建筑垃圾。出土少量陶瓷片。两个探方均有分布，堆积厚度均匀、水平。

第②层：厚10～40厘米，土色浅黄褐色，土质较致密，夹杂红褐色小颗粒杂质。各探方均有分布，堆积略有起伏。本层无遗物出土。

第③a层：厚10～25厘米，土色灰白色，土质较致密，夹杂黄褐色细碎颗粒。各探方均有分布，堆积略有起伏，厚薄不均。本层出土少量陶片。

第③b层：厚0～35厘米，土色浅黄褐色，土质较致密，包含少量炭屑、红烧土颗粒。两个探方均有分布，T4内该层分布于探方南部、东南部、西南部大部分区域，北壁不见该层分布。T9内该层分布于探方南部及东南部，南部很薄，厚0～10厘米，东南部略厚，西壁、北壁不见该层分布。出土大量陶片，可辨器形有鬲、豆、罐、盘等。

第③c层：厚10～35厘米，土色深灰褐色，夹水锈斑，土质较致密，包含少量炭屑和红烧土颗粒。各探方均有分布，堆积略有起伏，厚薄不均。出土少量陶片。F2叠压于T9该层下。

第③d层：厚0～30厘米，土色浅灰色，土质较致密，包含较多红烧土、炭屑。分布于两个探方内，堆积略有起伏，厚薄不均。T4内该层分布于探方东南部、西南部大部分区域，北部不见该层分布。T9内该层分布于探方大部分区域，西北角、北壁西端不见该层分布。出土少量陶片。H13、H38、H59、H63、H64、H66～H70、H77、H79叠压于T9该层下。

第③e层：厚0～25厘米，土色浅灰褐色，较为纯净，土质致密。各探方均有分布，堆积略有起伏，厚薄不均。T4内该层分布于探方北部、东部、西部大部分区域，南部不见该层分布。T9内该层分布于探方大部分区域，西北角、西壁北端不见该层分布。无出土器物。H15、H35、H46、H48、H51、H52、H54、H55、H56、H65叠压于该层下。

第③e层以下为生土层，土色浅黄褐色，夹有水锈斑，土质致密。

根据地层关系和出土器物特点可知，第②层～第③f为西周文化层。

第四节 文 化 遗 存

经过勘探和进一步发掘，发现东墩文化遗存比较丰富。本次发现发掘各类遗迹共127处，包括墙垣1处（编号为2019ALDEQ1）；房址8处（编号为2019ALDEF1、2019ALDEF2、2019ALDEF3、2019ALDEF4、2019ALDEF5、2019ALDEF6、2019ALDEF7、2019ALDEF8）；灰坑90处，其中T1有3个（编号为2019ALDEH1、2019ALDEH5、2019ALDEH72）、T3有7个（编号为2019ALDEH16、2019ALDEH21、2019ALDEH22、2019ALDEH37、2019ALDEH60、2019ALDEH61、2019ALDEH62）、T4有16个（编号为2019ALDEH15、2019ALDEH35、2019ALDEH45、2019ALDEH46、2019ALDEH47、2019ALDEH48、2019ALDEH49、2019ALDEH50、2019ALDEH51、2019ALDEH52、2019ALDEH54、2019ALDEH55、2019ALDEH56、2019ALDEH57、2019ALDEH58、2019ALDEH65）、T5有17个（编号为2019ALDEH3、2019ALDEH4、2019ALDEH6、2019ALDEH7、2019ALDEH8、2019ALDEH9、2019ALDEH11、2019ALDEH24、2019ALDEH25、2019ALDEH26、2019ALDEH27、2019ALDEH28、2019ALDEH29、2019ALDEH30、2019ALDEH31、2019ALDEH32、2019ALDEH33）、T6有11个（编号为2019ALDEH2、2019ALDEH20、2019ALDEH23、2019ALDEH67、2019ALDEH68、2019ALDEH69、2019ALDEH87、2019ALDEH88、2019ALDEH89、2019ALDEH90、2019ALDEH91）、T8有24个（编号为2019ALDEH10、2019ALDEH12、2019ALDEH14、2019ALDEH17、2019ALDEH18、2019ALDEH19、2019ALDEH34、2019ALDEH36、2019ALDEH39、2019ALDEH40、2019ALDEH41、2019ALDEH42、2019ALDEH43、2019ALDEH71、2019ALDEH73、2019ALDEH74、2019ALDEH75、2019ALDEH76、2019ALDEH78、2019ALDE8H81、2019ALDEH82、2019ALDEH83、2019ALDEH84、2019ALDEH85、）、T9有9个（编号为2019ALDEH13、2019ALDEH38、2019ALDEH59、2019ALDEH63、2019ALDEH64、2019ALDEH66、2019ALDEH70、2019ALDEH77、2019ALDEH79）、T10有2个（编号为2019ALDEH80、2019ALDEH92）、T11有1个（编号为2019ALDEH93）；墓葬2座（编号为2019ALDEM1、2019ALDEM2，均位于T2内）、灰沟5条（2019ALDEG1位于T1、T2、T3、T4、T5、T6，2019ALDEG2位于T6的北部，2019ALDEG3位于T11的东南部，2019ALDEG4位于T10、T10西部扩方、T11东部，2019ALDEG5位于T1南部）；柱洞21个，其中T3有4个（编号为2019ALDED1～2019ALDED4）、T5有3个（编号为2019ALDED20～2019ALDED22）、T6有14个（编号为2019ALDED5～2019ALDED18）。开口于第①层下的遗迹有4处，其中灰沟1条、墓葬2座、墙垣1处；开口于第②层下的遗迹有灰坑2处；开口于第③a层下的遗迹有7处，其中柱洞6处、房址1处；开口于第③b层下的遗迹有4处，其中灰坑3处、灰沟1条；开口于第③c层下的遗迹有16处，其中灰坑5处、柱洞8处、房址1处、灰沟2条；开口于第③d层下的遗迹有50处，其中灰坑43处、房址3处、柱洞4处；开口于第③e层下的遗迹有32处，其中灰坑28处、柱洞3处、灰沟1条；开口于第③f层下的遗迹有12处，其中灰坑9处、房址3处（图五七）。

　　东墩的出土器物多为西周时期陶器，仅有少量铜器、石器和个别瓷器。陶器的质地多为夹砂灰陶和夹砂红陶，少量为泥质灰陶，完整和可辨识的器类有纺轮、钵、鬲、豆、罐、盆、簋等。

一、遗迹

（一）墙垣

遗址中发现墙垣1处，编号为2019ALDEQ1，位于东墩台地最外侧，环绕台地的北、西、南三面,总长度约300米,墙基宽约2.1～2.5米,残存最高约1.5米,墙体夯筑,北墙与西墙、西墙与南墙相接处呈圆弧形拐角(彩版二三,1、2)。土色灰黄色,夯打坚硬,以下按照发掘情况分探方介绍。

(1)2019ALDEQ1-1

位于T2中部,墙基建在第③e层之上,叠压于第①、②层之下。平面近长方形,墙体宽度约210～235厘米,长度约600厘米,残存高度约55～60厘米。土色灰黄色,土质夯打坚硬。墙基和墙体内未见出土器物,夯土纯净,利用原生土夯筑,依据文化层叠压关系,墙体始建年代不晚于西周中期(图五八)。

(2)2019ALDEQ1-2

Q1-2位于T7南部、T6北部,墙基顶部距地面约15厘米,被第①、②、③a、③d层叠压,建筑于第③e层之上。平面形状近长方形,斜壁。土色黄褐色,夯打坚硬。墙体长680厘米,宽245厘米,残存高度约110厘米。墙基和墙体内未见出土器物,夯土纯净,利用原生土夯筑,依据墙体相同地层中出土的西周中晚期遗物的特征判断,其始建年代不早于西周中晚期(图五九)。

(3)2019ALDETQ1-3

Q1-3位于T10北部,墙体叠压于第①、②层下,建于第③e层之上,平面形状呈不规则长方形,斜壁。土色黄灰色,夯打坚硬。墙体长1 980厘米,宽240～260厘米,残存高度约52厘米。墙基和墙体内未见出土器物,夯土纯净,利用原生土夯筑,依据墙体相邻地层中出土的西周中晚期遗物的特征判断,其始建年代不早于西周中晚期(图六〇)。

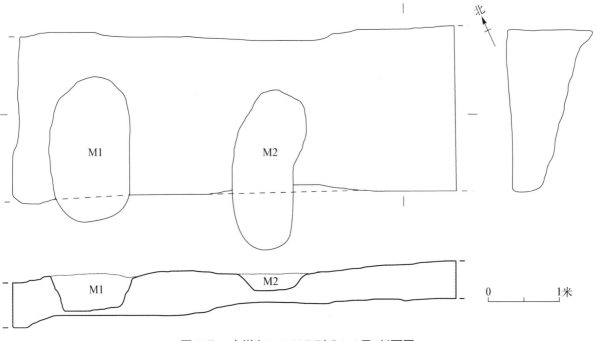

图五八 东墩(2019ALDE)Q1-1平、剖面图

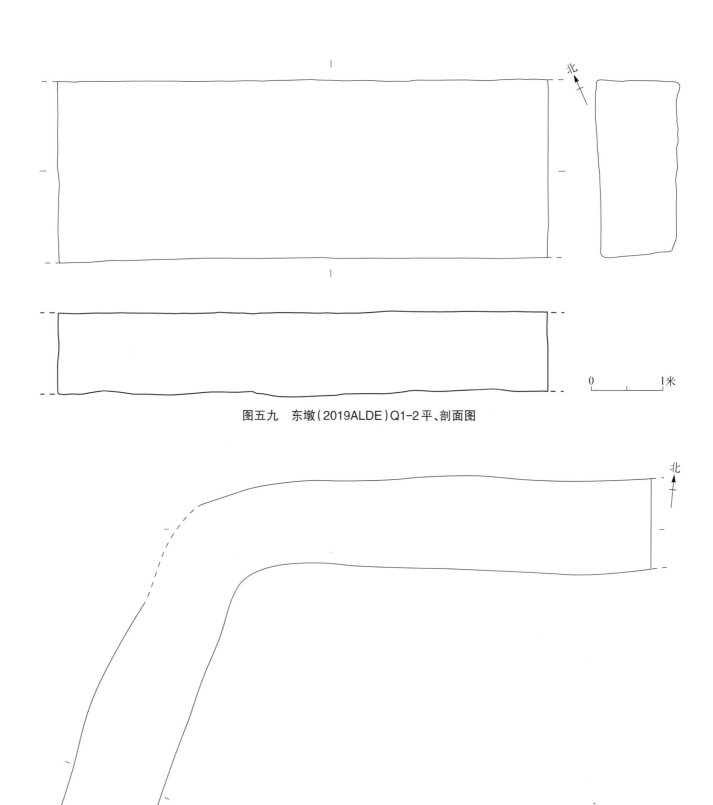

北

0   1米

图五九　东墩（2019ALDE）Q1-2平、剖面图

北

0   2米

图六〇　东墩（2019ALDE）Q1-3平、剖面图

（二）房址

遗址区域共发现发掘房址8处，有近方形和不规则形的，面积10平方米至40平方米，房址四周无墙基槽，居住面用原生土铺垫，有的经过烧烤，居住面内有一些无明显分布规律的柱洞，柱洞有近圆形、近椭圆形和不规则形，最大径约55厘米，最小径约12厘米，深度约16～53厘米，柱洞底部为黄土或碎陶片掺土夯筑而成，房门朝向不详。

（1）2019ALDEF1

发掘部分位于T3西部近西壁处，开口于第③f层下，打破生土层，南部被H16打破。房址仅保留部分踩踏面和柱洞，未见墙体和基槽残留痕迹，踩踏面残存东西长约202厘米，南北宽约305厘米。房内居住面（或活动面）为夯土，较为平整、光滑。地面有几处用火烧烤过呈红色或褐色的烧结面。房内有6个近圆形柱洞（编号为F1-D1～F1-D6），柱洞的平面排列没有明显的规律，口径约20～40厘米，深度约10～30厘米，皆无柱础。

F1-D1开口平面近圆形，斜壁平底，直径20厘米，深24厘米。

F1-D2开口平面近圆形，斜壁平底，直径30厘米，深24厘米。

F1-D3开口平面近圆形，斜壁平底，直径20厘米，深10厘米。

F1-D4开口平面近圆形，斜壁平底，直径40厘米，深30厘米。

F1-D5开口平面近圆形，斜壁平底，直径20厘米，深30厘米。

F1-D6开口平面近圆形，斜壁平底，直径24厘米，深30厘米。

柱洞内填土为灰黄色砂土，土质较为松软，无出土器物（图六一；彩版二四，1）。

根据现有发掘情况难以判断原有建筑的具体形式，门道位置及朝向等情况不详。

（2）2019ALDEF2

F2位于T9西南部，方向北偏西30°，开口于第③c层下，打破生土层。从保存的部分踩踏面和柱洞看，平面略呈长方形，东西长498厘米，南北宽304厘米，未见墙体和基槽残留痕迹。房内居住面（或活动面）为夯土，平坦，光滑，有部分烧结面。房内平面上保存有5个圆形或近圆形柱洞（自南向北、自西向东分别编号为F2-D1～F2-D5），分布较均匀，口径约15～20厘米，深度约12～20厘米，皆无柱础。

F2-D1位于T9西南部，东邻F2-D2，开口平面近圆形，斜壁圜底，直径20厘米，深约15厘米。

F2-D2位于T9南部，西邻F2-D1，开口平面近圆形，斜壁圜底，直径24厘米，深约15厘米。

F2-D3位于T9西南部，东邻F2-D4，开口平面近圆形，斜壁圜底，直径15厘米，深约15厘米。

F2-D4位于T9西南部，南邻F2-D1，开口平面近圆形，斜壁圜底，直径约22厘米，深约20厘米。

F2-D5位于T9南部，西邻F2-D4，开口平面近圆形，斜壁圜底，直径约24厘米，深约12厘米。

柱洞内填土为灰黄色砂土，土质较为松软，未出土器物（图六二）。

根据现有发掘情况难以判断原有建筑的具体形式，门道位置及朝向等情况不详。

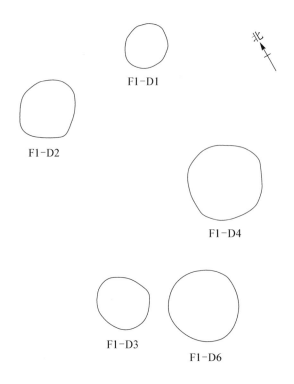

F1-D1

F1-D2

F1-D4

F1-D3　　F1-D6

F1-D5

0　　　　40厘米

图六一　东墩（2019ALDE）F1平面图

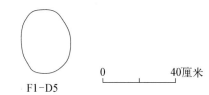

F2-D3　　　　　　　F2-D4　　　　　　　F2-D5

0　　　80厘米　　　　F2-D1　　　　　　　　F2-D2

图六二　东墩（2019ALDE）F2平面图

（3）2019ALDEF3

F3位于T4南部,方向北偏西30°,开口于第③d层下,打破生土层。从保存的部分踩踏面和柱洞看,平面近长方形,东西长425厘米,南北宽308厘米,未见墙体和基槽残留痕迹。房内居住面为夯土,平坦,光滑,有部分烧结面。房内平面上保存有10个大小不一的近圆形或椭圆形柱洞（自南向北、自西向东分别编号为F3-D1～F3-D10）,口径约22～46厘米,深度约10～27厘米,皆无柱础。

F3-D1开口平面呈椭圆形,直壁平底,长径约40厘米,短径约24厘米,深18厘米。

F3-D2开口平面呈椭圆形,斜壁圜底,长径约26厘米,短径约17,深12厘米。

F3-D3开口平面近圆形,直壁平底,直径约46厘米,深25厘米。

F3-D4开口平面形状近圆形,直壁平底,直径约36厘米,深27厘米。

F3-D5开口平面近椭圆形,斜壁圜底,直径约22厘米,深12厘米。

F3-D6开口平面近圆形,斜壁圜底,直径约27厘米,深14厘米。

F3-D7开口平面近圆形,斜壁圜底,直径约40厘米,深23厘米。

F3-D8开口平面近圆形,斜壁平底,直径约38厘米,深11厘米。

F3-D9开口平面近圆形,直壁圜底,长约38厘米,宽约32厘米,深22厘米。

F3-D10开口平面呈椭圆形,斜壁平底,长径38厘米,宽径30厘米,深10厘米。

柱洞内填土均为灰青色,土质较密实,包含少量炭屑（图六三;彩版二四,2）。

从残留的活动面上找不到墙体痕迹,柱洞的平面排列也没有明显规律,难以判断原有建筑的具体形式,门道位置及朝向等情况不详。

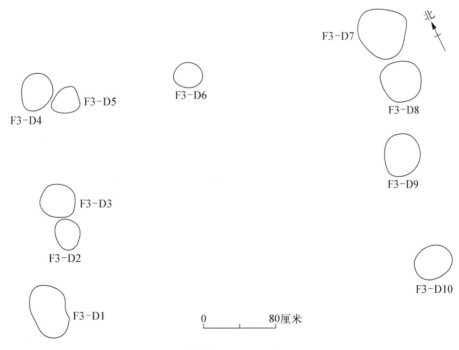

图六三　东墩（2019ALDE）F3平面图

（4）2019ALDEF4

F4位于T8东部，开口于第③d层下，打破生土层。房址仅保留部分踩踏面和大小不一的近圆形或椭圆形柱洞14个，柱洞编号F4-D1～F4-D14，未见墙体和基槽残留痕迹，房内居住面为夯土，平坦，光滑。

F4-D1位于T8东南部，西邻F4-D2，打破H82，开口平面近圆形，斜壁平底，直径44厘米，深20厘米。

F4-D2位于T8东南部，东邻F4-D1，开口平面近圆形，斜壁平底，直径20厘米，深16厘米。

F4-D3位于T8东南部，南邻F4-D2，开口平面近圆形，斜壁平底，直径38厘米，深28厘米。

F4-D4位于T8中部偏东，东南邻F4-D3，开口平面近圆形，斜壁平底，直径48厘米，深30厘米。

F4-D5位于T8东北部，西南邻F4-D4，开口平面近圆形，斜壁平底，直径24厘米，深30厘米。

F4-D6位于T8东北部，西北邻F4-D5，开口平面近圆形，斜壁平底，直径20厘米，深10厘米。

F4-D7位于T8北部，东南邻F4-D5，开口平面近圆形，斜壁平底，直径24厘米，深30厘米。

F4-D8位于T8中部偏北，东北邻F4-D7，打破H10，开口平面近圆形，斜壁平底，直径24厘米，深30厘米。

F4-D9位于T8东部，南邻F4-D10，开口平面近圆形，斜壁平底，直径20厘米，深8厘米。

F4-D10位于T8东部，北邻F4-D9，开口平面近圆形，斜壁平底，直径20厘米，深8厘米。

F4-D11位于T8东部，西北邻F4-D10，开口平面近圆形，斜壁平底，直径24厘米，深8厘米。

F4-D12位于T8东部，西邻F4-D9，开口平面近圆形，斜壁平底，直径16厘米，深8厘米。

F4-D13位于T8东南部，西邻F4-D1，开口平面近圆形，斜壁平底，直径24厘米，深8厘米。

F4-D14位于T8东南部，西邻F4-D13，部分压于探方东壁下，发掘部分开口平面呈半圆形，斜壁平底，直径40厘米，深36厘米。

柱洞内填土均为灰褐色夹杂黄色土块，土质较密实，包含少量炭屑（图六四；彩版二五，1）。

从残留的活动面上找不到墙体痕迹，柱洞的平面排列也没有明显规律，难以判断原有建筑的具体形式，但根据F4的活动面及填土情况来看，判断应是一座房址，门道位置及朝向等情况不详。

（5）2019ALDEF5

F5位于T10西南部，开口于第③a层下，打破生土层。房址仅保留部分踩踏面和大小不一的近圆形或椭圆形柱洞6个，柱洞编号F5-D1～F5-D6，未见墙体和基槽残留痕迹。

F5-D1开口平面呈椭圆形，直壁圜底，长径30厘米，短径25厘米，深约10厘米。

F5-D2开口平面呈椭圆形，直壁圜底，长径33厘米，短径28厘米，深约12厘米。

F5-D3开口平面呈椭圆形，直壁圜底，长径36厘米，短径25厘米，深约14厘米。

F5-D4开口平面呈椭圆形，直壁圜底，长径26厘米，短径23厘米，深约12厘米。

F5-D5开口平面呈椭圆形，直壁圜底，长径60厘米，短径56厘米，深约40厘米。

F5-D6开口平面呈椭圆形，直壁圜底，长径32厘米，短径26厘米，深约15厘米。

柱洞内填土为灰黄色，土质较疏松（图六五；彩版二五，2）。

根据现有发掘情况难以判断原有建筑的具体形式，门道位置及朝向等情况不详。

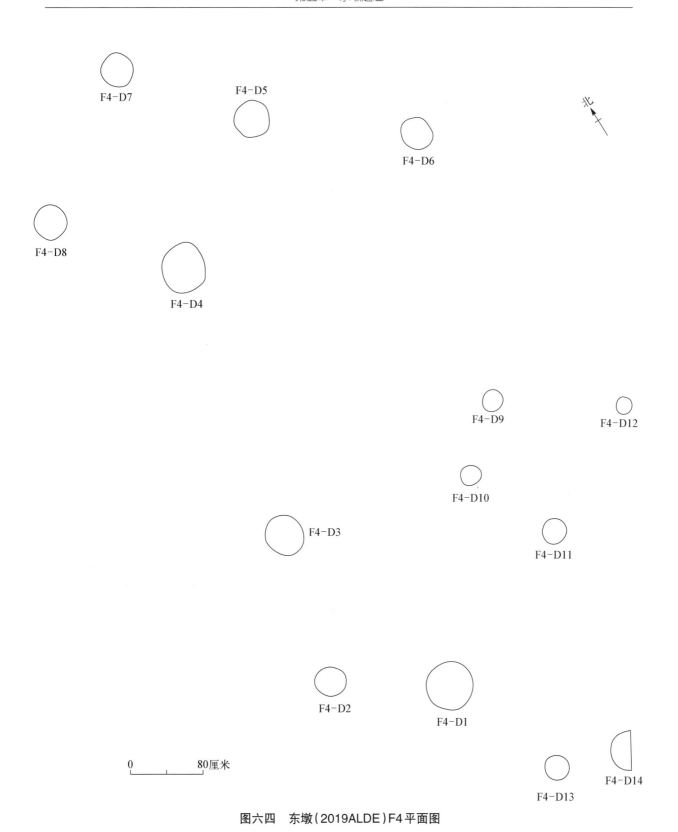

图六四　东墩（2019ALDE）F4平面图

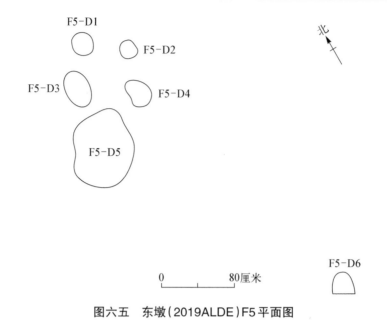

图六五　东墩（2019ALDE）F5平面图

（6）2019ALDEF6

F6位于T6中部，开口于第③d层下，打破生土层。房址仅保留部分踩踏面和大小不一的近圆形或不规则形柱洞13个，柱洞编号F6-D1～F6-D13，未见墙体和基槽残留痕迹，房内居住面为夯土，平坦，光滑。

F6-D1位于T6西部，开口平面近圆形，直壁圜底，直径26厘米，深约26厘米。

F6-D2位于T6西北部，南邻F6-D1，开口平面近圆形，直壁平底，直径70厘米，深约32厘米。

F6-D3位于T6中部偏西北，西邻F6-D2，开口平面近圆形，直壁圜底，直径20厘米，深约10厘米。

F6-D4位于T6中部，西北邻F6-D3，开口平面近圆形，直壁圜底，直径26厘米，深约14厘米。

F6-D5位于T6中部，西北邻F6-D4，开口平面近圆形，斜壁圜底，直径40厘米，深约14厘米。

F6-D6位于T6中部，西北邻F6-D5，开口平面近圆形，直壁圜底，直径24厘米，深约30厘米。

F6-D7位于T6中部偏西，西邻F6-D6，开口平面近圆形，斜壁圜底，直径30厘米，深约26厘米。

F6-D8位于T6中部偏西，西北邻F6-D7，开口平面近圆形，斜壁圜底，直径28厘米，深约16厘米。

F6-D9位于T6中部偏西，西北邻F6-D1，开口平面近圆形，直壁圜底，直径20厘米，深约16厘米。

F6-D10位于T6中部偏西，北邻F6-D9，开口平面近圆形，直壁圜底，直径32厘米，深约12厘米。

F6-D11位于T6中部，西邻F6-D10，开口平面近圆形，直径62厘米，深约40厘米。

F6-D12位于T6东南部，西北邻F6-D11，开口平面呈不规则，直壁，近平底，长140厘米，宽46

厘米,最深约34厘米。

F6-D13位于T6南部,北邻F6-D11,开口平面呈不规则形,斜壁,近平底,最长处90厘米,最宽处56厘米,最深处38厘米。

柱洞内填土均为灰黑色,土质较疏松(图六六;彩版二六,1)。

从残留的活动面上找不到墙体痕迹,柱洞的平面排列也没有明显规律,难以判断原有建筑的具体形式,门道的位置及朝向等情况不详。

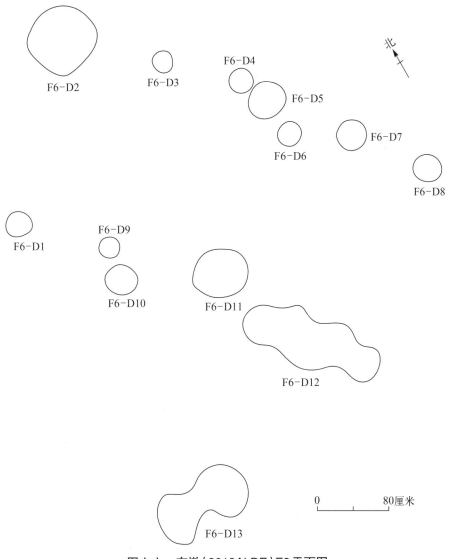

图六六 东墩(2019ALDE)F6平面图

(7)2019ALDEF7

F7位于T10南部,开口于第③f层下,打破生土层。房址仅保留部分踩踏面和大小不一的近圆形或椭圆形柱洞22个,柱洞编号F7-D1~F7-D22,未见墙体和基槽残留痕迹。

F7-D1位于T10南部,部分压于探方南壁下,发掘部分开口平面呈半椭圆形,斜壁圜底,长径

20厘米,短径16厘米,深约20厘米。

F7-D2位于T10西南部,南邻F7-D1,开口平面呈椭圆形,直壁圜底,长径42厘米,短径22厘米,深约10厘米。

F7-D3位于T10西南部,南邻F7-D17,开口平面呈椭圆形,斜壁圜底,长径23厘米,短径18厘米,深约20厘米。

F7-D4位于T10中部偏西,南邻F7-D5,开口平面呈椭圆形,直壁圜底,长径40厘米,短径32厘米,深约20厘米。

F7-D5位于T10西南部,北邻F7-D4,开口平面呈椭圆形,直壁圜底,长径38厘米,短径35厘米,深约20厘米。

F7-D6位于T10西南部,北邻F7-D5,开口平面呈椭圆形,斜壁圜底,长径76厘米,短径68厘米,深约20厘米。

F7-D7位于T10南部,西邻F7-D1,开口平面呈椭圆形,直壁圜底,长径32厘米,短径20厘米,深约10厘米。

F7-D8位于T10南部,西邻F7-D7,开口平面近圆形,直壁圜底,直径约52厘米,深约10厘米。

F7-D9位于T10中部偏西,西南邻F7-D4,开口平面近圆形,直壁圜底,直径20厘米,深约10厘米。

F7-D10位于T10中部,西邻F7-D9,开口平面近圆形,斜壁圜底,直径16厘米,深约20厘米。

F7-D11位于T10中部,北邻F7-D10,开口平面近圆形,直壁圜底,直径20厘米,深约20厘米。

F7-D12位于T10中部偏南,北邻F7-D11,开口平面近圆形,直壁圜底,直径42厘米,深约30厘米。

F7-D13位于T10南部,北邻F7-D12,开口平面呈椭圆形,斜壁圜底,长径36厘米,短径32厘米,深约10厘米。

F7-D14位于T10南部,北邻F7-D13,开口平面近圆形,直壁圜底,直径22厘米,深约20厘米。

F7-D15位于T10东南部,西邻F7-D14,开口平面近圆形,直壁圜底,直径约23厘米,深约18厘米。

F7-D16位于T10东部,北邻H92,开口平面呈椭圆形,斜壁圜底,长径约35厘米,短径约28厘米,深约10厘米。

F7-D17位于T10西南部,北邻F7-D3,开口平面呈椭圆形,直壁圜底,长径19厘米,短径17厘米,深约10厘米。

F7-D18位于T10西部扩方的西南部,南邻F7-D20,开口平面近圆形,斜壁圜底,直径26厘米,深约10厘米。

F7-D19位于T10西部扩方的西南部,部分压于西壁下,发掘部分开口平面呈半椭圆形,直壁圜底,长径19厘米,短径16厘米,深约20厘米。

F7-D20位于T10西部扩方的西南部,西北邻F7-D19,开口平面近圆形,直壁圜底,直径约20厘米,深约20厘米。

F7-D21位于T10西部扩方的西北部,开口平面呈椭圆形,斜壁圜底,长径25厘米,短径22厘米,深约10厘米。

F7-D22位于T10西部扩方的东北部,开口平面呈椭圆形,直壁圜底,长径44厘米,短径40厘米,深约10厘米。

柱洞内填土为灰黄色,土质较疏松(图六七;彩版二六,2)。

从残留的活动面上找不到墙体痕迹,柱洞的平面排列也没有明显规律,难以判断原有建筑的具体形式,门道的位置及朝向等情况不详。

(8) 2019ALDEF8

F8位于T11内,开口于第③f层下,打破生土层。房址仅保留部分踩踏面和大小不一的近圆形或椭圆形柱洞18个,柱洞编号F8-D1～F8-D18,未见墙体和基槽残留痕迹。

F8-D1位于T11西北部,部分压于探方北壁下,发掘部分开口平面呈半圆形,斜壁平底,直径42厘米,深约13厘米。

F8-D2位于T11西北部,北邻F8-D1,开口平面呈椭圆形,斜壁平底,长径32厘米,短径26厘米,深约7厘米。

F8-D3位于T11西南部,南邻F8-D4,开口平面近椭圆形,斜壁平底,长径40厘米,短径30厘米,深约14厘米。

F8-D4位于T11西南部,北邻F8-D3,开口平面近椭圆形,斜壁平底,长径22厘米,短径17厘米,深约11厘米。

F8-D5位于T11北部,东南邻F8-D6,开口平面近圆形,斜壁平底,直径约16厘米,深约15厘米。

F8-D6位于T11北部,西北邻F8-D5,开口平面近圆形,斜壁平底,直径22厘米,深约17厘米。

F8-D7位于T11西部,东北邻F8-D5,开口平面近椭圆形,斜壁平底,长径30厘米,短径26,深约21厘米。

F8-D8位于T11西部,北邻F8-D7,开口平面呈椭圆形,斜壁平底,长径18厘米,短径15厘米,深约18厘米。

F8-D9位于T11西部,西邻F8-D8,开口平面近圆形,斜壁平底,直径14厘米,深约15厘米。

F8-D10位于T11西部,西北邻F8-D9,开口平面近椭圆形,斜壁平底,长径19厘米,短径17厘米,深约21厘米。

F8-D11位于T11西南部,北邻F8-D10,开口平面近圆形,斜壁平底,直径16厘米,深约11厘米。

F8-D12位于T11西南部,西北邻F8-D11,开口平面呈椭圆形,斜壁平底,长径42厘米,短径30厘米,深约13厘米。

F8-D13位于T11北部,西北邻F8-D6,开口平面近椭圆形,斜壁平底,长径44厘米,短径36厘米,深约16厘米。

F8-D14位于T11南部,西南邻F8-D12,开口平面呈椭圆形,斜壁平底,长径25厘米,短径22

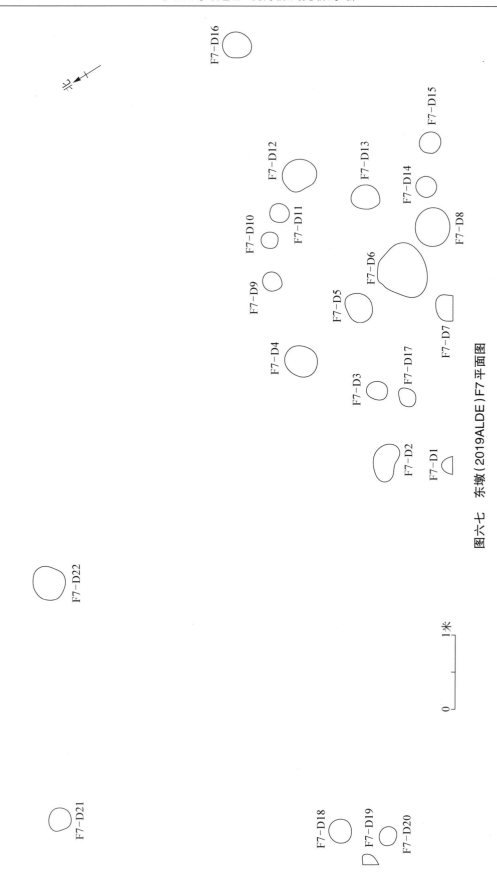

图六七　东墩(2019ALDE)F7平面图

厘米,深约17厘米。

F8-D15位于T11东北部,南邻F8-D16,开口平面呈椭圆形,斜壁平底,长径41厘米,短径23厘米,深约20厘米。

F8-D16位于T11东北部,北邻F8-D15,开口平面呈椭圆形,斜壁平底,长径37厘米,短径19厘米,深约9厘米。

F8-D17位于T11东北部,北邻F8-D16,开口平面呈椭圆形,斜壁平底,长径30厘米,短径25厘米,深约12厘米。

F8-D18位于T11东北部,北邻F8-D17,开口平面呈椭圆形,斜壁平底,长径25厘米,短径19厘米,深约21厘米。

柱洞内填土为灰黑色砂土,土质较疏松(图六八)。

从残留的活动面上找不到墙体痕迹,柱洞的平面排列也没有明显规律,难以判断原有建筑的具体形式,门道位置及朝向等情况不详。

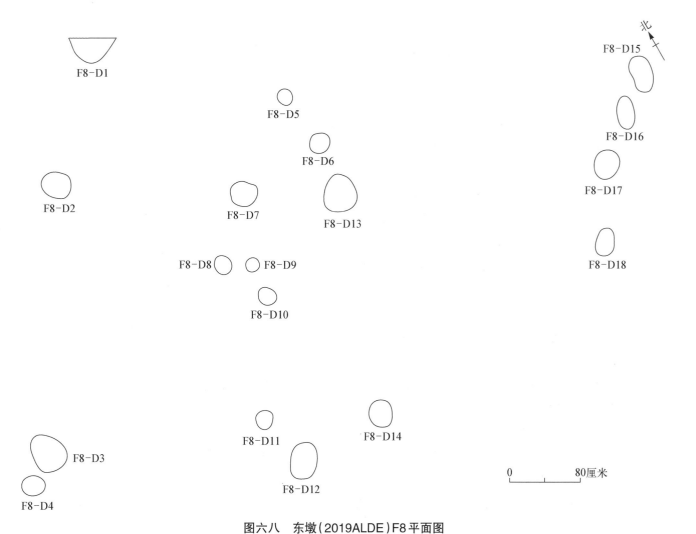

图六八　东墩(2019ALDE)F8平面图

（三）灰坑

遗址区域共发掘灰坑90个，依坑口平面形状分为圆形（含近圆形、半圆形）、椭圆形（含近椭圆形）、长方形（含圆角长方形）、不规则形等4类。圆形口者13个，其中直壁圜底状者1个，斜壁圜底状者7个，斜壁平底状者4个，直壁平底状者1个；椭圆形口者31个，其中直壁圜底状者2个，斜弧壁圜底状者19个，斜壁平底状者5个，直壁平底状者5个；长方形口者15个，其中直壁圜底状者3个，斜壁圜底状者4个，斜壁平底状者6个，直壁平底状者2个；不规则形口者31个，其中斜壁圜底状者15个，斜壁平底状者14个，直壁平底状者2个。

1. 2019ALDEH1

位于东墩发掘区南部，T1东南部，东北邻H5。开口于第③b层下，打破生土层。

（1）形制结构

开口平面近椭圆形，斜弧壁，圜底，南北长径46厘米，东西短径40厘米，坑深12厘米（图六九；彩版二七，1）。

（2）坑内堆积

坑内填土未分层，为一次性堆积，土色深灰色，土质较致密，包含炭屑颗粒等。

（3）出土器物

无出土器物。根据开口层位和叠压打破关系推断，其时代为西周中晚期。

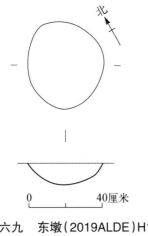

图六九　东墩（2019ALDE）H1
平、剖面图

2. 2019ALDEH2

位于东墩发掘区北部，T6西南部，北邻H87。开口于第②层下，打破第③a层。开口距地表约40厘米。

（1）形制结构

开口平面呈不规则形，斜壁内收，近平底。东西长153厘米，南北宽94厘米，深30厘米（图七〇）。

（2）坑内堆积

坑内填土未分层，为一次性堆积，土色灰黑色，土质较为疏松，包含炭屑颗粒等。

（3）出土器物

出土有少量陶片，可辨器形有鬲、罐等，未拣选标本。根据形制结构和出土器物特征推断，其时代为西周中晚期。

3. 2019ALDEH3

位于东墩发掘区北部，T5西北部，东北邻H8。开口于第③d层下，打破第③e层。

（1）形制结构

开口平面呈椭圆形，斜弧壁，圜底。东西长径82厘米，南北短径75厘米，坑深28厘米（图七一）。

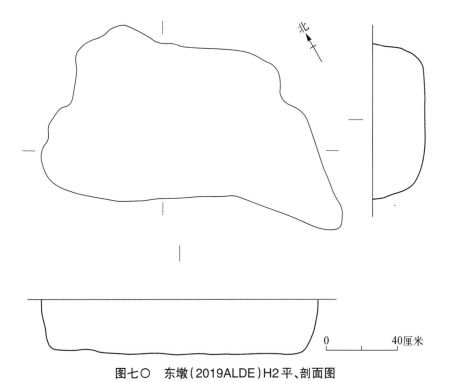

北

0　　　　40厘米

图七〇　东墩（2019ALDE）H2平、剖面图

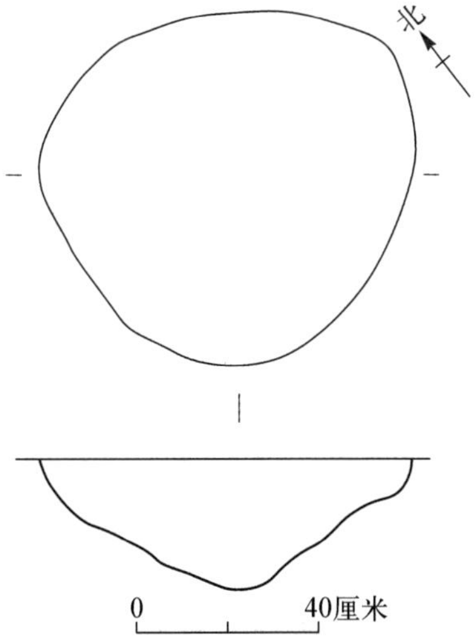

北

0　　　　40厘米

图七一　东墩（2019ALDE）H3平、剖面图

（2）坑内堆积

坑内填土未分层，为一次性堆积，土色灰黑色，土质较致密，包含炭屑颗粒。

（3）出土器物

无出土器物。根据开口层位和叠压打破关系推断，其时代为西周中晚期。

4. 2019ALDEH4

位于东墩发掘区北部，T5中部，西南邻H7，东部被G1打破。开口于第③e层下，打破生土层。

（1）形制结构

开口平面近圆形，斜壁，底部凹凸不平。东西长径118厘米，南北短径112厘米，坑深15厘米（图七二）。

（2）坑内堆积

坑内填土未分层，为一次性堆积，土色灰黑色，夹杂黄色土块，土质较致密，包含炭屑颗粒。

（3）出土器物

无出土器物。根据开口层位和叠压打破关系推断，其时代为西周中晚期。

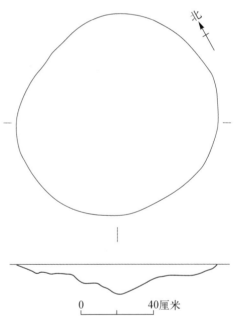

图七二　东墩（2019ALDE）H4平、剖面图

5. 2019ALDEH5

位于东墩发掘区南部，T1东部，部分被压于探方东隔梁下，开口于第③b层下，打破生土层。

（1）形制结构

发掘部分开口平面近半椭圆形，斜弧壁，圜底。长298厘米，宽62厘米，深44厘米（图七三；彩版二七，2）。

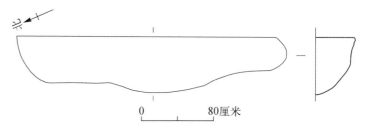

图七三　东墩（2019ALDE）H5平、剖面图

（2）坑内堆积

坑内填土未分层，为一次性堆积，土色灰褐色，土质较致密。

（3）出土器物

无出土器物。根据开口层位和叠压打破关系推断，其时代为西周中晚期。

6. 2019ALDEH6

位于东墩发掘区北部，T5西南部，东邻H33。开口于第③e层下，打破生土层。

（1）形制结构

开口平面近圆形，弧壁，圜底。东西长径63厘米，南北短径60厘米，坑深32厘米（图七四）。

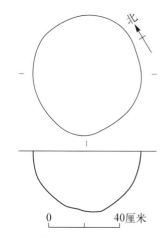

图七四　东墩（2019ALDE）H6平、剖面图

（2）坑内堆积

坑内填土未分层，为一次性堆积，土色灰黑色，夹杂黄色土块，土质较疏松，包含炭屑颗粒。

（3）出土器物

无出土器物。根据开口层位和叠压打破关系推断，其时代为西周中晚期。

7. 2019ALDEH7

位于东墩发掘区北部，T5西南部，西邻H33。开口于第③e层下，打破生土层。

（1）形制结构

开口平面近长椭圆形，近直壁，底部呈倒马鞍形。南北长径196厘米，东西短径69厘米，坑深44厘米（图七五）。

（2）坑内堆积

坑内填土未分层，为一次性堆积，土色灰黑色，土质较疏松，包含少量炭屑颗粒。

（3）出土器物

无出土器物。根据开口层位和叠压打破关系推断，其时代为西周中晚期。

8. 2019ALDEH8

位于东墩发掘区北部，T5西北部，北邻H26。开口于第③e层下，打破生土层。

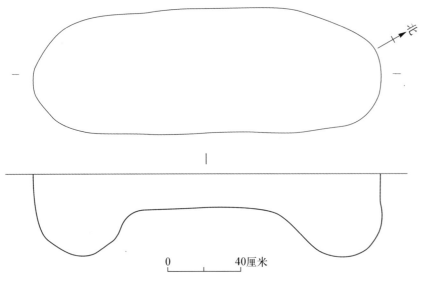

图七五　东墩（2019ALDE）H7平、剖面图

（1）形制结构

开口平面呈椭圆形，斜壁，略圜底，底部略有起伏。南北长径200厘米，东西短径126厘米，坑深57厘米（图七六）。

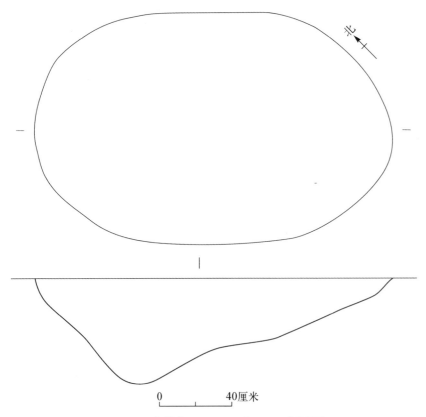

图七六　东墩（2019ALDE）H8平、剖面图

（2）坑内堆积

坑内填土未分层,为一次性堆积,土色灰黑色,夹杂黄色土块,土质较致密,包含炭屑颗粒等。

（3）出土器物

无出土器物。根据开口层位和叠压打破关系推断,其时代为西周中晚期。

9. 2019ALDEH9

位于东墩发掘区北部,T5东南部,西邻H11,部分被压于探方东隔梁下,开口于第③e层下,打破生土层。

（1）形制结构

发掘部分开口平面形状近椭圆形,斜弧壁,坑底凹凸不平,呈西高东低。东西长径130厘米,南北短径83厘米,坑深40厘米(图七七)。

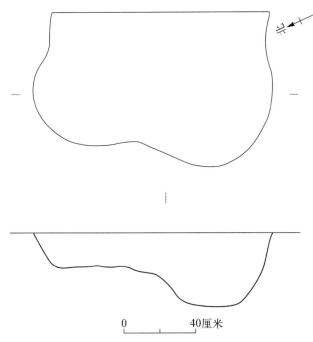

图七七　东墩(2019ALDE)H9平、剖面图

（2）坑内堆积

坑内填土未分层,为一次性堆积,土色灰黑色,夹杂黄色土块,土质较致密,包含炭屑颗粒等。

（3）出土器物

无出土器物。根据开口层位和叠压打破关系推断,其时代为西周中晚期。

10. 2019ALDEH10

位于东墩发掘区中部,T8北部偏西,南邻H12。开口于第③d层下,打破生土层和F4-D8。

（1）形制结构

开口平面呈不规则形,斜弧壁,近圜底,底部凹凸不平,呈西高东西。南北最长处122厘米,东西最宽处120厘米,坑深38厘米(图七八)。

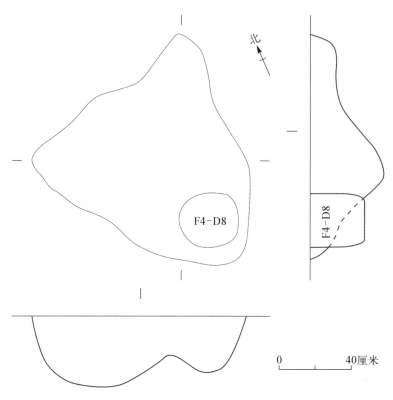

图七八　东墩（2019ALDE）H10平、剖面图

（2）坑内堆积

坑内填土未分层，为一次性堆积，土色灰褐色，夹杂黄色土块，土质较致密。

（3）出土器物

出土少量夹砂灰陶片，可辨器形为鬲。

陶鬲　1件。

2019ALDEH10：1，口沿残片。夹砂灰陶，砂粒较粗，内、外壁为灰黑色，胎为浅灰色。侈口，斜折沿，方唇，束颈，溜肩。素面。器壁较厚，内壁抹平，较粗糙。口径16厘米，残高3.6厘米（图七九；彩版四〇，5）。

11. 2019ALDEH11

位于东墩发掘区北部，T5南部，部分被压于T4探方北隔梁下，东邻H9。开口于第③e层下，打破生土层。

（1）形制结构

发掘部分开口平面形状呈不规则形，近直壁，底部凹凸不平。东西最长处170厘米，南北最宽处142厘米，坑深36厘米（图八〇；彩版二八，1）。

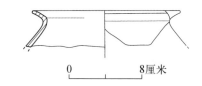

图七九　东墩（2019ALDE）H10出土陶鬲

2019ALDEH10：1

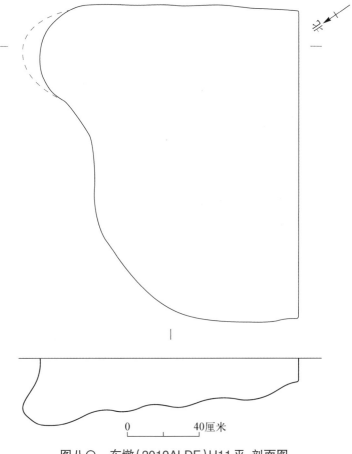

图八〇　东墩（2019ALDE）H11平、剖面图

（2）坑内堆积

坑内填土未分层，为一次性堆积，土色为灰黑色，夹杂黄色土块，土质较致密，包含炭屑颗粒。

（3）出土器物

出土少量陶片，可辨器形为鬲足。

鬲足　3件。

2019ALDEH11：1，夹砂红陶，砂粒较粗，内、外壁及胎均为红褐色。袋足较瘦，锥形实足，足尖内填塞柱状泥芯，厚胎。器表饰粗绳纹，纹痕明显。器表有少许烟炱痕，内壁抹平，较光滑。残高6厘米，器壁厚0.8～1厘米（图八一，1；彩版四八，3）。

2019ALDEH11：2，夹砂红陶，砂粒较粗，内、外壁及胎均为红褐色。袋足较瘦，锥形实足，足尖内填塞柱状泥芯，厚胎。素面。器表有少许烟炱痕，内壁抹平，较光滑。残高6厘米，器壁厚0.8～1厘米（图八一，2；彩版四八，6）。

2019ALDET5H11：3，夹砂红陶，砂粒较细，内、外壁及胎均为红褐色。袋足较瘦，锥形实足，足尖内填塞柱状泥芯，厚胎。素面。器表有少许烟炱痕，内壁抹平，较光滑。残高6.5厘米，器壁厚0.8～1厘米（图八一，3；彩版四八，5）。

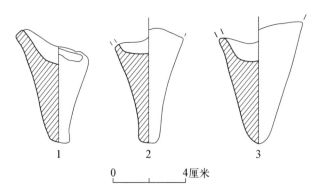

图八一　东墩（2019ALDE）H11出土高足

1. 2019ALDEH11：1　2. 2019ALDEH11：2　3. 2019ALDEH11：3

12. 2019ALDEH12

位于东墩发掘区中部，T8北部，北邻H10。开口于第③d层下，打破生土层。

（1）形制结构

开口平面呈不规则形，斜壁，略圜底。最长处约100厘米，最宽处约36厘米，深度约10厘米（图八二）。

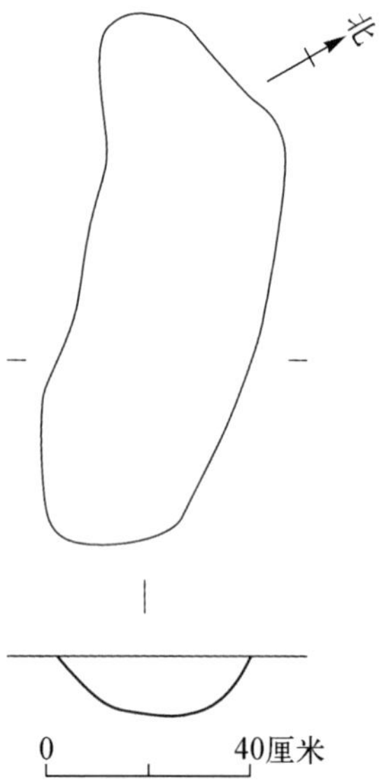

（2）坑内堆积

坑内填土未分层，为一次性堆积，土色为灰褐色，夹杂黄色土块，土质较致密，包含炭屑颗粒。

（3）出土器物

出土有个别陶片，未拣选标本。根据形制结构和出土器物特征推断，其时代为西周中晚期。

13. 2019ALDEH13

位于东墩发掘区中部，T9东南部，北邻H59。开口于第③d层下，打破生土层。

（1）形制结构

开口平面呈不规则形，斜壁，近平底。东西长123厘米，南北宽98厘米，坑深46厘米（图八三）。

（2）坑内堆积

坑内填土未分层，为一次性堆积，土色为深灰色，土质较疏松。

（3）出土器物

坑内出土少量碎陶片，未拣选标本。根据形制结构和出土器物特征推断，其时代为西周中晚期。

图八二　东墩（2019ALDE）H12
平、剖面图

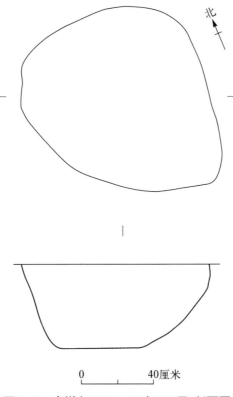

图八三　东墩（2019ALDE）H13平、剖面图

14. 2019ALDEH14

位于东墩发掘区中部，T8西北部，东邻H12。开口于第③d层下，打破H71和H76。

（1）形制结构

开口平面呈不规则形，弧壁，坑底凹凸不平。南北最长处340厘米，东西最宽处192厘米，坑深44厘米（图八四）。

（2）坑内堆积

坑内填土未分层，为一次性堆积，土色灰褐色，夹杂黄色土块，土质较致密。

（3）出土器物

出土少量陶片，可辨器形为鬲。

陶鬲　1件。

2019ALDEH14：1，口沿残片。夹砂红陶，砂粒较粗，内、外壁及胎均为红褐色。侈口，斜折沿，圆唇，束颈，溜肩，腹微鼓。颈部饰竖向绳纹，肩部与腹部饰网格纹，被三道凹弦纹隔断。器壁较厚，内壁抹平，较粗糙。口径32厘米，残高8.4厘米（图八五；彩版四〇，6）。

15. 2019ALDEH15

位于东墩发掘区中部，T4西部，东邻H50。开口于第③e层下。

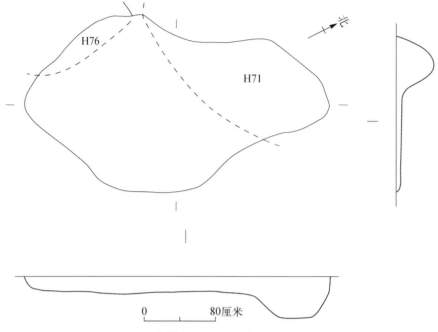

图八四　东墩(2019ALDE)H14平、剖面图

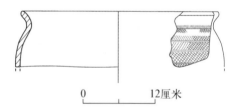

图八五　东墩(2019ALDE)H14出土陶鬲

2019ALDEH14:1

（1）形制结构

开口平面呈椭圆形,斜壁,平底。东西长径61厘米,南北短径50厘米,坑深20厘米(图八六)。

（2）坑内堆积

坑内填土未分层,为一次性堆积,土色为青灰色,土质较致密,包含炭屑颗粒物。

（3）出土器物

出土少量陶片,可辨器形为鬲足。

鬲足　2件。

2019ALDEH15:1,夹砂红陶,砂粒较粗,内、外壁及胎均为红褐色。锥形空足,足尖内填塞柱状泥芯,厚胎。器表饰粗绳纹,纹痕明显。器表有少许烟炱痕,内壁抹平,较光滑。残高4厘米,器壁厚0.8~1厘米(图八七,2;彩版四八,4)。

2019ALDEH15:2,夹砂红陶,砂粒较细,内、外壁及胎均为红褐色。锥形实足,足尖内填塞

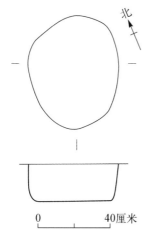

图八六　东墩（2019ALDE）H15平、剖面图

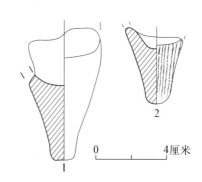

图八七　东墩（2019ALDE）H15出土高足

1. 2019ALDEH15∶1　2. 2019ALDEH15∶2

柱状泥芯，厚胎。素面。外壁有烟炱痕，内壁抹平，较光滑。残高7厘米，器壁厚0.8～1厘米（图八七，1；彩版四九，1）。

16. 2019ALDEH16

位于东墩发掘区中部，T3西部，东南邻H62，部分被压于探方西壁下。开口于第③f层下，打破生土层。

（1）形制结构

发掘部分开口平面近长方形，弧壁，圜底。南北长87厘米，东西宽66厘米，坑深18厘米（图八八）。

（2）坑内堆积

坑内填土未分层，为一次性堆积，土色灰褐色，土质较致密。

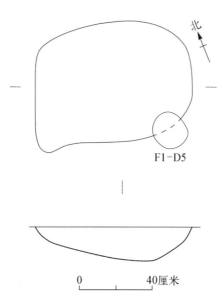

图八八　东墩（2019ALDE）H16平、剖面图

（3）出土器物

无出土器物。根据开口层位和叠压打破关系推断,其时代为西周中晚期。

17. 2019ALDEH17

位于东墩发掘区中部,T8东南部,北邻H41。开口于第③d层下,打破生土层。

（1）形制结构

开口平面呈椭圆形,弧壁,圜底。东西长径68厘米,南北短径60厘米,坑深8厘米（图八九）。

（2）坑内堆积

坑内填土未分层,为一次性堆积,土色为灰黑色,夹杂灰色焦炭,土质较致密,无包含物。

（3）出土器物

无出土器物。根据开口层位和叠压打破关系推断,其时代为西周中晚期。

18. 2019ALDEH18

位于东墩发掘区中部,T8西南部,北邻H76。开口于第③d层下,打破生土层。

（1）形制结构

开口平面近椭圆形,弧壁,圜底。南北长径72厘米,东西短径60厘米,坑深40厘米（图九〇）。

（2）坑内堆积

坑内填土未分层,为一次性堆积,土色为灰褐色,夹杂黄色土块,土质较致密。

（3）出土器物

坑内出土少量陶片,未拣选标本。根据形制结构和出土器物特征推断,其时代为西周中晚期。

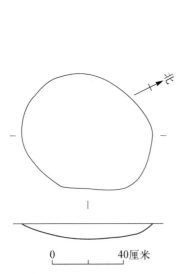

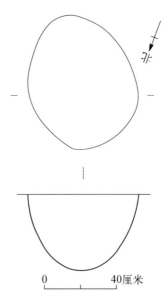

图八九　东墩（2019ALDE）H17平、剖面图　　　图九〇　东墩（2019ALDE）H18平、剖面图

19. 2019ALDEH19

位于东墩发掘区中部,T8西南部,部分被压于T3东隔梁下。开口于第③c层下,打破生土层和H36。

（1）形制结构

开口平面呈不规则形,弧壁,圜底。东西最长处68厘米,南北最宽处60厘米,坑深30厘米（图九一）。

（2）坑内堆积

坑内填土未分层,为一次性堆积,土色为灰褐色,夹杂黄色土块,土质较致密。

（3）出土器物

无出土器物。根据开口层位和叠压打破关系推断,其时代为西周中晚期。

20. 2019ALDEH20

位于东墩发掘区北部,T6东南部,西邻D17。开口于第③c层下,打破第③d层,开口距地表约70厘米。

（1）形制结构

开口平面近椭圆形,弧壁,圜底。南北长径80厘米,东西短径70厘米,坑深12厘米（图九二）。

（2）坑内堆积

坑内填土未分层,为一次性堆积,土色为灰黑色,质地较硬致密,夹杂有黄色土块。

（3）出土器物

无出土器物。根据开口层位和叠压打破关系推断,其时代为西周中晚期。

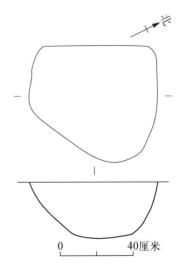

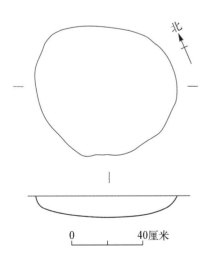

图九一　东墩（2019ALDE）H19平、剖面图　　　图九二　东墩（2019ALDE）H20平、剖面图

21. 2019ALDEH21

位于东墩发掘区中部,T3南部,西邻H62。开口于第③f层下,打破生土层。

(1)形制结构

开口平面呈不规则形,斜壁,近平底。南北最长处428厘米,东西最宽处274厘米,坑深67厘米(图九三;彩版二八,2)。

(2)坑内堆积

坑内填土未分层,为一次性堆积,土色灰褐色,土质较致密。

(3)出土器物

出土器物共3件,其中陶鬲2件、鬲足1件。

陶鬲 2件。

2019ALDEH21:1,夹砂灰陶,砂粒较细,内、外壁及内胎均为浅灰色。侈口,尖圆唇,微束颈,

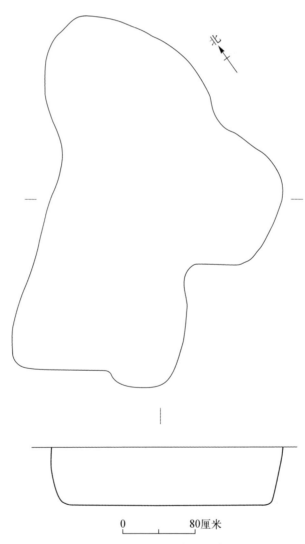

0   80厘米

图九三 东墩(2019ALDE)H21平、剖面图

腹微鼓,连裆较高,下接三锥形足。腹部与足饰细绳纹,纹痕较浅。器表有烟炱痕,内壁抹平,较粗糙。口径14.4厘米,高12厘米(图九四,1;彩版三九,6)。

2019ALDEH21：3,口沿残片。夹砂灰陶,砂粒较细,内、外壁及胎均为深灰色。侈口,圆唇,微束颈,腹微鼓。素面。器表较粗糙,内壁抹平,较光滑。口径16.3厘米,残高5.3厘米(图九四,3;彩版四一,1)。

鬲足　1件。

2019ALDEH21：2,夹砂灰陶,砂粒较细,内、外壁及胎均为灰色。袋足较肥,锥形空足。器表饰细绳纹,纹痕较浅。器表有少许烟炱痕,内壁抹平,较光滑。残高7.7厘米,壁厚0.5厘米(图九四,2;彩版四九,2)。

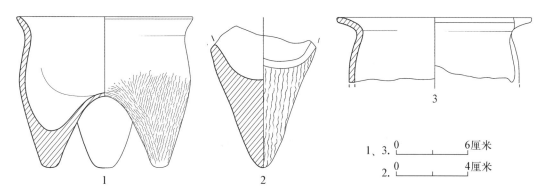

图九四　东墩(2019ALDE)H21出土器物

1、3. 陶鬲(2019ALDEH21：1、2019ALDEH21：3)　2. 鬲足(2019ALDEH21：2)

22. 2019ALDEH22

位于东墩发掘区中部,T3东南部。开口于第③f层下,打破生土层和H62。

(1)形制结构

开口平面近椭圆形,斜壁,圜底。南北长径124厘米,东西短径110厘米,深度约22厘米(图九五;彩版二九,1)。

(2)坑内堆积

坑内填土未分层,为一次性堆积,土色灰褐色,土质较致密。

(3)出土器物

出土器物共2件,其中器底1件,石锛1件。

器底　1件。

2019ALDEH22：2,夹砂灰陶,砂粒较粗,内、外壁及胎均为浅灰色。下腹斜收,平底。下腹部饰细绳纹,纹痕较浅。底径15.9厘米,残高6.8厘米(图九六,2;彩版五九,6)。

石锛　1件。

2019ALDEH22：1,黄褐色,表面腐蚀。平面呈长方形,薄片状,边沿不甚规整,下端向一侧开刃。长9.9厘米,宽3厘米,厚2厘米(图九六,1;彩版六一,3)。

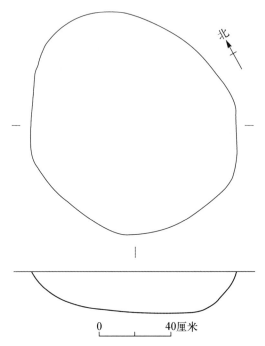

图九五　东墩（2019ALDE）H22平、剖面图

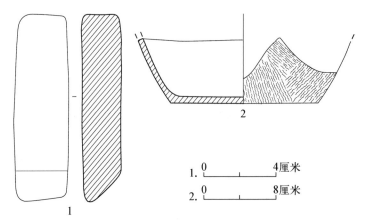

图九六　东墩（2019ALDE）H22出土器物

1. 石锛（2019ALDEH22：1）　2. 器底（2019ALDEH22：2）

23. 2019ALDEH23

位于东墩发掘区北部，T6南部，部分被压于T5北隔梁下。开口于第③c层下，打破第③d层。开口距地表约70厘米。

（1）形制结构

发掘部分开口平面呈半椭圆形，弧壁，圜底。东西最长处118厘米，南北最宽处38厘米，坑深19厘米（图九七）。

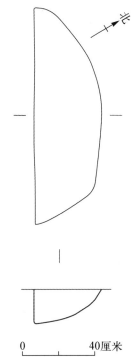

图九七　东墩（2019ALDE）H23平、剖面图

（2）坑内堆积

坑内填土未分层，为一次性堆积，土色灰黑色，质地较致密，夹杂有黄色土块等。

（3）出土器物

无出土器物。根据开口层位和叠压打破关系推断，其时代为西周中晚期。

24. 2019ALDEH24

位于东墩发掘区北部，T5东北部，东邻H25，部分被压于探方北隔梁下。开口于第③e层下，打破生土层。

（1）形制结构

发掘部分开口平面略呈圆角长方形，直壁，圜底。东西长63厘米，南北宽41厘米，坑深16厘米（图九八）。

（2）坑内堆积

坑内填土未分层，为一次性堆积，土色灰黑色，夹杂有黄色土块，土质较致密。

（3）出土器物

无出土器物。根据开口层位和叠压打破关系推断，其时代为西周中晚期。

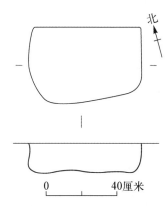

图九八　东墩（2019ALDE）H24平、剖面图

25. 2019ALDEH25

位于东墩发掘区北部，T5东北部，西邻H24，部分被压于探方的北隔梁和东隔梁下。开口于第③e层下，打破生土层。

（1）形制结构

发掘部分开口平面近长方形，斜壁稍内收，近平底。东西长112厘米，南北宽64厘米，坑深14厘米（图九九）。

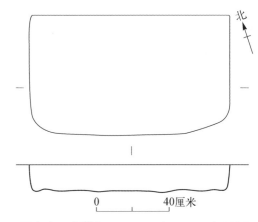

图九九 东墩（2019ALDE）H25平、剖面图

（2）坑内堆积

坑内填土未分层，为一次性堆积，土色为灰黑色，夹杂有黄色土块，土质较致密。

（3）出土器物

无出土器物。根据开口层位和叠压打破关系推断，其时代为西周中晚期。

26. 2019ALDEH26

位于东墩发掘区北部，T5西北部，西邻H28。开口于第③e层下，打破生土层。

（1）形制结构

开口平面近长椭圆形，直壁，平底。南北长径130厘米，东西短径47厘米，坑深15厘米（图一〇〇）。

（2）坑内堆积

坑内填土未分层，为一次性堆积，土色为灰褐色，土质较致密，无包含物。

（3）出土器物

无出土器物。根据开口层位和叠压打破关系推断，其时代为西周中晚期。

27. 2019ALDEH27

位于东墩发掘区北部，T5西北部，东南邻H28。开口于第③e层下，打破生土层。

（1）形制结构

发掘部分开口平面近圆角长方形，直壁，近平底。南北长99厘米，东西宽58厘米，坑深12厘米（图一〇一）。

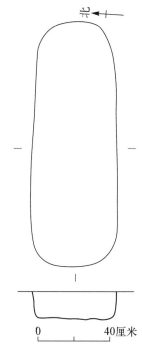

图一〇〇　东墩（2019ALDE）H26平、剖面图

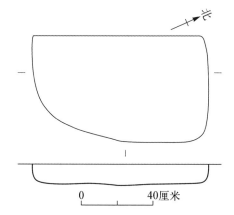

图一〇一　东墩（2019ALDE）H27平、剖面图

（2）坑内堆积

坑内填土未分层，为一次性堆积，土色灰黑色，夹杂有黄色土块，土质较致密。

（3）出土器物

无出土器物。根据开口层位和叠压打破关系推断，其时代为西周中晚期。

28. 2019ALDEH28

位于东墩发掘区北部，T5西北部，东邻H26。开口于第③e层下，打破生土层。

（1）形制结构

开口平面近圆形，直壁，略圜底。南北长径85厘米，东西短径82厘米，坑深20厘米（图一〇二）。

（2）坑内堆积

坑内填土未分层，为一次性堆积，土色灰黑色，夹杂有黄色土块，土质较硬致密，无遗物出土。

（3）出土器物

无出土器物。根据开口层位和叠压打破关系推断，其时代为西周中晚期。

29. 2019ALDEH29

位于东墩发掘区北部，T5东部近隔梁处，北邻H25。开口于第③e层下，打破生土层。

（1）形制结构

开口平面呈椭圆形，斜壁，近平底。南北长径96厘米，东西短径73厘米，坑深18厘米（图一〇三）。

（2）坑内堆积

坑内填土未分层，为一次性堆积，土色灰黑色，夹杂有黄色土块，土质较致密。

（3）出土器物

无出土器物。根据开口层位和叠压打破关系推断，其时代为西周中晚期。

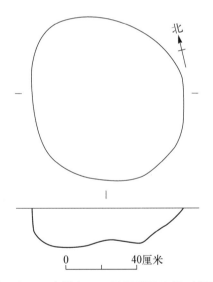

图一〇二　东墩（2019ALDE）H28平、剖面图

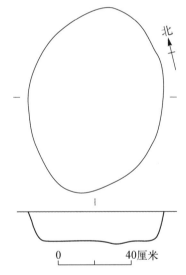

图一〇三　东墩（2019ALDE）H29平、剖面图

30. 2019ALDEH30

位于东墩发掘区北部，T5中部，东邻H29。开口于第③e层下，打破生土层。

（1）形制结构

开口平面呈圆角长方形，直壁，圜底。南北长98厘米，东西宽54厘米，坑深20厘米（图一〇四）。

（2）坑内堆积

坑内填土未分层，为一次性堆积，土色灰黑色，夹杂有黄色土块，土质较致密。

（3）出土器物

无出土器物。根据开口层位和叠压打破关系推断，其时代为西周中晚期。

31. 2019ALDEH31

位于东墩发掘区北部，T5西南部，东邻H6。开口于第③e层下，打破生土层。

（1）形制结构

开口平面呈椭圆形，直壁，略圜底。南北长径88厘米，东西短径70厘米，坑深39厘米（图一〇五）。

（2）坑内堆积

坑内填土未分层，为一次性堆积，土色为灰黑色，夹杂有黄色土块，土质较致密。

（3）出土器物

无出土器物。根据开口层位和叠压打破关系推断，其时代为西周中晚期。

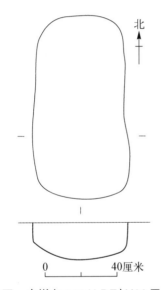

图一〇四　东墩（2019ALDE）H30平、剖面图

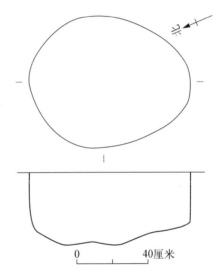

图一〇五　东墩（2019ALDE）H31平、剖面图

32. 2019ALDEH32

位于东墩发掘区北部，T5东南部，北邻H31，部分被压于探方北隔梁下。开口于第③e层下，打破生土层。

（1）形制结构

发掘部分开口平面近圆角长方形，斜壁，近平底。东西长114厘米，南北宽97厘米，坑深20厘米（图一〇六）。

（2）坑内堆积

坑内填土未分层，为一次性堆积，土色灰黑色，夹杂有黄色土块，土质较致密。

（3）出土器物

无出土器物。根据开口层位和叠压打破关系推断，其时代为西周中晚期。

图一〇六　东墩（2019ALDE）H32平、剖面图

33. 2019ALDEH33

位于东墩发掘区北部，T5西南部，东邻H7。开口于第③e层下，打破生土层。

（1）形制结构

开口平面呈椭圆形，直壁，近平底。南北长径68厘米，东西短径62厘米，坑深60厘米（图一〇七）。

（2）坑内堆积

坑内填土未分层，为一次性堆积，土色灰黑色，夹杂有黄色土块，土质较致密。

（3）出土器物

无出土器物。根据开口层位和叠压打破关系推断，其时代为西周中晚期。

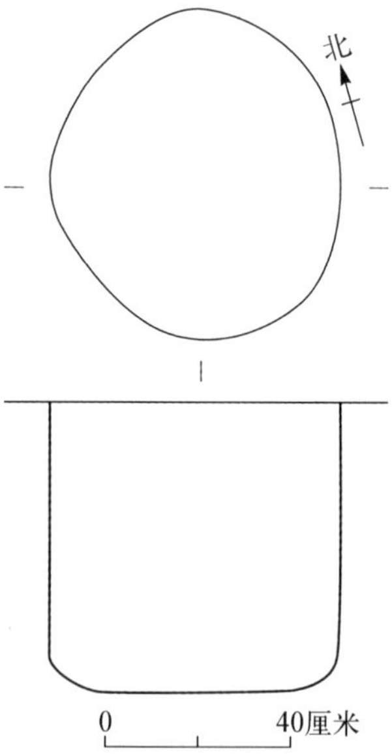

34. 2019ALDEH34

位于东墩发掘区中部，T8东南部，南邻H73，部分被压于探方东、北隔梁下。开口于第③e层下，打破生土层。

（1）形制结构

发掘部分开口平面呈不规则形，斜壁，底部凹凸，起伏较大，呈倒置的马鞍形。东西长212厘米，南北宽129厘米，坑深73厘米（图一〇八）。

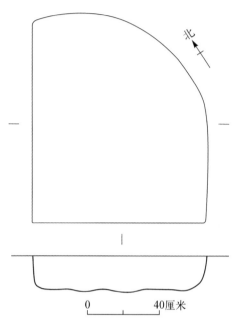

图一〇七　东墩（2019ALDE）H33平、剖面图

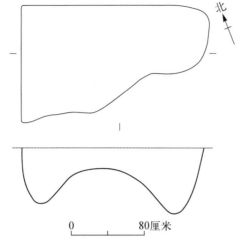

图一〇八　东墩（2019ALDE）H34平、剖面图

（2）坑内堆积

坑内填土未分层，为一次性堆积，土色为灰褐色，并夹杂有黄色土块，土质较致密，包含少量炭屑颗粒等。

（3）出土器物

坑内出土少量陶片，未拣选标本。根据形制结构和出土器物特征推断，其时代为西周中晚期。

35. 2019ALDEH35

位于东墩发掘区中部，T4东北部，西邻H55。开口于第③e层下。

（1）形制结构

开口平面近椭圆形，斜弧壁，圜底。东西长径118厘米，南北短径76厘米，坑深48厘米（图一〇九）。

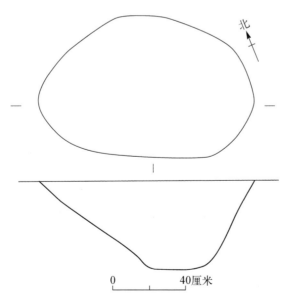

图一〇九　东墩（2019ALDE）H35平、剖面图

（2）坑内堆积

坑内填土未分层，为一次性堆积，土色青灰色，土质较致密。

（3）出土器物

无出土器物。根据开口层位和叠压打破关系推断，其时代为西周中晚期。

36. 2019ALDEH36

位于东墩发掘区中部，T8西南部，东邻H18，部分被压于T3探方东隔梁下。开口于第③c层下，打破H19。

（1）形制结构

发掘部分开口平面呈不规则形，斜壁，略圜底，坑底凹凸不平。坑口长224厘米，宽222厘米，坑深45厘米（图一一〇）。

（2）坑内堆积

坑内填土未分层，为一次性堆积，土色灰褐色，并夹杂有黄色土块，土质较致密。

（3）出土器物

无出土器物。根据开口层位和叠压打破关系推断，其时代为西周中晚期。

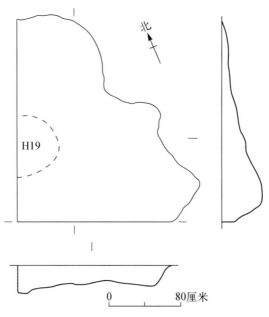

图一一〇　东墩（2019ALDE）H36平、剖面图

37. 2019ALDEH37

位于东墩发掘区中部，T3东北部，南邻H42，部分被压于探方东隔梁与北隔梁下。开口于第③f层下，打破生土层。

（1）形制结构

发掘部分开口平面呈不规则形，斜壁，圜底。东西长266厘米，南北宽133厘米，坑深70厘米（图一一一；彩版二九，2）。

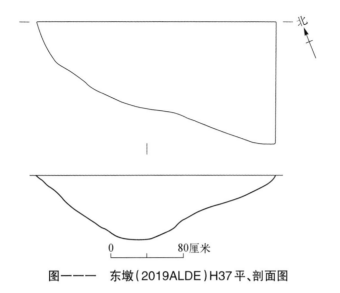

图一一一 东墩(2019ALDE)H37平、剖面图

（2）坑内堆积

坑内填土未分层，为一次性堆积，土色灰褐色，土质较致密。

（3）出土器物

陶鬲 1件。

2019ALDEH37：1，夹砂红陶，砂粒较粗，内、外壁及胎均为红褐色。侈口，斜折沿，斜方唇，束颈，微鼓腹，连裆较高，下接三锥形空足。腹部与足饰粗绳纹，纹痕较浅。器表有烟炱痕，内壁抹平，较粗糙。口径13.6厘米，高8.2厘米（图一一二；彩版三九，4）。

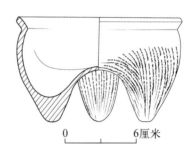

图一一二 东墩(2019ALDE)H37出土陶鬲
2019ALDEH37：1

38. 2019ALDEH38

位于东墩发掘区中部，T9西南部，西邻H66。开口于第③d层下，打破生土层。

（1）形制结构

开口平面近椭圆形，斜壁，圜底。长径101厘米，短径92厘米，坑深44厘米（图一一三）。

（2）坑内堆积

坑内填土未分层，为一次性堆积，土色深灰色，土质较致密。

（3）出土器物

坑内出土少量碎陶片，未拣选标本。根据形制结构和出土器物特征推断，其时代为西周中晚期。

39. 2019ALDEH39

位于东墩发掘区中部，T8东北部，南邻H85，部分被压于探方东隔梁与北隔梁下。开口于第

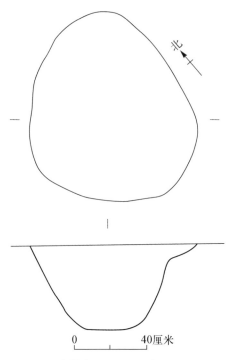

图一一三 东墩（2019ALDE）H38平、剖面图

③c层下,打破生土层。

（1）形制结构

发掘部分开口平面呈不规则形,斜壁,底部凹凸不平。东西长384厘米,南北宽204厘米,坑深92厘米（图一一四）。

（2）坑内堆积

坑内填土未分层,为一次性堆积,土色灰褐色,并夹杂有黄色土块,土质较致密,包含炭屑颗粒。

（3）出土器物

出土少量陶片,可辨器形有罐、鬲、鬲足。

陶罐 1件。

2019ALDEH39:1,口沿残片。夹砂褐陶,砂粒较细,内、外壁为浅褐色,胎为红褐色。侈口,斜折沿,尖圆唇,束颈,圆肩,鼓腹。素面。器表较光滑,内壁抹平,较粗糙。口径11.5厘米,残高6.5厘米（图一一五,1;彩版五四,2）。

陶鬲 1件。

2019ALDEH39:2,口沿残片。夹砂红陶,砂粒较细,内、外壁为浅红褐色,胎为红褐色。侈口,斜折沿,圆唇,束颈,溜肩。素面。器表有抹划痕迹。口径13厘米,残高5厘米（图一一五,2;彩版四一,2）。

鬲足 2件。

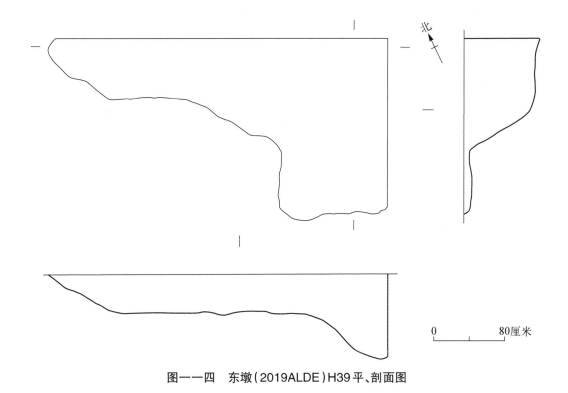

图一一四　东墩（2019ALDE）H39平、剖面图

　　2019ALDEH39：3，夹砂灰陶，内、外壁及胎均为浅灰色。袋足较肥，柱状空足，足底略平，足内填塞柱状泥芯，厚胎。素面。内壁抹平，较光滑。残高9.6厘米，器壁厚0.7～0.9厘米（图一一五，3；彩版四九，3）。

　　2019ALDEH39：4，夹砂红陶，砂粒较粗，外壁及胎为红褐色，内壁为灰褐色。锥形实足，足内填塞柱状泥芯，厚胎。器表饰细绳纹。器表有少许烟炱痕，内壁抹平，较光滑。残高8.3厘米，器壁厚0.8～1厘米（图一一五，4；彩版四九，4）。

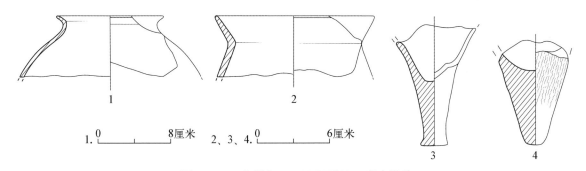

图一一五　东墩（2019ALDE）H39出土器物

1. 陶罐（2019ALDEH39：1）　2. 陶鬲（2019ALDEH39：2）　3、4. 鬲足（2019ALDEH39：3、2019ALDEH39：4）

40. 2019ALDEH40

位于东墩发掘区中部，T8东部，南邻H41。开口于③d层下，打破生土层。

（1）形制结构

开口平面呈不规则形,斜弧壁,略圜底,底部凹凸不平。南北长163厘米,东西宽118厘米,坑深42厘米（图一一六）。

（2）坑内堆积

坑内填土未分层,为一次性堆积,土色为灰褐色,并夹杂有黄色土块,土质较致密,包含少量炭屑颗粒。

（3）出土器物

坑内出土少量陶片,未拣选标本。根据形制结构和出土器物特征推断,其时代为西周中晚期。

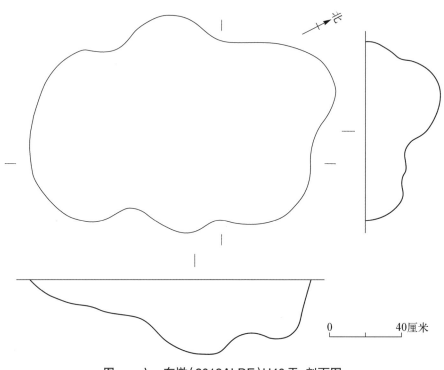

图一一六　东墩（2019ALDE）H40平、剖面图

41. 2019ALDEH41

位于东墩发掘区中部,T8东南部,北邻H40。开口于第③d层下,打破生土层。

（1）形制结构

开口平面呈不规则形,斜壁,略圜底,坑底凹凸不平。长170厘米,宽约116厘米,深度约40厘米（图一一七）。

（2）坑内堆积

坑内填土未分层,为一次性堆积,土色灰褐色,并夹杂有黄色土块,土质较致密。

（3）出土器物

无出土器物。根据开口层位和叠压打破关系推断,其时代为西周中晚期。

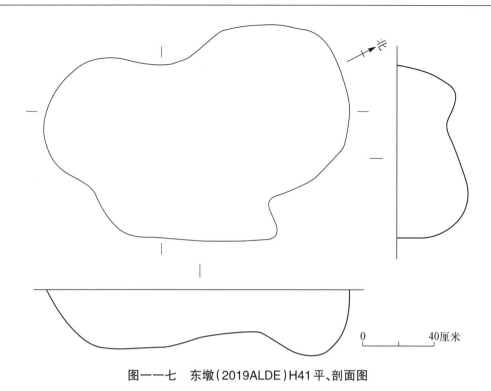

图一一七　东墩（2019ALDE）H41平、剖面图

42. 2019ALDEH42

位于东墩发掘区中部，T3东北部，北邻H37。部分被压于探方东隔梁下，开口于第③f层下，打破生土层。

（1）形制结构

开口平面呈不规则形，斜弧壁，圜底。东西长336厘米，南北宽162厘米，坑深56厘米（图一一八；彩版三〇，1）。

（2）坑内堆积

坑内填土未分层，为一次性堆积，土色灰褐色，并夹杂有微小颗粒状物质，土质较致密。

（3）出土器物

无出土器物。根据开口层位和叠压打破关系推断，其时代为西周中晚期。

43. 2019ALDEH43

位于东墩发掘区中部，T8南部，西邻H36。开口于第③d层下，打破生土层。

（1）形制结构

开口平面呈不规则椭圆形，斜壁，略圜底。南北长径60厘米，东西短径57厘米，坑深28厘米（图一一九）。

（2）坑内堆积

坑内填土未分层，为一次性堆积，土色灰褐色，并夹杂有黄色土块，土质较致密。

（3）出土器物

无出土器物。根据开口层位和叠压打破关系推断，其时代为西周中晚期。

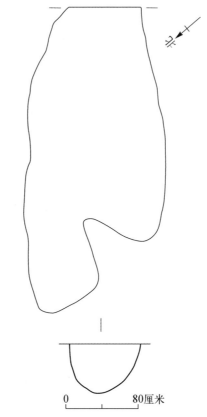

0　　　　80厘米

图一一八　东墩（2019ALDE）H42平、剖面图

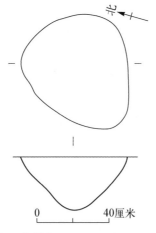

0　　　40厘米

图一一九　东墩（2019ALDE）H43平、剖面图

44. 2019ALDEH45

位于东墩发掘区中部,T4西南部,部分被压于探方南隔梁与西隔梁下,开口于第③d层下。

（1）形制结构

开口平面形状呈不规则形,弧壁,平底。坑口长313厘米,宽385厘米,坑深24～78厘米(图一二〇)。

（2）坑内堆积

坑内填土未分层,为一次性堆积,土色青灰色,土质较硬致密。

（3）出土器物

出土少量陶片,可辨器形有鬲、器底。

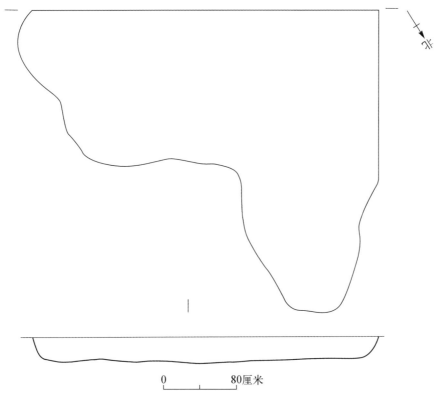

图一二〇 东墩(2019ALDE)H45平、剖面图

腹片 1件。

2019ALDEH45：1,夹砂灰陶,砂粒较细,外壁为浅灰色,内壁为浅褐色,胎为红褐色。器表饰一周附加堆纹和斜向细绳纹,纹痕较浅。器壁较厚,内壁抹平,较粗糙。残长15厘米,宽7厘米(图一二一,1;彩版五七,6)。

陶鬲 2件。

2019ALDEH45：2,口沿残片。夹砂红陶,砂粒较粗,内、外壁为红褐色,胎为深红褐色。侈口,斜折沿,圆唇,束颈,斜肩。肩部饰粗绳纹,纹痕较为明显。器表有少许烟炱痕,内壁抹平,较粗糙。口径14厘米,残高5厘米(图一二一,5;彩版四一,3)。

2019ALDEH45:3,口沿残片。夹砂红陶,砂粒较粗,内、外壁为红褐色,胎为深红褐色。侈口,斜折沿,方唇,束颈,斜肩。肩部饰绳纹,纹痕较浅。内壁抹平,较粗糙。口径14厘米,残高4厘米(图一二一,2;彩版四一,4)。

鬲足　1件。

2019ALDEH45:4,夹砂红陶,砂粒较细,外壁及胎为红褐色,内壁为灰褐色。锥形足,足底略平,足内填塞柱状泥芯,厚胎。足部饰粗绳纹,纹痕较浅。器表有烟炱痕,内壁抹平,较光滑。残高9厘米,器壁厚0.8~1厘米(图一二一,3;彩版四九,5)。

器底　1件。

2019ALDEH45:5,泥质灰陶,内、外壁及胎均为浅灰色。下腹斜收,平底。素面。器壁较薄,内壁抹平,较粗糙。底径16.2厘米,残高5厘米(图一二一,4;彩版六〇,1)。

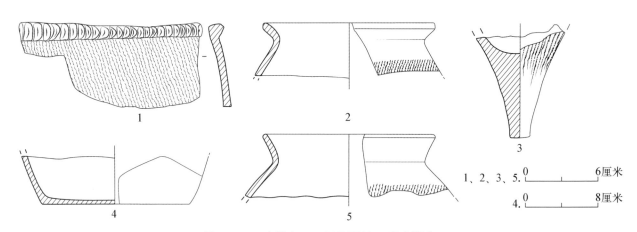

图一二一　东墩(2019ALDE)H45出土器物

1. 腹片(2019ALDEH45:1)　2、5. 陶鬲(2019ALDEH45:3、2019ALDEH45:2)
3. 鬲足(2019ALDEH45:4)　4. 器底(2019ALDEH45:5)

45. 2019ALDEH46

位于东墩发掘区中部,T4西部,北邻H54,部分被压于探方西壁下,开口于第③e层下。

(1)形制结构

发掘部分开口平面近圆角长方形,斜壁稍内收,平底。东西长308厘米,南北宽180厘米,坑深68厘米(图一二二)。

(2)坑内堆积

坑内填土未分层,为一次性堆积,土色为青灰色,土质较致密。

(3)出土器物

无出土器物。根据开口层位和叠压打破关系推断,其时代为西周中晚期。

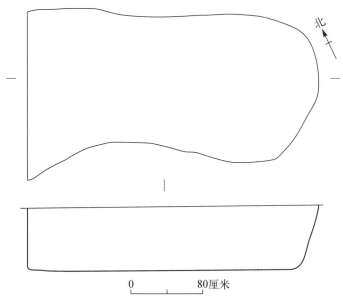

图一二二　东墩（2019ALDE）H46平、剖面图

46. 2019ALDEH47

位于东墩发掘区中部，T4东南部，东邻H58。开口于第③d层下。

（1）形制结构

开口平面形状近圆角长方形，斜壁，坑底起伏很大，呈倒置的马鞍形。南北长278厘米，东西宽130厘米，坑深24～97厘米（图一二三；彩版三〇,2）。

（2）坑内堆积

坑内填土未分层，为一次性堆积，土色为青灰色，土质较致密，包含炭屑颗粒物。

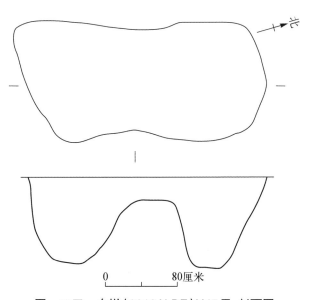

图一二三　东墩（2019ALDE）H47平、剖面图

（3）出土器物

坑内出土少量陶片，未拣选标本。根据形制结构和出土器物特征推断，其时代为西周中晚期。

47. 2019ALDEH48

位于东墩发掘区中部，T4东北部，北邻H35。开口于第③e层下。

（1）形制结构

开口平面呈不规则形，斜壁，底部凹凸不平，呈倒马鞍形。东西长322厘米，南北宽144厘米，最深处约60厘米（图一二四）。

（2）坑内堆积

坑内填土未分层，为一次性堆积，土色青灰色，土质较致密。

（3）出土器物

无出土器物。根据开口层位和叠压打破关系推断，其时代为西周中晚期。

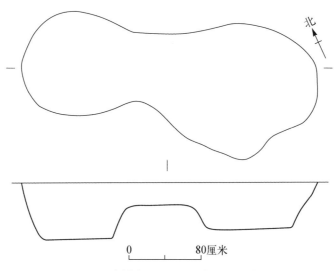

图一二四　东墩（2019ALDE）H48平、剖面图

48. 2019ALDEH49

位于东墩发掘区中部，T4西南部，西邻H45。开口于第③d层下。

（1）形制结构

开口平面呈椭圆形，弧壁，略圜底。坑口长径54厘米，短径40厘米，坑深23厘米（图一二五）。

（2）坑内堆积

坑内填土未分层，为一次性堆积，土色青灰色，土质较致密。

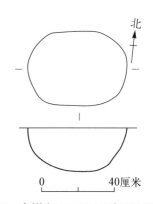

图一二五　东墩（2019ALDE）H49平、剖面图

（3）出土器物

无出土器物。根据开口层位和叠压打破关系推断，其时代为西周中晚期。

49. 2019ALDEH50

位于东墩发掘区中部，T4中部，东南邻H47。开口于第③d层下。

（1）形制结构

开口平面呈不规则形，斜壁，平底。坑口长44厘米，宽37厘米，坑深17厘米（图一二六）。

（2）坑内堆积

坑内填土未分层，为一次性堆积，土色青灰色，土质较致密。

（3）出土器物

无出土器物。根据开口层位和叠压打破关系推断，其时代为西周中晚期。

50. 2019ALDEH51

位于东墩发掘区中部，T4的中部偏西，西邻H46。开口于第③e层下。

（1）形制结构

开口平面近圆角长方形，弧壁，近平底。南北长78厘米，东西宽40厘米，坑深18厘米（图一二七）。

（2）坑内堆积

坑内填土未分层，为一次性堆积，土色青灰色，土质较致密。

（3）出土器物

无出土器物。根据开口层位和叠压打破关系推断，其时代为西周中晚期。

51. 2019ALDEH52

位于东墩发掘区中部，T4中部偏西，南邻H51。开口于第③e层下。

（1）形制结构

开口平面呈不规则椭圆形，近直壁，平底。坑口长径66厘米，短径52厘米，坑深20厘米（图一二八）。

（2）坑内堆积

坑内填土未分层，为一次性堆积，土色青灰色，土质较

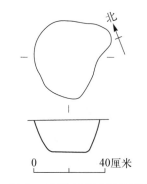

图一二六　东墩（2019ALDE）H50平、剖面图

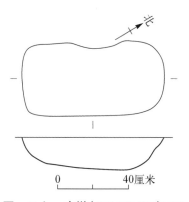

图一二七　东墩（2019ALDE）H51平、剖面图

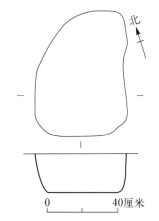

图一二八　东墩（2019ALDE）H52平、剖面图

致密。

（3）出土器物

无出土器物。根据开口层位和叠压打破关系推断,其时代为西周中晚期。

52. 2019ALDEH54

位于东墩发掘区中部,T4西北部,南邻H46。开口于第③e层下。

（1）形制结构

开口平面呈椭圆形,斜壁,平底。坑口长径75厘米,短径57厘米,坑深33厘米（图一二九）。

（2）坑内堆积

坑内填土未分层,为一次性堆积,土色青灰色,土质较致密。

（3）出土器物

无出土器物。根据开口层位和叠压打破关系推断,其时代为西周中晚期。

53. 2019ALDEH55

位于东墩发掘区中部,T4北部,南邻H48,部分被压于探方北隔梁下。开口于第③e层下。

（1）形制结构

发掘部分开口平面近椭圆形,弧壁,略圜底。坑口长径52厘米,短径40厘米,坑深10厘米（图一三〇）。

（2）坑内堆积

坑内填土未分层,为一次性堆积,土色青灰色,土质较致密。

（3）出土器物

无出土器物。根据开口层位和叠压打破关系推断,其时代为西周中晚期。

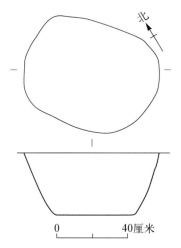

图一二九　东墩（2019ALDE）H54平、剖面图

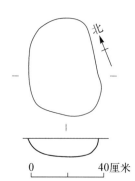

图一三〇　东墩（2019ALDE）H55平、剖面图

54. 2019ALDEH56

位于东墩发掘区中部,T4东北部,南邻H65,部分被压于探方东隔梁下。开口于第③e层下。

（1）形制结构

发掘部分开口平面近半椭圆形，斜弧壁，圜底。坑口长径58厘米，短径51厘米，坑深35厘米（图一三一）。

（2）坑内堆积

坑内填土未分层，为一次性堆积，土色青灰色，土质较致密。

（3）出土器物

无出土器物。根据开口层位和叠压打破关系推断，其时代为西周中晚期。

55. 2019ALDEH57

位于东墩发掘区中部，T4东南部，南邻H58，部分被压于探方东隔梁下。开口于第③d层下。

（1）形制结构

发掘部分开口平面呈不规则半圆形，弧壁，圜底。坑口长径130厘米，短径85厘米，坑深60厘米（图一三二；彩版三一，1）。

（2）坑内堆积

坑内填土未分层，为一次性堆积，土色青灰色，土质较致密。

（3）出土器物

无出土器物。根据开口层位和叠压打破关系推断，其时代为西周中晚期。

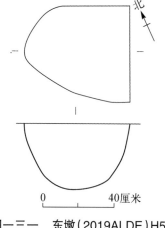

图一三一　东墩（2019ALDE）H56平、剖面图

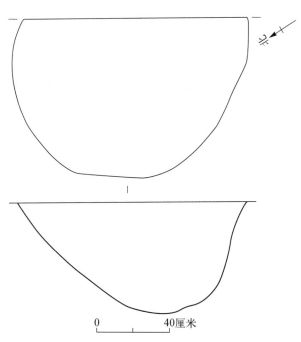

图一三二　东墩（2019ALDE）H57平、剖面图

56. 2019ALDEH58

位于东墩发掘区中部，T4东南部，北邻H57，部分被压于探方东隔梁下。开口于第③d层下。

（1）形制结构

发掘部分开口平面呈不规则形，斜壁，近平底。南北长144厘米，东西宽37厘米，坑深42厘米（图一三三；彩版三一，2）。

（2）坑内堆积

坑内填土未分层，为一次性堆积，土色青灰色，土质较致密。

（3）出土器物

无出土器物。根据开口层位和叠压打破关系推断，其时代为西周中晚期。

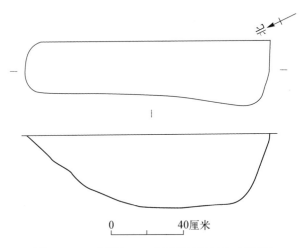

0　　　　　40厘米

图一三三　东墩（2019ALDE）H58平、剖面图

57. 2019ALDEH59

位于东墩发掘区中部，T9西部，西邻H64。开口于第③d层下，打破生土层。

（1）形制结构

开口平面呈不规则圆形，斜壁，略圜底。坑口长径130厘米，短径120厘米，坑深44厘米（图一三四）。

（2）坑内堆积

坑内填土未分层，为一次性堆积，土色深灰色，土质较疏松。

（3）出土器物

无出土器物。根据开口层位和叠压打破关系推断，其时代为西周中晚期。

58. 2019ALDEH60

位于东墩发掘区中部，T3中部偏东，北邻H42。开口于第③f层下，打破生土层。

（1）形制结构

开口平面近圆形，近直壁，平底。坑口长径71厘米，短径70厘米，坑深62厘米（图一三五）。

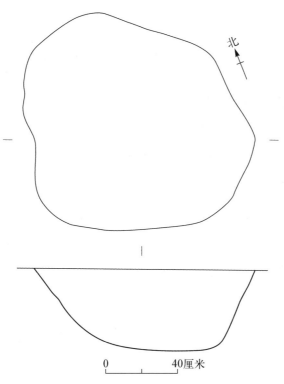

图一三四　东墩（2019ALDE）H59平、剖面图

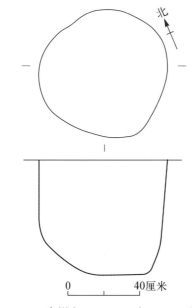

图一三五　东墩（2019ALDE）H60平、剖面图

（2）坑内堆积

坑内填土未分层，为一次性堆积，土色灰黑色，土质较致密。

（3）出土器物

无出土器物。根据开口层位和叠压打破关系推断，其时代为西周中晚期。

59. 2019ALDEH61

位于东墩发掘区中部，T3北部，部分被压于探方北隔梁下，开口于第③f层下，打破生土层。

（1）形制结构

发掘部分开口平面呈不规则形，弧壁，近平底。坑口长170厘米，宽148厘米，坑深35厘米（图一三六；彩版三二，1）。

（2）坑内堆积

坑内填土未分层，为一次性堆积，土色灰褐色，土质较致密，并夹杂有微小颗粒状物质。

（3）出土器物

无出土器物。根据开口层位和叠压打破关系推断，其时代为西周中晚期。

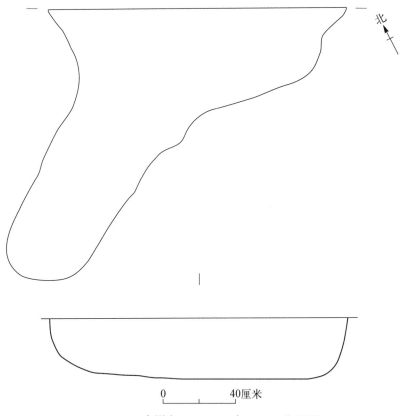

图一三六　东墩（2019ALDE）H61平、剖面图

60. 2019ALDEH62

位于东墩发掘区中部，T3南部，部分被压于探方南壁下，开口于第③f层下，打破生土层。

（1）形制结构

发掘部分开口平面呈不规则形,斜弧壁,平底。坑口南北长363厘米,东西宽240厘米,坑深40厘米(图一三七;彩版三二,2)。

（2）坑内堆积

坑内填土未分层,为一次性堆积,土色灰褐色,土质较致密,包含有微小颗粒状物质。

（3）出土器物

出土少量陶器残片,可辨器形有鬲、器底。

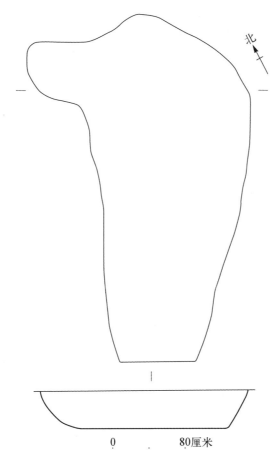

图一三七　东墩(2019ALDE)H62平、剖面图

陶鬲　1件。

2019ALDEH62∶2,口沿残片。夹砂灰陶,砂粒较细,外壁为浅灰色,内壁为褐色,胎为灰褐色。侈口,斜折沿,尖圆唇,束颈,溜肩,微鼓腹。肩部饰斜向绳纹,腹部饰竖向绳纹,纹痕明显,被三道凹弦纹隔断。器表有少许烟炱痕,内壁抹平,较粗糙。口径17厘米,残高6厘米(图一三八,2;彩版四一,5)。

器底　1件。

2019ALDEH62∶1,泥质灰陶,内壁为灰褐色,外壁及胎为浅灰色。下腹弧收,平底。下腹部饰竖向细绳纹,底部饰圈状绳纹,有放射状抹划痕迹。底径20厘米,残高6厘米(图一三八,1;彩版六〇,2)。

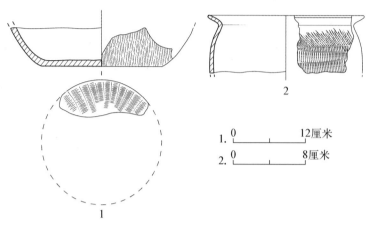

图一三八　东墩(2019ALDE)H62出土器物

1. 器底(2019ALDEH62:1)　2. 陶鬲(2019ALDEH62:2)

61. 2019ALDEH63

位于东墩发掘区中部,T9西北部,南邻H64,部分被压于探方北隔梁下。开口于第③d层下,打破生土层。

(1)形制结构

发掘部分开口平面呈不规则长方形,斜壁,近圜底,坑口东西长176厘米,南北宽72厘米,坑深56厘米(图一三九)。

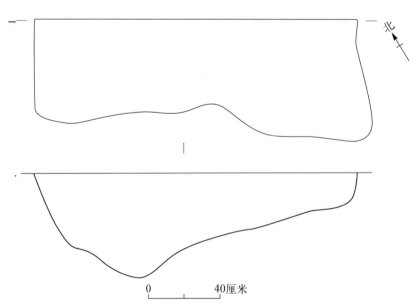

图一三九　东墩(2019ALDE)H63平、剖面图

（2）坑内堆积

坑内填土未分层,为一次性堆积,土色深灰色,土质较致密,并夹杂有微小颗粒状物质。

（3）出土器物

无出土器物。根据开口层位和叠压打破关系推断,其时代为西周中晚期。

62. 2019ALDEH64

位于东墩发掘区中部,T9西部,东邻H59。开口于第③d层下,打破生土层。

（1）形制结构

开口平面呈不规则形,斜壁,圜底。坑口长243厘米,宽164厘米,坑深90厘米（图一四〇）。

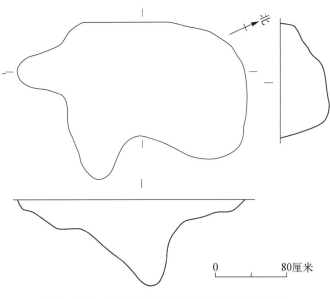

图一四〇　东墩（2019ALDE）H64平、剖面图

（2）坑内堆积

坑内填土未分层,为一次性堆积,土色深灰色,土质较致密。

（3）出土器物

无出土器物。根据开口层位和叠压打破关系推断,其时代为西周中晚期。

63. 2019ALDEH65

位于东墩发掘区中部,T4东北部,部分被压于探方东隔梁下,开口于第③e层下。

（1）形制结构

发掘部分开口平面呈不规则半圆形,斜壁,平底。坑口长径89厘米,短径47厘米,坑深30厘米（图一四一）。

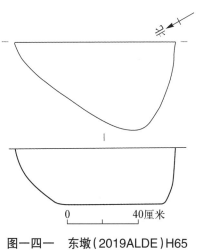

图一四一　东墩（2019ALDE）H65平、剖面图

（2）坑内堆积

坑内填土未分层，为一次性堆积，土色青灰色，土质较致密。

（3）出土器物

无出土器物。根据开口层位和叠压打破关系推断，其时代为西周中晚期。

64. 2019ALDEH66

位于东墩发掘区中部，T9西南部，北邻H64。开口于第③d层下，打破生土层。

（1）形制结构

开口平面呈不规则形，斜弧壁，圜底。坑口长195厘米，宽143厘米，坑深80厘米（图一四二）。

（2）坑内堆积

坑内填土未分层，为一次性堆积，土色深灰色，土质较致密。

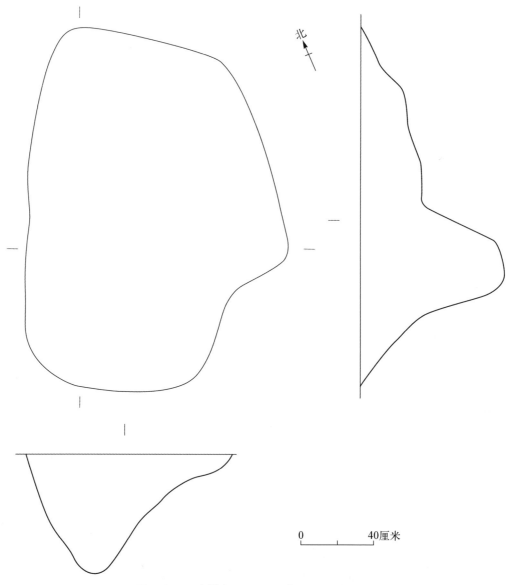

图一四二　东墩（2019ALDE）H66平、剖面图

（3）出土器物

无出土器物。根据开口层位和叠压打破关系推断，其时代为西周中晚期。

65. 2019ALDEH67

位于东墩发掘区中部，T9北部，东南邻H68，部分被压于探方北隔梁下。开口于第③d层下，打破生土层。

（1）形制结构

发掘部分开口平面呈不规则半圆形，斜弧壁，圜底。坑口长径80厘米，短径42厘米，坑深29厘米（图一四三）。

（2）坑内堆积

坑内填土未分层，为一次性堆积，土色深灰色，土质较致密。

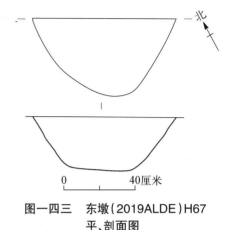

图一四三　东墩（2019ALDE）H67平、剖面图

（3）出土器物

无出土器物。根据开口层位和叠压打破关系推断，其时代为西周中晚期。

66. 2019ALDEH68

位于东墩发掘区中部，T9北部，西邻H70。开口于第③d层下，打破生土层。

（1）形制结构

开口平面呈不规则形，斜弧壁，圜底。坑口长120厘米，宽100厘米，坑深45厘米（图一四四）。

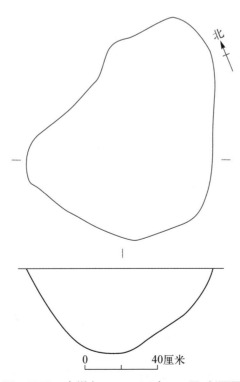

图一四四　东墩（2019ALDE）H68平、剖面图

（2）坑内堆积

坑内填土未分层，为一次性堆积，土色深灰色，土质较致密。

（3）出土器物

无出土器物。根据开口层位和叠压打破关系推断，其时代为西周中晚期。

67. 2019ALDEH69

位于东墩发掘区中部，T9西北部，南邻H70，部分被压于探方北隔梁下。开口于第③d层下，打破生土层。

（1）形制结构

发掘部分开口平面呈长方形，近直壁，底部呈二级台阶状分布，西侧底部略高、近平，东侧坑底内凹呈圜底。坑口长72厘米，宽53厘米，坑深54厘米（图一四五）。

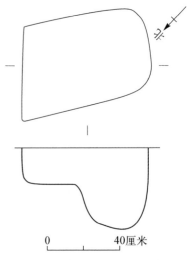

图一四五　东墩（2019ALDE）H69平、剖面图

（2）坑内堆积

坑内填土未分层，为一次性堆积，土色深灰色，土质较致密。

（3）出土器物

无出土器物。根据开口层位和叠压打破关系推断，其时代为西周中晚期。

68. 2019ALDEH70

位于东墩发掘区中部，T9西北部，北邻H69。开口于第③d层下，打破生土层。

（1）形制结构

开口平面呈不规则形，弧壁，圜底。坑口长132厘米，宽72厘米，坑深56厘米（图一四六）。

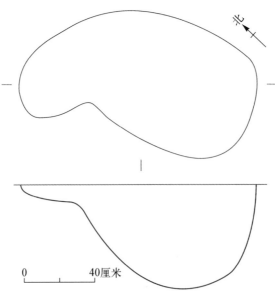

图一四六　东墩（2019ALDE）H70平、剖面图

（2）坑内堆积

坑内填土未分层，为一次性堆积，土色深灰色，土质较致密。

（3）出土器物

无出土器物。根据开口层位和叠压打破关系推断，其时代为西周中晚期。

69. 2019ALDEH71

位于东墩发掘区中部，T8西北部，西邻H73，东部被H14打破。开口于第③d层下，打破生土层。

（1）形制结构

开口平面呈不规则形，弧壁，圜底。底部凹凸不平。坑口长212厘米，宽178厘米，坑深60厘米（图一四七）。

（2）坑内堆积

坑内填土未分层，为一次性堆积，土色灰褐色，土质较致密。

（3）出土器物

无出土器物。根据开口层位和叠压打破关系推断，其时代为西周中晚期。

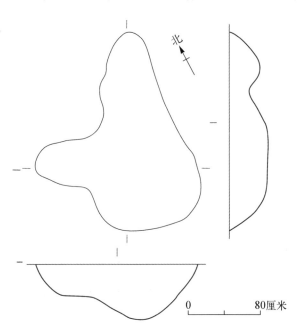

北

0　　　　80厘米

图一四七　东墩（2019ALDE）H71平、剖面图

70. 2019ALDEH72

位于东墩发掘区南部，T1西北部。开口于第③b层下，打破生土层。

（1）形制结构

开口平面近圆形，弧壁，圜底。坑口径约67厘米，坑深24厘米（图一四八）。

（2）坑内堆积

坑内填土未分层，为一次性堆积，土色深灰色，土质较致密。

（3）出土器物

无出土器物。根据开口层位和叠压打破关系推断，其时代为西周中晚期。

71. 2019ALDEH73

位于东墩发掘区中部，T8西部偏北处，部分被压于T3东隔梁下，南邻H74。开口于第③d层下，打破生土层。

（1）形制结构

发掘部分开口平面呈半圆形，斜壁，略圜底。坑口南北长132厘米，东西宽102厘米，坑深90厘米（图一四九）。

（2）坑内堆积

坑内填土未分层，为一次性堆积，土色灰褐色，并夹杂有黄色土块，土质较致密。

（3）出土器物

无出土器物。根据开口层位和叠压打破关系推断，其时代为西周中晚期。

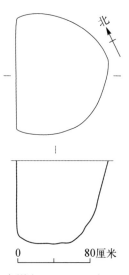

0　　　40厘米

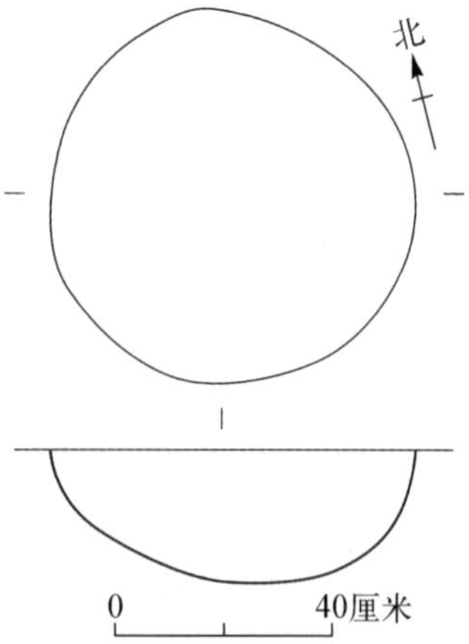

图一四八　东墩（2019ALDE）H72平、剖面图

图一四九　东墩（2019ALDE）H73平、剖面图

72. 2019ALDEH74

位于东墩发掘区中部，T8西部偏北处，部分被压于T3东隔梁下，东邻H75。开口于第③d层下，打破生土层。

（1）形制结构

发掘部分开口平面呈半椭圆形，斜弧壁，略圜底。坑口南北长144厘米，东西宽50厘米，坑深40厘米（图一五○）。

（2）坑内堆积

坑内填土未分层，为一次性堆积，土色灰褐色，并夹杂有黄色土块，土质较致密。

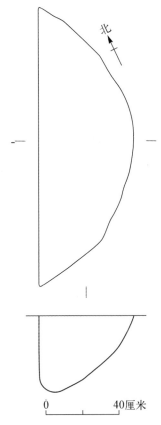

图一五〇　东墩（2019ALDE）H74平、剖面图

（3）出土器物

无出土器物。根据开口层位和叠压打破关系推断，其时代为西周中晚期。

73. 2019ALDEH75

位于东墩发掘区中部，T8西部，北邻H71。开口于第③d层下，打破生土层。

（1）形制结构

开口平面呈圆角长方形，斜弧壁，略圜底。坑口长75厘米，宽46厘米，坑深28厘米（图一五一）。

（2）坑内堆积

坑内填土未分层，为一次性堆积，土色灰褐色，并夹杂有黄色土块，土质较致密。

（3）出土器物

无出土器物。根据开口层位和叠压打破关系推断，其时代为西周中晚期。

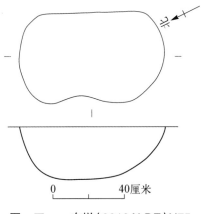

图一五一　东墩（2019ALDE）H75平、剖面图

74. 2019ALDEH76

位于东墩发掘区中部,T8西部,西邻H75,北部被H14打破。开口于③d层下,打破生土层。

(1) 形制结构

开口平面呈不规则形,斜弧壁,近圜底,底部凹凸不平。坑口最长240厘米,最宽198厘米,坑深74厘米(图一五二)。

(2) 坑内堆积

坑内填土未分层,为一次性堆积,土色灰褐色,并夹杂有黄色土块,土质较致密。

(3) 出土器物

无出土器物。根据开口层位和叠压打破关系推断,其时代为西周中晚期。

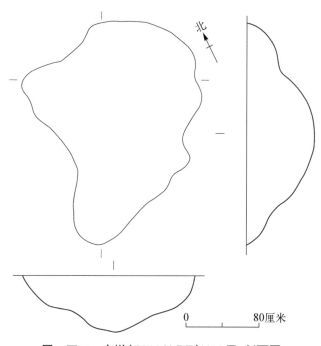

图一五二　东墩(2019ALDE)H76平、剖面图

75. 2019ALDEH77

位于东墩发掘区中部,T9中部,西邻H59。开口于第③d层下,打破生土层。

(1) 形制结构

开口平面呈不规则形,斜壁,底部凹凸不平。坑口长333厘米,宽280厘米,坑深15~40厘米(图一五三)。

(2) 坑内堆积

坑内填土未分层,为一次性堆积,土色深灰色,土质较疏松。

(3) 出土器物

无出土器物。根据开口层位和叠压打破关系推断,其时代为西周中晚期。

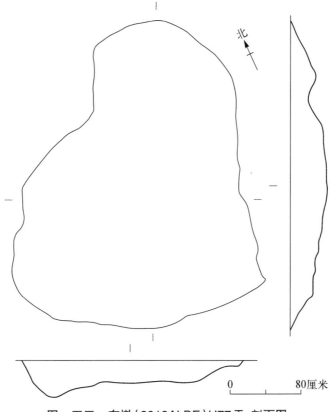

图一五三 东墩（2019ALDE）H77平、剖面图

76. 2019ALDEH78

位于东墩发掘区中部，T8北部偏东处，部分被压于探方北隔梁下，西南邻H10。开口于第③d层下，打破生土层。

（1）形制结构

开口平面近椭圆形，斜壁，西侧呈缓坡状，东侧呈陡坡状，圜底面积很小。坑口长110厘米，宽110厘米，坑深56厘米（图一五四）。

（2）坑内堆积

坑内填土未分层，为一次性堆积，土色灰褐色，并夹杂有黄色土块，土质较致密。

（3）出土器物

无出土器物。根据开口层位和叠压打破关系推断，其时代为西周中晚期。

77. 2019ALDEH79

位于东墩发掘区中部，T9南部偏东处，部分被压于探方东隔梁下，北邻H77。开口于第③d层下，打破生土层。

（1）形制结构

开口平面呈不规则形，斜壁，近平底。坑口长401厘米，宽164厘米，坑深40厘米（图一五五）。

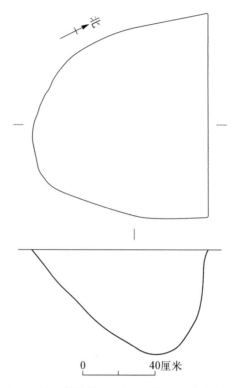

图一五四   东墩（2019ALDE）H78 平、剖面图

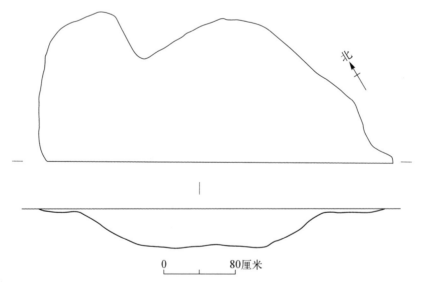

图一五五   东墩（2019ALDE）H79 平、剖面图

（2）坑内堆积

坑内填土未分层，为一次性堆积，土色深灰色，并夹杂有黄色土块，土质较致密。

（3）出土器物

无出土器物。根据开口层位和叠压打破关系推断，其时代为西周中晚期。

78. 2019ALDEH80

位于东墩发掘区西北部，T10东南部，北邻H92。开口于第②层下，打破第③e层。

（1）形制结构

开口平面近圆形，口大底小，斜壁向内略收分，近平底。坑口径370厘米，底径352厘米，坑深70～82厘米（图一五六）。

（2）坑内堆积

坑内填土未分层，为一次性堆积，土色深灰色，并夹杂有黄色土块，土质较疏松。

（3）出土器物

无出土器物。根据开口层位和叠压打破关系推断，其时代为西周中晚期。

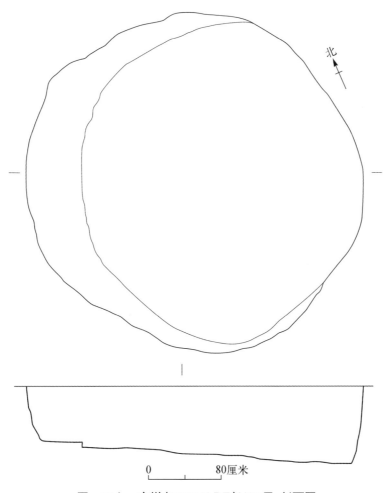

图一五六　东墩（2019ALDE）H80平、剖面图

79. 2019ALDEH81

位于东墩发掘区中部,T8东南部,开口于第③e层下,打破生土层。

（1）形制结构

开口平面近圆角长方形,斜弧壁,略圜底。坑口长88厘米,宽44厘米,坑深16厘米（图一五七）。

（2）坑内堆积

坑内填土未分层,为一次性堆积,土色灰褐色,并夹杂有黄色土块,土质较致密。

（3）出土器物

无出土器物。根据开口层位和叠压打破关系推断,其时代为西周中晚期。

80. 2019ALDEH82

位于东墩发掘区中部,T8东南部,北邻H17。开口于第③d层下,打破生土层,西部被F4-D1打破。

（1）形制结构

开口平面近椭圆形,斜壁,近平底。坑口长径153厘米,短径81厘米,坑深12厘米（图一五八）。

（2）坑内堆积

坑内填土未分层,为一次性堆积,土色灰褐色,并夹杂有黄色土块,土质较致密。

（3）出土器物

无出土器物。根据开口层位和叠压打破关系推断,其时代为西周中晚期。

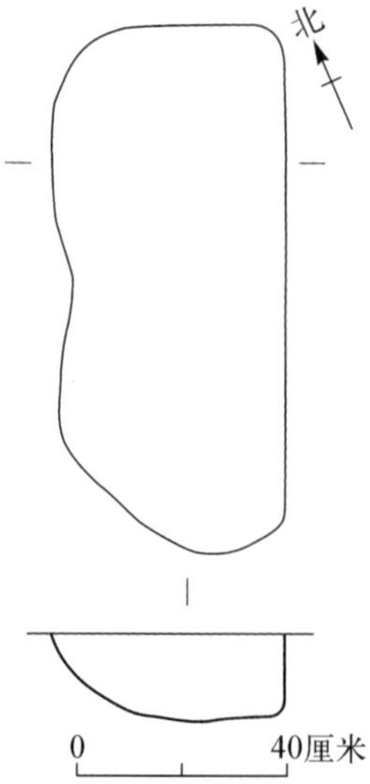

图一五七　东墩（2019ALDE）H81平、剖面图

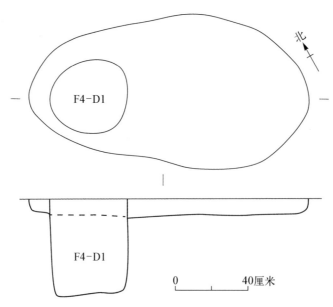

图一五八　东墩（2019ALDE）H82平、剖面图

81. 2019ALDEH83

位于东墩发掘区中部,T8东部,北邻H84。开口于第③d层下,打破生土层。

(1)形制结构

开口平面呈不规则形,近直壁,底部呈二级台阶状分布,西部高于东部,落差约40厘米,坑底略呈缓坡状。坑口长116厘米,宽113厘米,坑深8~50厘米(图一五九)。

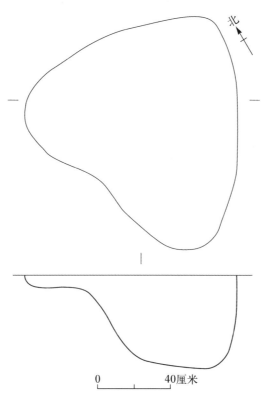

图一五九　东墩(2019ALDE)H83平、剖面图

(2)坑内堆积

坑内填土未分层,为一次性堆积,土色灰褐色,并夹杂有黄色土块,土质较致密。

(3)出土器物

无出土器物。根据开口层位和叠压打破关系推断,其时代为西周中晚期。

82. 2019ALDEH84

位于东墩发掘区中部,T8东部,北邻H85。开口于第③d层下,打破生土层。

(1)形制结构

开口平面近椭圆形,弧壁,圜底。坑口长径50厘米,短径37厘米,坑深14厘米(图一六〇)。

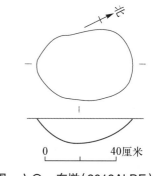

图一六〇　东墩(2019ALDE)H84平、剖面图

（2）坑内堆积

坑内填土未分层，为一次性堆积，土色灰褐色，并夹杂有黄色土块，土质较致密。

（3）出土器物

无出土器物。根据开口层位和叠压打破关系推断，其时代为西周中晚期。

83. 2019ALDEH85

位于东墩发掘区中部，T8东部，南邻H84。开口于第③d层下，打破生土层。

（1）形制结构

开口平面呈不规则形，斜壁，略圜底。坑口长140厘米，宽67厘米，坑深28厘米（图一六一）。

（2）坑内堆积

坑内填土未分层，为一次性堆积，土色灰褐色，并夹杂有黄色土块，土质较致密。

（3）出土器物

无出土器物。根据开口层位和叠压打破关系推断，其时代为西周中晚期。

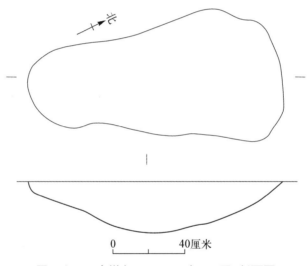

图一六一　东墩（2019ALDE）H85平、剖面图

84. 2019ALDEH87

位于东墩发掘区北部，T6西部，南邻H88。开口于第③d层下，打破第③e层和生土层。

（1）形制结构

开口平面近椭圆形，直壁，近平底，底部呈二级台阶状分布，近坑壁处略高，坑底中部近平。坑口最长处120厘米，最宽处100厘米，坑深70厘米（图一六二）。

（2）坑内堆积

坑内填土未分层，为一次性堆积，土色灰褐色，并夹杂有黄色土块，土质较致密。

（3）出土器物

无出土器物。根据开口层位和叠压打破关系推断，其时代为西周中晚期。

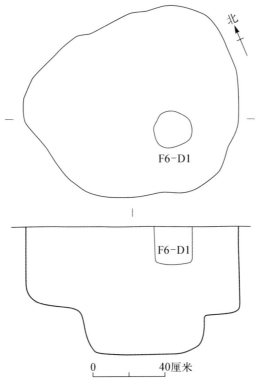

图一六二　东墩（2019ALDE）H87平、剖面图

85. 2019ALDEH88

位于东墩发掘区北部，T6西南部，南邻H91。开口于第③d层下，打破第③e层和生土层。

（1）形制结构

开口平面呈不规则形，斜弧壁，平底。坑口最长130厘米，最宽54厘米，坑深30厘米（图一六三）。

（2）坑内堆积

坑内填土未分层，为一次性堆积，土色灰色，并夹杂有黄色土块，土质较致密。

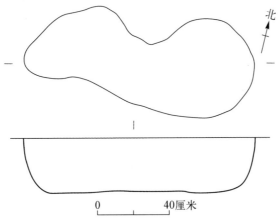

图一六三　东墩（2019ALDE）H88平、剖面图

（3）出土器物

无出土器物。根据开口层位和叠压打破关系推断,其时代为西周中晚期。

86. 2019ALDEH89

位于东墩发掘区北部,T6西南部,部分被压于探方西壁下,东邻H90。开口于第③d层下,打破第③e层和生土层。

（1）形制结构

发掘部分开口平面近椭圆形,近直壁,底部呈倒马鞍状。坑口最长190厘米,最宽72厘米,坑深40厘米(图一六四)。

（2）坑内堆积

坑内填土未分层,为一次性堆积,土色灰黑色,并夹杂有黄色土块,土质较致密。

（3）出土器物

无出土器物。根据开口层位和叠压打破关系推断,其时代为西周中晚期。

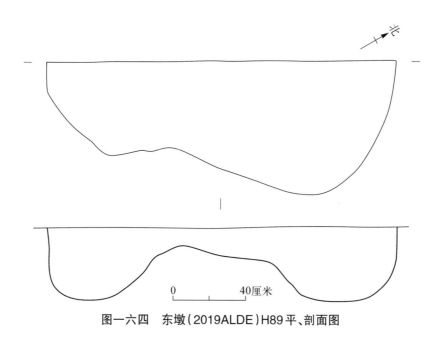

图一六四　东墩(2019ALDE)H89平、剖面图

87. 2019ALDEH90

位于东墩发掘区北部,T6西南部,部分被压于T5北隔梁下,东北邻H91。开口于第③d层下,打破第③e层和生土层。

（1）形制结构

发掘部分开口平面呈圆角长方形,东侧近直壁,西侧斜坡壁,略圜底。坑口最长70厘米,最宽44厘米,坑深40厘米(图一六五)。

（2）坑内堆积

坑内填土未分层,为一次性堆积,土色灰黑色,并夹杂有黄色土块,土质较致密。

（3）出土器物

无出土器物。根据开口层位和叠压打破关系推断,其时代为西周中晚期。

88. 2019ALDEH91

位于东墩发掘区北部,T6西南部,西南邻H90。开口于第③d层下,打破第③e层和生土层。

（1）形制结构

开口平面近椭圆形,斜壁,近平底。坑口长径62厘米,短径54厘米,坑深26厘米(图一六六)。

（2）坑内堆积

坑内填土未分层,为一次性堆积,土色灰黑色,并夹杂有黄色土块,土质较致密。

（3）出土器物

无出土器物。根据开口层位和叠压打破关系推断,其时代为西周中晚期。

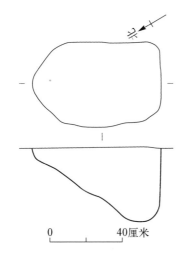

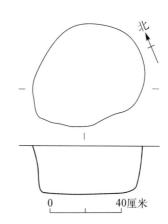

图一六五　东墩（2019ALDE）H90平、剖面图　　　图一六六　东墩（2019ALDE）H91平、剖面图

89. 2019ALDEH92

位于东墩发掘区东北部,T10西南部,T10东部,南邻H80。开口于第③f层下,打破生土层。

（1）形制结构

开口平面呈椭圆形,弧壁,圜底。坑口长径90厘米,短径80厘米,坑深22厘米(图一六七)。

（2）坑内堆积

坑内填土未分层,为一次性堆积,土色灰色,并夹杂有黄色土块,土质较致密。

（3）出土器物

无出土器物。根据开口层位和叠压打破关系推断,其时代为西周中晚期。

90. 2019ALDEH93

位于东墩发掘区东北部,T11北部偏东处,部分被压于探方北壁下。开口于第③d层下,打破第③e层和第③f层。

（1）形制结构

发掘部分开口平面呈半圆形，斜壁，圜底。口径约35厘米，坑深17厘米（图一六八）。

（2）坑内堆积

坑内填土未分层，为一次性堆积，土色灰黑色，并夹杂有黄色土块，土质较致密。

（3）出土器物

无出土器物。根据开口层位和叠压打破关系推断，其时代为西周中晚期。

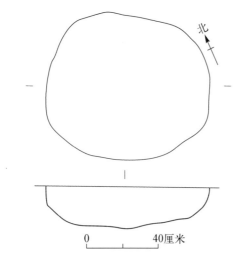
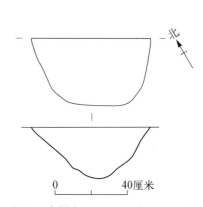

图一六七　东墩（2019ALDE）H92平、剖面图　　　　图一六八　东墩（2019ALDE）H93平、剖面图

（四）灰沟

遗址区域发掘灰沟5条，可分为长条形和"T"形两种。长条形沟4条，编号2019ALDEG1、2019ALDEG2、2019ALDEG3、2019ALDEG5，"T"形沟1条，编号2019ALDEG4。其中2019ALDEG5体量规模较大，推测为遗址区域边界环壕，其余灰沟可能为遗址内部的空间边界。沟内出土少量陶片，可辨器形多为罐、鬲等。根据沟的开口层位和出土器物特征判断，其时代为西周中晚期。

1. 2019ALDEG1

位于东墩发掘区中部，发掘部分横跨T2、T3、T4、T5、T6，由T1中部，向东北延伸至T6东隔梁下，向东北继续延伸，南端被Q1打破。开口于①层下，打破②层，距地表约25厘米，方向为南北向。

（1）形制结构

平面近长条形，斜壁，近平底，自南向北呈缓坡。全长约36.7米，宽约104～778厘米，沟深约9～28厘米（图一六九；彩版三三，1、2；彩版三四1、2；彩版三五，1）。

（2）沟内堆积

沟内填土未分层，为一次性堆积，土色黄褐色，并夹杂灰褐色黏土，包含红烧土及炭屑颗粒，土质较致密。

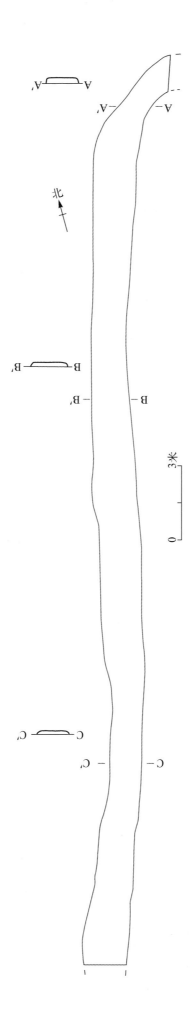

图一六九　东墩（2019ALDE）G1 平、剖面图

（3）出土器物

出土少量陶片，可辨器形有罐、鬲等。根据其开口层位和出土陶片的特征判断，其年代为西周中晚期。

2. 2019ALDEG2

位于东墩发掘区中部，T6北部，东南邻H87，北部叠压于Q1下。开口于第③c层下，打破第③d层，开口距地表约100厘米，方向为南北向。

（1）形制结构

开口平面近长条形，斜壁，平底。口长约320厘米，宽约50厘米，沟深约14厘米（图一七○）。

（2）沟内堆积

沟内填土未分层，为一次性堆积，土色为灰色，并夹杂黄色土块，质地较致密。

（3）出土器物

无出土器物。根据开口层位和叠压打破关系推断，其时代为西周中晚期。

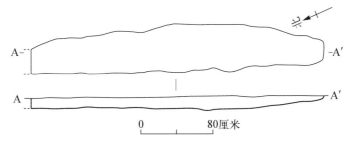

图一七○　东墩（2019ALDE）G2平、剖面图

3. 2019ALDEG3

位于东墩发掘区西北部，T11东南部，开口于第③c层下，打破第③d、③e层，方向为东西向，向东继续延伸。

（1）形制结构

发掘部分开口平面近长条形，斜壁，平底，壁面及底面较粗糙。口长约109厘米，宽约50～62厘米，沟深约20厘米（图一七一）。

（2）沟内堆积

沟内填土未分层，为一次性堆积，土色为灰黑色，土质较疏松，包含炭屑颗粒等。

（3）出土器物

无出土器物。根据开口层位和叠压打破关系推断，其时代为西周中晚期。

4. 2019ALDEG4

位于东墩发掘区西北部，发掘部分南北横贯T10西部扩方和T11，开口于第③e层下，打破第③f层，方向南北向，向北、向南、向东继续延伸。

（1）形制结构

发掘部分开口平面呈"T"形，斜壁，平底。南北段长1 210厘米，宽约200～264厘米，深约20

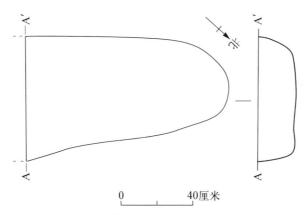

图一七一 东墩（2019ALDE）G3平、剖面图

厘米；东西段长102厘米，宽210，深18厘米（图一七二；彩版三五，2）。

（2）沟内堆积

沟内填土未分层，为一次性堆积，土色为深灰色，土质较疏松，包含炭屑颗粒等。

（3）出土器物

无出土器物。根据开口层位和叠压打破关系推断，其时代为西周中晚期。

5. 2019ALDEG5

位于东墩发掘区南部，发掘部分东西横贯T1，开口于第③b层下，打破生土层，方向东西向，向东、向西继续延伸。

（1）形制结构

发掘部分开口平面呈长条形，斜壁，平底。长800厘米，宽约280～310厘米，深约180厘米（图一七三；彩版三六，1、2）。

（2）沟内堆积

沟内填土可分5层。

G5a层：厚0～60厘米，土色为深灰褐色，土质致密，含有微小黄色颗粒，该层出土较多陶片，可辨器形主要有鬲。

G5b层：厚0～65厘米，土色深灰褐色，土质较致密，含有黄色颗粒和少量红色颗粒，该层出土有少量陶片，可辨器形有鬲。

G5c层：厚0～50厘米，土色灰褐色，土质较致密，含有黄色颗粒和少量红色颗粒，堆积厚薄不均，起伏较大，该层出土有较多陶片，可辨器形有鬲、豆、罐等。

G5d层：厚20～65厘米，土色浅灰色或浅灰褐色，土质较致密，含较多红色颗粒，堆积厚薄不均，起伏大。

G5e层：厚0～115厘米，土色深灰褐色，土质较致密，含大量红色颗粒，堆积厚薄不均，略有起伏，出土少量陶片，可辨器形有鬲、罐等。

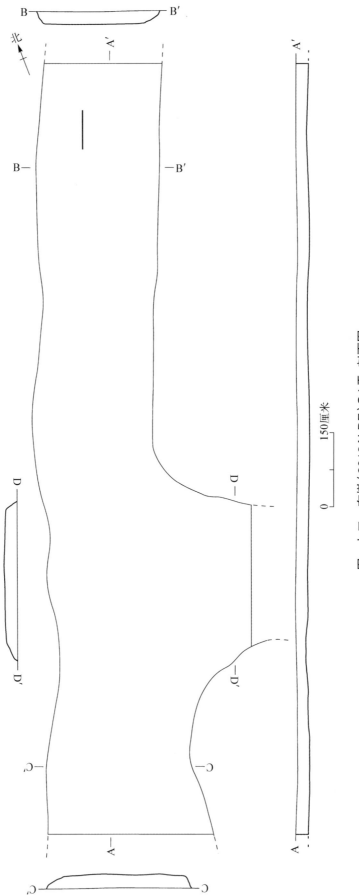

图一七二 东墩（2019ALDE）G4 平、剖面图

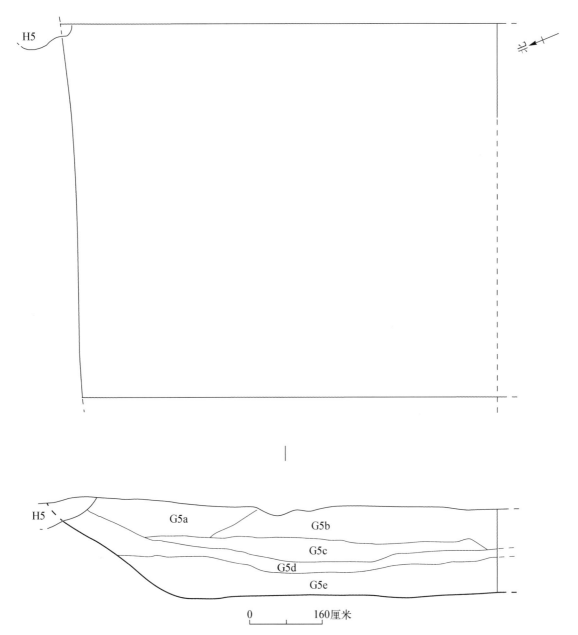

图一七三　东墩（2019ALDE）G5平、剖面图

（3）出土器物

陶鬲　2件。

2019ALDEG5：7，口沿残片。夹砂灰陶，砂粒较细，内、外壁为浅灰色，胎为深灰褐色。侈口，斜折沿，方唇，束颈，斜腹较深。上腹部饰斜向粗绳纹，被两周凹弦纹隔断。器壁较厚，口沿及内壁抹平，较粗糙。口径13厘米，残高6.6厘米（图一七四，1；彩版四〇，3）。

2019ALDEG5：11，口沿残片。夹砂灰陶，砂粒较细，内、外壁为灰褐色，胎为深红褐色。侈口，斜折沿，斜方唇，束颈，溜肩。上腹部饰细绳纹，纹痕较为明显。器壁较厚，内壁抹平，较粗糙。口径32厘米，残高6厘米（图一七四，2；彩版四〇，4）。

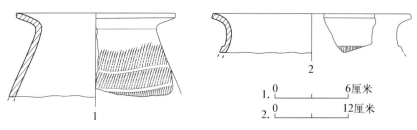

图一七四　东墩（2019ALDE）G5出土陶鬲

1. 2019ALDEG5：7　2. 2019ALDEG5：11

鬲足　8件。

2019ALDEG5：8，夹砂红陶，砂粒较粗，外壁及胎为红褐色，内壁为灰褐色。袋足较肥，锥形实足，足内填塞柱状泥芯，厚胎。素面。内壁抹平，较光滑。残高6.4厘米，器壁厚0.8～1厘米（图一七五，1；彩版四七，1）。

2019ALDEG5：9，夹砂红陶，砂粒较细，外壁及胎为红褐色，内壁为灰褐色。袋足较肥，锥形实足。足内填塞柱状泥芯，厚胎。足饰粗绳纹。器表有烟炱痕，内壁抹平，较光滑。残高8厘米，器壁厚0.8～1厘米（图一七五，2；彩版四七，2）。

2019ALDEG5：10，夹砂灰陶，砂粒较细，内、外壁及胎为灰色。袋足较瘦，锥形实足，足内填塞柱状泥芯，厚胎。足饰绳纹。内壁抹平，较光滑。残高6.9厘米，器壁厚0.8～1厘米（图一七五，3；彩版四七，3）。

2019ALDEG5：12，夹砂灰陶，砂粒较细，内、外壁为灰色，胎为灰褐色。袋足较瘦，锥形实足。足内填塞柱状泥芯，厚胎。足饰绳纹。内壁抹平，较光滑。残高5.5厘米，器壁厚0.8～1厘米（图一七五，4；彩版四七，4）。

2019ALDEG5：13，夹砂红陶，砂粒较细，外壁及胎为红褐色，内壁为灰褐色。袋足较肥，锥形实足，足内填塞柱状泥芯，厚胎。素面。内壁抹平，有烟炱痕，较光滑。残高5.3厘米，器壁厚0.8～1厘米（图一七五，5；彩版四七，5）。

2019ALDEG5：14，夹砂红陶，砂粒较细，外壁及胎为红褐色，内壁为灰褐色。袋足较瘦，锥形实足，足内填塞柱状泥芯，厚胎。足饰细绳纹，纹痕较浅。内壁抹平，有烟炱痕，较光滑。残高4.5厘米，器壁厚0.8～1厘米（图一七五，6；彩版四七，6）。

　　2019ALDEG5：18，夹砂灰陶，砂粒较细，外壁及胎为浅灰色，内壁为灰褐色。袋足较肥，锥形实足，足内填塞柱状泥芯，厚胎。袋足饰竖向绳纹，纹痕较浅。内壁抹平，较光滑。残高6.7厘米，器壁厚0.8～1厘米（图一七五，7；彩版四八，1）。

　　2019ALDEG5：19，夹砂红陶，砂粒较细，外壁及胎为红褐色，内壁为灰褐色。袋足较瘦，锥形实足，足内填塞柱状泥芯，厚胎。素面。内壁抹平，较光滑。残高5.8厘米，器壁厚0.8～1厘米（图一七五，8；彩版四八，2）。

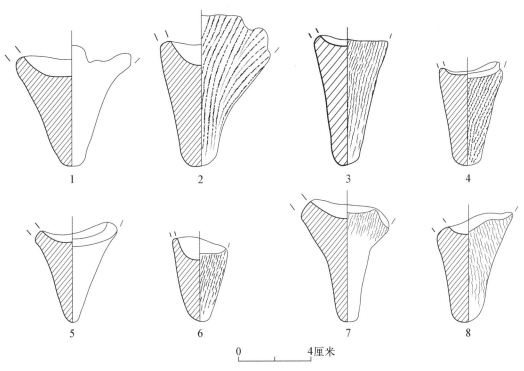

图一七五　东墩（2019ALDE）G5出土鬲足

1～8. 2019ALDEG5：8、2019ALDEG5：9、2019ALDEG5：10、2019ALDEG5：12、2019ALDEG5：13、2019ALDEG5：14、
2019ALDEG5：18、2019ALDEG5：19

陶罐　1件。

　　2019ALDEG5：6，口沿残片。夹砂灰陶，砂粒较细，内壁为浅灰褐色，外壁为深灰色，胎为红褐色。侈口，方唇，束颈，广肩。颈部与肩部饰绳纹，纹痕较浅。口沿及内壁抹平，较粗糙。口径32厘米，残高8厘米（图一七六；彩版五四，1）。

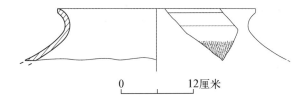

图一七六　东墩（2019ALDE）G5出土陶罐（G5：6）

器底　3件。

2019ALDEG5：2，泥质红陶，内壁为灰褐色，外壁及胎为红褐色。下腹斜收，平底。素面。器壁较厚，外壁有少许烟炱痕，内壁粗糙，气孔较多。底径16厘米，残高5.5厘米（图一七七，3；彩版五九，3）。

2019ALDEG5：3，泥质灰陶，内、外壁及胎为浅灰色。下腹斜收，平底。下腹部饰细绳纹，有抹划痕迹。内壁抹平，较粗糙。底径17厘米，残高3.7厘米（图一七七，2；彩版五九，4）。

2019ALDEG5：16，夹砂灰陶，砂粒较细，内、外壁及胎为浅灰色。弧腹斜收，平底。下腹部饰粗绳纹。内壁抹平，较粗糙。底径11.3厘米，残高3.3厘米（图一七七，1；彩版五九，5）。

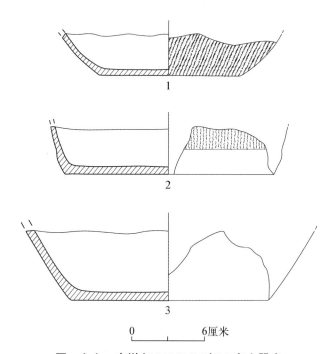

图一七七　东墩（2019ALDE）G5出土器底

1～3. 2019ALDEG5：16、2019ALDEG5：3、2019ALDEG5：2

陶盉　1件。

2019ALDEG5：1，腹部残片。夹砂灰陶，砂粒较粗，内、外壁为深灰色，胎为深红褐色。上腹部有一管状短流，流口残。腹部饰斜向细绳纹，纹痕较浅。内壁抹平，较粗糙。残长8.7厘米，残宽6厘米，流口径1厘米（图一七八，1；彩版五六，3）。

腹片　2件。

2019ALDEG5：15，夹砂灰陶，砂粒较细，内、外壁为浅灰色，胎为深灰褐色。腹部饰较为规整的回形纹，纹痕细密、明显。器壁较厚，内壁抹平，较粗糙。残长9.7厘米，残宽5.4厘米（图一七八，2；彩版五七，1）。

2019ALDEG5：17，夹砂红陶，砂粒较细，内、外壁及胎为红褐色。为一容器的上腹部，微鼓。上腹部饰细绳纹，腹最大径处饰一周附加堆纹。器表有少许烟炱痕，内壁抹平，较粗糙。残高6.5

厘米,残宽4厘米(图一七八,3;彩版五七,2)。

系耳　2件。

2019ALDEG5:4,泥质灰陶,内、外壁为浅灰褐色,胎为深灰褐色。为一容器的上腹部,有半环形耳。素面。器壁较厚,外壁有很多气孔,内壁抹平,较粗糙。残长3.5厘米,宽1.6厘米,高4厘米(图一七八,4;彩版五六,4)。

2019ALDEG5:5,夹砂灰陶,砂粒较细,内、外壁为浅灰褐色,胎为红褐色。为一容器的上腹部,有半环形耳,耳下部残。耳上部与器身相接处饰一周附加堆纹。器壁较厚,内壁抹平,较粗糙。残长6.8厘米,宽2厘米(图一七八,5;彩版五六,5)。

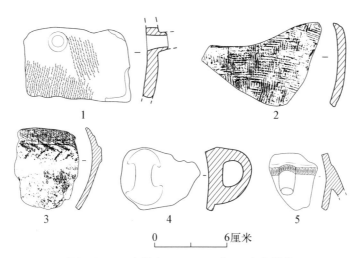

图一七八　东墩(2019ALDE)G5出土器物

1. 陶盉(2019ALDEG5:1)　2、3.腹片(2019ALDEG5:15、2019ALDEG5:17)
4、5.系耳(2019ALDEG5:4、2019ALDEG5:5)

（五）墓葬

本遗址区域发现发掘墓葬2座,均为近现代时期,形制结构为简单的竖穴土坑墓,出土器物仅陶盆1件。

1. 2019ALDEM1

位于东墩发掘区南部,T2西部,开口于第①层下,打破第②层和Q1-1,方向204°。

（1）墓葬形制

为竖穴土坑墓,开口平面呈圆角长方形,直壁,平底。长190厘米,宽100厘米,深33厘米(图一七九;彩版三七,1)。墓葬填土为深灰色,土质较疏松,无夯打。

（2）葬具葬式

葬具为木棺,已朽,仅可见腐烂棺板,尺寸不详。未见人骨残留,葬式不详。

（3）出土器物

出土陶盆1件,为现代烧火盆,故推断其为近现代墓葬。

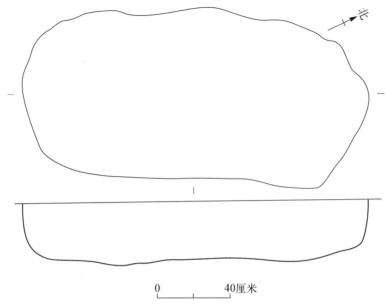

图一七九　东墩（2019ALDE）M1平、剖面图

2. 2019ALDEM2

位于东墩发掘区南部，T2中部，开口于第①层下，打破第②层和Q1-1，方向208°。

（1）墓葬形制

为竖穴土坑墓，开口平面呈圆角长方形，斜壁稍内收，近平底。长210厘米，宽70厘米，深25厘米（图一八〇；彩版三七，2）。墓葬填土为深灰色，土质较疏松，无夯打。

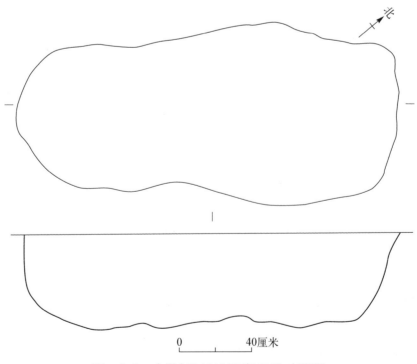

图一八〇　东墩（2019ALDE）M2平、剖面图

（2）葬具葬式

葬具为木棺，已朽，仅可见腐烂棺板，尺寸不详。未见人骨残留，葬式不详。

（3）出土器物

清理时可见有现代纸钱及编织袋出土，故推断其为现代墓葬。

（六）柱洞

本区域共发掘柱洞21个。形式可分两种，其中柱坑与柱洞套合的有4个，余下均为单个柱洞的形式。洞口平面分为圆形（含近圆形、半圆形）、椭圆形（含近椭圆形）2类。圆形口者9个，其中直壁圜底状者5个，斜壁圜底状者8个，斜壁平底状者4个，直壁平底状者2个；椭圆形口者2个，其中斜壁圜底状者与斜壁平底状者各1个。柱洞底部未见有柱础石，多为简单粗夯，填土较为纯净，未见包含物和出土器物。根据开口层位和叠压打破关系判断，其时代为西周中晚期。

1. 2019ALDED1

位于东墩发掘区中部，T3东北部，东邻D4。开口于第③d层下，打破生土层。

（1）形制结构

开口平面近圆形，直壁，圜底，由柱坑与柱洞套合组成。柱坑口径16厘米，深约12厘米，柱洞直径约6厘米，深约12厘米，底部未见有柱础石（图一八一；彩版三八，1）。

（2）堆积情况

柱洞内填土为灰黄色砂土，土质较疏松。

（3）出土器物

无出土器物。

2. 2019ALDED2

位于东墩发掘区中部，T3东北部，北邻D1。开口于第③d层下，打破生土层。

（1）形制结构

开口平面近圆形，弧壁，圜底，由柱坑与柱洞套合组成。柱坑口径17厘米，深约13厘米，柱洞直径约5厘米，深约12厘米，底部未见有柱础石（图一八二）。

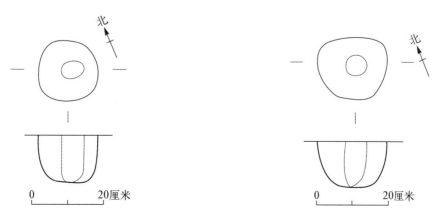

图一八一　东墩（2019ALDE）D1平、剖面图　　　图一八二　东墩（2019ALDE）D2平、剖面图

（2）堆积情况

柱洞内填土为灰黄色砂土，土质较疏松。

（3）出土器物

无出土器物。

3. 2019ALDED3

位于东墩发掘区中部，T3东北部，北邻D4。开口于第③d层下，打破生土层。

（1）形制结构

开口平面近圆形，弧壁，略圜底，由柱坑与柱洞套合组成。柱坑口径约15厘米，深约10厘米，柱洞直径约5厘米，深约10厘米，底部未见有柱础石（图一八三）。

（2）堆积情况

柱洞内填土为灰黄色砂土，土质较疏松。

（3）出土器物

无出土器物。

4. 2019ALDED4

位于东墩发掘区中部，T3东北部，西邻D1。开口于第③d层下，打破生土层。

（1）形制结构

开口平面近圆形，斜壁稍内收，圜底，由柱坑与柱洞套合组成。柱坑口径约16厘米，深约24厘米，柱洞直径约5厘米，深约24厘米，底部未见有柱础石（图一八四；彩版三八，2）。

（2）堆积情况

柱洞内填土为灰黄色砂土，土质较疏松。

（3）出土器物

无出土器物。

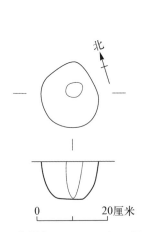

图一八三　东墩（2019ALDE）D3平、剖面图

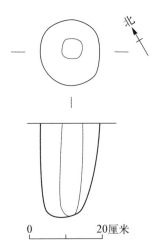

图一八四　东墩（2019ALDE）D4平、剖面图

5. 2019ALDED5

位于东墩发掘区北部,T6东北部,南邻D9。开口于第③a层下,打破第③b层。

（1）形制结构

开口平面呈圆形,近直壁,平底。口径36厘米,深约16厘米（图一八五）。

（2）堆积情况

柱洞内填土为灰色,土质较疏松。

（3）出土器物

无出土器物。

6. 2019ALDED6

位于东墩发掘区北部,T6北部,东邻D7。开口于第③a层下,打破第③b层。

（1）形制结构

开口平面呈圆形,直壁,近平底。口径42厘米,深约36厘米（图一八六;彩版三八,3）。

（2）堆积情况

柱洞内填土为灰色,土质较疏松。

（3）出土器物

无出土器物。

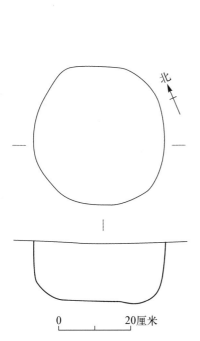

图一八五　东墩（2019ALDE）D5平、剖面图

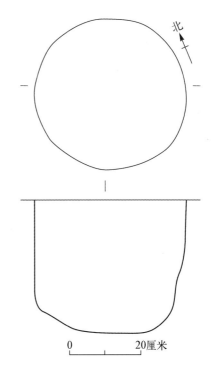

图一八六　东墩（2019ALDE）D6平、剖面图

7. 2019ALDED7

位于东墩发掘区北部,T6北部偏西,南邻D8。开口于第③a层下,打破第③b层。

（1）形制结构

开口平面近圆形，弧壁，近平底。口径24厘米，深约12厘米（图一八七）。

（2）堆积情况

柱洞内填土为灰色，土质较疏松。

（3）出土器物

无出土器物。

8. 2019ALDED8

位于东墩发掘区北部，T6北部，北邻D7。开口于第③a层下，打破第③b层。

（1）形制结构

开口平面近圆形，弧壁，平底。口径32厘米，深约14厘米（图一八八）。

（2）堆积情况

柱洞内填土为灰色，土质较疏松。

（3）出土器物

无出土器物。

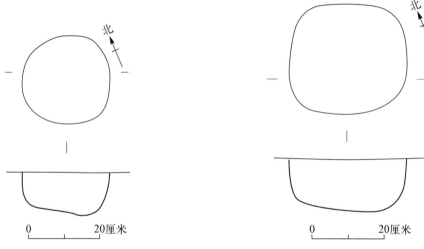

图一八七　东墩（2019ALDE）D7平、剖面图　　　图一八八　东墩（2019ALDE）D8平、剖面图

9. 2019ALDED9

位于东墩发掘区北部，T6北部偏西，北邻D7。开口于第③a层下，打破第③b层。

（1）形制结构

开口平面近圆形，弧壁，平底。口径34厘米，深约18厘米（图一八九；彩版三八，4）。

（2）堆积情况

柱洞内填土为灰色，土质较疏松。

（3）出土器物

无出土器物。

10. 2019ALDED10

位于东墩发掘区北部,T6北部偏西,北邻D9。开口于第③a层下,打破第③b层。

（1）形制结构

开口平面呈椭圆形,弧壁,平底。长径60厘米,短径46厘米,深约26厘米（图一九〇）。

（2）堆积情况

柱洞内填土为灰色,土质较疏松。

（3）出土器物

无出土器物。

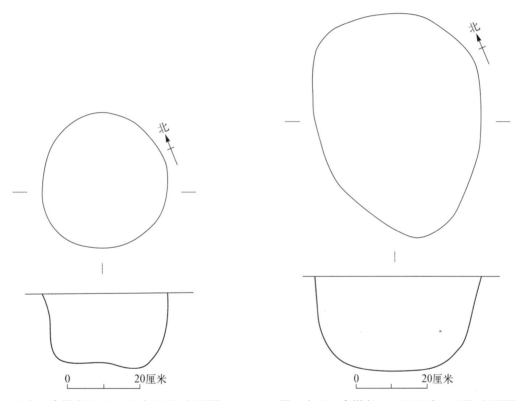

图一八九　东墩（2019ALDE）D9平、剖面图　　　　图一九〇　东墩（2019ALDE）D10平、剖面图

11. 2019ALDED11

位于东墩发掘区北部,T6南部,西南邻D18。开口于第③c层下,打破第③e层。

（1）形制结构

开口平面呈椭圆形,斜壁,圜底。长径80厘米,短径40厘米,深度约14厘米（图一九一）。

（2）堆积情况

柱洞内填土为灰黑色,土质较致密。

（3）出土器物

无出土器物。

12. 2019ALDED12

位于东墩发掘区北部,T6东南部,南邻D14。开口于第③c层下,打破第③e层。

(1)形制结构

开口平面呈圆形,弧壁,圜底。口径46厘米,深约22厘米(图一九二)。

(2)堆积情况

柱洞内填土为灰黑色,土质较致密。

(3)出土器物

无出土器物。

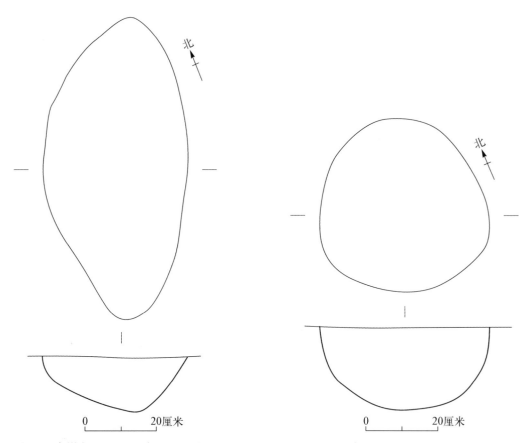

图一九一　　东墩(2019ALDE)D11平、剖面图　　　　图一九二　　东墩(2019ALDE)D12平、剖面图

13. 2019ALDED13

位于东墩发掘区北部,T6东南部,部分被压于探方东隔梁下,西邻D12。开口于第③c层下,打破第③e层。

(1)形制结构

发掘部分平面呈半圆形,近直壁,圜底。口径54厘米,深约44厘米(图一九三;彩版三八,5)。

(2)堆积情况

柱洞内填土为灰黑色,土质较致密。

（3）出土器物

无出土器物。

14. 2019ALDED14

位于东墩发掘区北部，T6东南部，北邻D12。开口于第③c层下，打破第③e层。

（1）形制结构

开口平面近圆形，直壁，略圜底。口径24厘米，深约12厘米（图一九四）。

（2）堆积情况

柱洞内填土为灰黑色，土质较致密。

（3）出土器物

无出土器物。

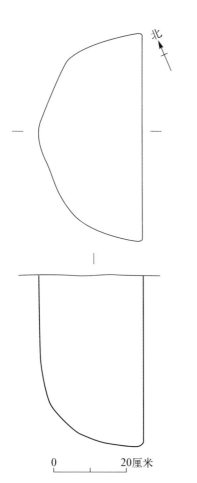

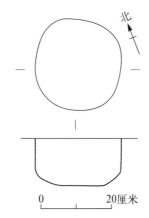

图一九三　东墩（2019ALDE）D13平、剖面图　　　图一九四　东墩（2019ALDE）D14平、剖面图

15. 2019ALDED15

位于东墩发掘区北部，T6东南部，部分被压于探方东隔梁下，北邻D13。开口于第③c层下，打破第③e层。

（1）形制结构

发掘部分平面近圆形,弧壁,近平底。口径18厘米,深约6厘米（图一九五）。

（2）堆积情况

柱洞内填土为灰黑色,土质较致密。

（3）出土器物

无出土器物。

16. 2019ALDED16

位于东墩发掘区北部,T6东南角,西邻H20。开口于第③c层下,打破第③e层。

（1）形制结构

开口平面呈圆形,弧壁,圜底。口径20厘米,深约6厘米（图一九六）。

（2）堆积情况

柱洞内填土为灰黑色,土质较致密。

（3）出土器物

无出土器物。

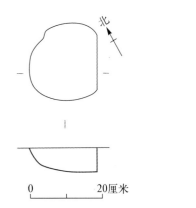

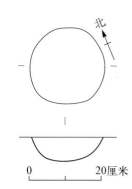

图一九五　东墩（2019ALDE）D15平、剖面图　　　　　图一九六　东墩（2019ALDE）D16平、剖面图

17. 2019ALDED17

位于东墩发掘区北部,T6东南部,东邻H20。开口于第③c层下,打破第③e层。

（1）形制结构

开口平面近圆形,弧壁,圜底。口径64厘米,深约28厘米（图一九七）。

（2）堆积情况

柱洞内填土为灰黑色,土质较致密。

（3）出土器物

无出土器物。

18. 2019ALDED18

位于东墩发掘区北部,T6南部,东南邻H23。开口于第③c层下,打破第③e层。

（1）形制结构

开口平面近圆形，弧壁，圜底。口径56厘米，深约32厘米（图一九八）。

（2）堆积情况

柱洞内填土为灰黑色，土质较致密。

（3）出土器物

无出土器物。

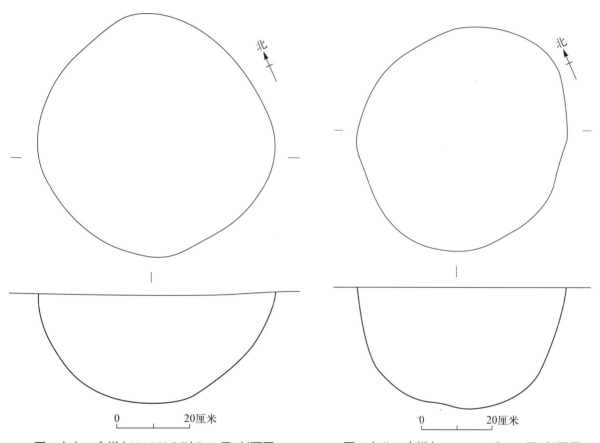

图一九七　东墩（2019ALDE）D17平、剖面图　　　　　图一九八　东墩（2019ALDE）D18平、剖面图

19. 2019ALDED20

位于东墩发掘区北部，T5西北部，西北邻H26。开口于第③e层下，打破第③f层。

（1）形制结构

开口平面近圆形，斜壁，圜底。口径10厘米，深约20厘米（图一九九；彩版三八，6）。

（2）堆积情况

柱洞内填土为灰色，土质较致密。

（3）出土器物

无出土器物。

20. 2019ALDED21

位于东墩发掘区北部,T5西北部,东南邻H26。开口于第③e层下,打破第③f层。

(1)形制结构

开口平面呈圆形,直壁,圜底。口径10厘米,深约16厘米(图二〇〇)。

(2)堆积情况

柱洞内填土为灰色,土质较致密。

(3)出土器物

无出土器物。

21. 2019ALDED22

位于东墩发掘区北部,T5中部,西南邻H4。开口于第③e层下,打破第③f层。

(1)形制结构

开口平面呈圆形,直壁,圜底。口径约10厘米,深约17厘米(图二〇一)。

(2)堆积情况

柱洞内填土为灰色,土质较致密。

(3)出土器物

无出土器物。

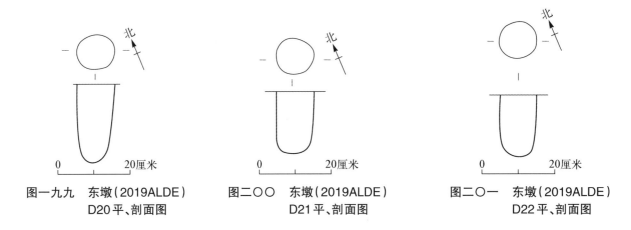

图一九九　东墩(2019ALDE)　　图二〇〇　东墩(2019ALDE)　　图二〇一　东墩(2019ALDE)
D20平、剖面图　　　　　　　　D21平、剖面图　　　　　　　　D22平、剖面图

二、地层出土器物

地层中出土的器物共收集113件,其中陶器105件、瓷器2件、铜器1件、石器5件。

(一)陶器

陶器为大宗,共105件,占地层出土器物数量的92.9%。出土陶器完整或可辨识的器类有鬲39件、鬲足32件、罐4件、簋1件、豆4件、甗1件、钵3件、瓮1件、纺轮1件等,此外还有无法辨别器类者,如器腹11件、系耳2件、口沿1件、器底5件等。容器中鬲、鬲足所占比例最大,其次为罐、豆、钵,簋、甗、瓮占比最小。

陶器的质料分为泥质和夹砂两类，以夹砂陶为主，共89件，占84.8%；泥质陶次之，共16件，占15.2%。陶色以红、灰为主，另有个别黑衣陶。夹砂红陶51件，占比48.6%；夹砂灰陶36件，占比34.3%；泥质灰陶8件，占比7.6%；泥质红陶8件，占比7.6%；夹砂黑衣陶2件，占比1.9%。

纹饰以绳纹为主，73件，占比69.5%；其次为素面，25件，占总数量的23.8%；另有饰附加堆纹、网格纹、回形纹、指窝纹、菱形纹、席纹等7件，占比6.7%。

陶器制作方法主要为轮制，一般来讲器体为圆形、较为规整者，口沿及肩部多可见轮修痕迹。有某些器物局部手工捏制而成，然后进行拼合粘接，如器物的系耳等。陶鬲的三足明显可以看出分体模制而成，底部多接一段或高或矮的足跟；鬲足进行拼接时，裆部接缝处外侧附加泥条，并压实抹平；鬲足接合完成后依次再接上领部、口沿。圈足器陶豆、陶簋则是圈足与器身分别制作后再接合而成。

陶鬲 共39件，其中完整者6件，口沿残片33件。

2019ALDET3③d：8，夹砂灰陶，砂粒较细，内、外壁均为浅灰色，胎为灰褐色。侈口，斜沿，斜方唇，束颈，溜肩，腹斜收，连裆较高，下接三空锥形足。腹部与足饰细绳纹，纹痕较浅。器表有少许烟炱痕，内壁抹平，较粗糙。口径11.2厘米，高13厘米（图二〇二，1；彩版三九，1）。

2019ALDET3③d：9，夹砂灰陶，砂粒较粗，内、外壁均为深灰色，胎为红褐色。侈口，斜沿，方

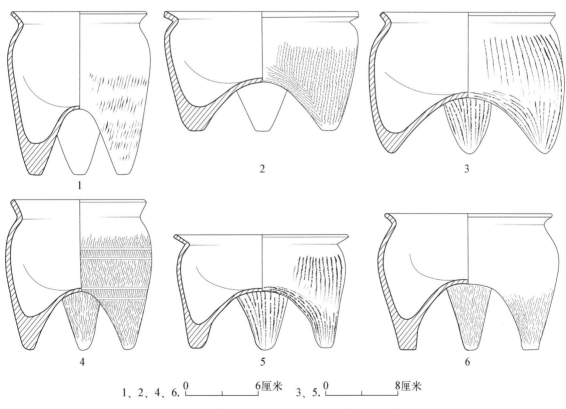

1、2、4、6 ├─────┤ 6厘米　3、5 ├─────┤ 8厘米

图二〇二　东墩（2019ALDE）地层出土陶鬲（一）

1. 2019ALDET3③d：8　2. 2019ALDET3③d：9　3. 2019ALDET5③d：2　4. 2019ALDET10扩③a：2
5. 2019ALDET9③c：12　6. 2019ALDET6③d：1

唇,束领,圆肩,腹斜收,连裆较矮,下接三空锥形足。腹部与足饰细绳纹,纹痕较浅。器表有较厚的烟炱痕,内壁抹平,较粗糙。口径15.9厘米,高9.5厘米(图二〇二,2彩版三九,5)。

2019ALDET5③d:2,夹砂红陶,砂粒较细,内、外壁及胎均为红褐色。侈口,斜沿,斜方唇,束颈,溜肩,腹较直,连裆较矮,下接三空锥形足。腹部与足饰细绳纹,纹痕较浅。器表有少许烟炱痕,内壁抹平,较粗糙。口径19厘米,高15厘米(图二〇二,3;彩版三九,2)。

2019ALDET6③d:1,夹砂灰陶,砂粒较粗,内、外壁为黑灰色,胎为红褐色。侈口,斜沿,圆唇,溜肩,腹微鼓,连裆较矮,下接三空锥形足。足饰细绳纹,纹痕较浅。器表有较厚的烟炱痕,内壁抹平,较粗糙。口径13.9厘米,高10.8厘米(图二〇二,6;彩版四〇,2)。

2019ALDET9③c:12,夹砂灰陶,砂粒较细,内、外壁为灰色,胎为红褐色。侈口,斜沿,尖唇,束颈,溜肩,浅腹,连裆较矮,下接三空锥形足。腹部与足饰粗绳纹,纹痕较浅。内壁抹平,较粗糙。口径19厘米,高12厘米(图二〇二,5;彩版四〇,1)。

2019ALDET10扩③a:2,夹砂红陶,砂粒较粗,内、外壁及胎均为红褐色。侈口,斜沿,斜方唇,束颈,溜肩,深腹微鼓,连裆较高,下接三空锥形足。腹部与足饰粗绳纹,被四道凹弦纹隔断,纹痕较浅。器表有烟炱痕,内壁抹平,较粗糙。口径11厘米,高12厘米(图二〇二,4;彩版三九,3)。

2019ALDET2③a:2,口沿残片。夹砂红陶,砂粒较细,内、外壁及内胎为红褐色。侈口,斜沿,圆唇,束颈,圆肩,鼓腹。素面。口径15厘米,残高7.2厘米(图二〇三,2;彩版四一,6)。

2019ALDET2③a:3,口沿残片。夹砂灰陶,砂粒较细,内、外壁为灰褐色,胎为红褐色。侈口,方唇,束颈,腹微鼓。腹部饰交错绳纹。器表有较厚的烟炱痕,内壁抹平,较粗糙。口径17厘米,残高5厘米(图二〇三,7;彩版四二,1)。

2019ALDET2③a:4,口沿残片。夹砂灰陶,砂粒较细,外壁为黑灰色,内壁为灰褐色,胎为红褐色。侈口,斜方唇,束颈,圆肩。肩部饰交错绳纹,纹痕较浅。器表有较厚的烟炱痕,内壁抹平,较粗糙。口径31.2厘米,残高5厘米(图二〇三,3;彩版四二,2)。

2019ALDET3③b:1,口沿残片。夹砂红陶,砂粒较细,内壁及胎为红褐色,外壁为黑色。侈口,方唇,束颈,溜肩。肩部饰粗绳纹,纹痕较浅。颈部有轮制痕迹。器表有较厚的烟炱痕,内壁抹平,较粗糙。口径20厘米,残高5厘米(图二〇三,8;彩版四二,3)。

2019ALDET3③b:2,口沿残片。夹砂红陶,砂粒较细,内、外壁及胎为红褐色。侈口,斜沿,方唇,束颈,折肩,微鼓腹。肩部与腹部饰粗绳纹,纹痕较浅,有抹划痕迹。内壁抹平,较粗糙。口径18厘米,残高2.2厘米(图二〇三,4;彩版四二,4)。

2019ALDET3③c:1,口沿残片。夹砂灰陶,砂粒较细,内、外壁及胎均为浅灰色。侈口,斜沿,圆唇,束颈,溜肩,鼓腹。腹部饰细绳纹,纹痕较浅,有抹划痕迹。内壁抹平,较粗糙。口径13.2厘米,残高5厘米(图二〇三,5;彩版四二,5)。

2019ALDET3③d:2,口沿残片。夹砂红陶,砂粒较细,内壁及胎为红褐色,外壁为黑灰色。侈口,斜沿,斜方唇,束颈,圆肩,鼓腹。腹部饰绳纹,纹痕较浅。器表有较多的烟炱痕,内壁抹平,较粗糙。口径25.2厘米,残高7.4厘米(图二〇三,1;彩版四二,6)。

2019ALDET3③d:4,口沿残片。夹砂红陶,砂粒较粗,内、外壁及胎均为红褐色。侈口,斜

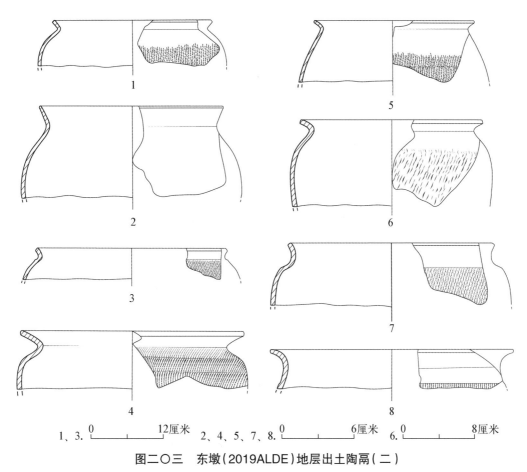

1、3. ⊢0————12厘米⊣ 2、4、5、7、8. ⊢0————6厘米⊣ 6. ⊢0————8厘米⊣

图二○三 东墩（2019ALDE）地层出土陶鬲（二）

1. 2019ALDET3③d：2 2. 2019ALDET2③a：2 3. 2019ALDET2③a：4 4. 2019ALDET3③b：2 5. 2019ALDET3③c：1
6. 2019ALDET3③d：4 7. 2019ALDET2③a：3 8. 2019ALDET3③b：1

沿，斜方唇，束颈，溜肩，鼓腹。腹部饰绳纹，纹痕较浅。器表有少许烟炱痕，内壁抹平，较粗糙。口径19.8厘米，残高9.2厘米（图二○三，6；彩版四三，1）。

2019ALDET4③c：4，口沿残片。夹砂红陶，砂粒较细，内、外壁及胎均为红褐色。侈口，斜沿，圆唇，束颈，溜肩。口沿饰三周不规则圈状纹。内壁抹平，较粗糙。口径22.5厘米，残高4.4厘米（图二○四，4）。

2019ALDET4③d：1，口沿残片。夹砂红陶，砂粒较细，内、外壁及胎均为红褐色。侈口，斜沿，斜方唇，束颈，斜腹较深。腹部饰粗绳纹，纹痕较浅。器表有少许烟炱痕，内壁抹平，较粗糙。口径16厘米，残高6厘米（图二○四，1）。

2019ALDET5③b：1，夹砂红陶，砂粒较细，内、外壁及胎为红褐色。侈口，圆唇，束颈，圆肩。素面。器表有较多气孔，内壁抹平，较粗糙。口径12厘米，残高3厘米（图二○四，2；彩版四三，2）。

2019ALDET5③b：2，夹砂灰陶，砂粒较细，内、外壁及胎均为灰色。侈口，斜沿，斜方唇，束颈，圆肩。肩部饰粗绳纹，纹痕较浅，有抹划痕迹。内壁抹平，较粗糙。口径20厘米，残高4.4厘米

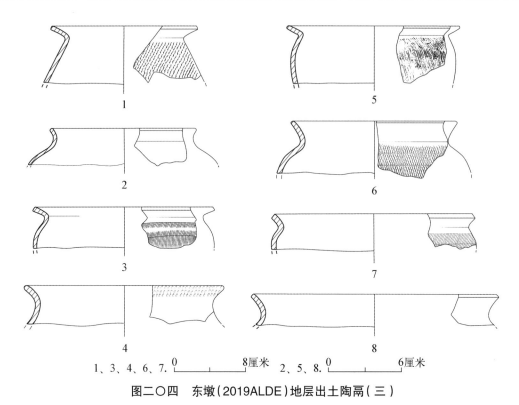

1、3、4、6、7. 0 — 8厘米　　2、5、8. 0 — 6厘米

图二〇四　东墩（2019ALDE）地层出土陶鬲（三）

1. 2019ALDET4③d∶1　2. 2019ALDET5③b∶1　3. 2019ALDET5③b∶2　4. 2019ALDET4③c∶4
5. 2019ALDET5③b∶5　6. 2019ALDET6②∶2　7. 2019ALDET5③c∶1　8. 2019ALDET5③e∶2

（图二〇四，3；彩版四三，6）。

2019ALDET5③b∶5，口沿残片。夹砂灰陶，砂粒较粗，外壁为浅灰色，内壁及胎为红褐色。侈口，斜沿，圆唇，束颈，溜肩，鼓腹。肩部与腹部饰绳纹。内壁抹平，较粗糙。口径14厘米，残高4.5厘米（图二〇四，5；彩版四三，4）。

2019ALDET5③c∶1，口沿残片。夹砂灰陶，砂粒较粗，内、外壁及胎均为灰色。侈口，斜沿，斜方唇，束颈，溜肩。肩部饰绳纹，被一道凹弦纹隔断。内壁抹平，较粗糙。口径22.1厘米，残高3.8厘米（图二〇四，7彩版四三，5）。

2019ALDET5③e∶2，口沿残片。夹砂红陶，砂粒较粗，内、外壁及胎均为红褐色。侈口，斜沿，斜方唇，束颈，溜肩。素面。内壁抹平，较粗糙。口径20厘米，残高2.5厘米（图二〇四，8；彩版四三，3）。

2019ALDET6②∶2，口沿残片。夹砂红陶，砂粒较细，内、外壁及胎均为红褐色。侈口，斜沿，尖圆唇，束颈，圆肩。肩部饰交错绳纹，被两道凹弦纹隔断。器表有烟炱痕，内壁抹平，较粗糙。口径18厘米，残高6厘米（图二〇四，6；彩版四四，1）。

2019ALDET6③a∶1，口沿残片。泥质红陶，内、外壁为浅红褐色，胎为深红褐色。侈口，斜沿，斜方唇，束颈，圆肩，腹较直。素面。内壁抹平，较粗糙。口径27.2厘米，残高9.5厘米（图二〇五，3；彩版四四，2）。

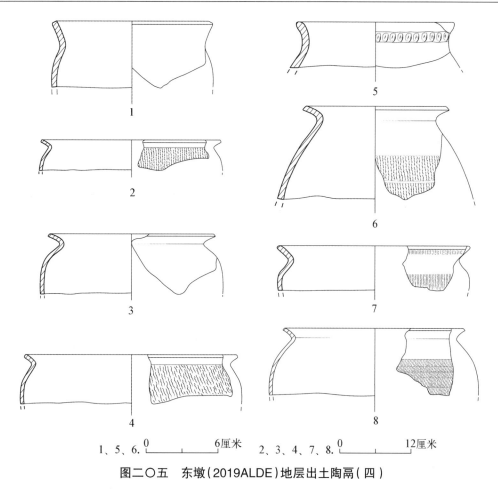

图二〇五 东墩（2019ALDE）地层出土陶鬲（四）

1. 2019ALDET8③a：2 2. 2019ALDET6③b：1 3. 2019ALDET6③a：1 4. 2019ALDET6③c：3
5. 2019ALDET8③a：6 6. 2019ALDET8③c：4 7. 2019ALDET8③a：4 8. 2019ALDET9③b：4

2019ALDET6③b：1，口沿残片。夹砂红陶，砂粒较粗，内、外壁及胎均为红褐色。侈口，斜沿，斜方唇，束颈，溜肩。肩部饰粗绳纹，纹痕较浅。器表有较厚的烟炱，内壁抹平，较粗糙。口径29.2厘米，残高4.9厘米（图二〇五，2；彩版四四，3）。

2019ALDET6③c：3，口沿残片。夹砂红陶，砂粒较粗，内、外壁及胎均为红褐色。侈口，斜沿，圆唇，束颈，溜肩，腹较直。肩部饰粗绳纹，纹痕较浅。器表有较厚的烟炱痕，内壁抹平，较粗糙。口径34.8厘米，残高7.8厘米（图二〇五，4彩版四四，4）。

2019ALDET8③a：2，口沿残片。夹砂红陶，砂粒较粗，内、外壁为浅红褐色，胎为深红褐色。侈口，斜沿，斜方唇，束颈，溜肩。素面。内壁抹平，较粗糙。口径13厘米，残高5.5厘米（图二〇五，1；彩版四四，5）。

2019ALDET8③a：4，口沿残片。夹砂红陶，砂粒较细，内、外壁为浅红色，胎为红褐色。侈口，斜沿，圆唇，束颈，折肩，腹斜收。口沿与上腹部饰细绳纹，纹痕较浅。内壁抹平，较粗糙。口径32厘米，残高7厘米（图二〇五，7彩版四四，6）。

2019ALDET8③a：6，口沿残片。夹砂灰陶，内、外壁为浅灰褐色，胎为红褐色。侈口，圆唇，束颈,溜肩。颈部饰一周指窝纹,纹痕较深。内壁抹平,较粗糙。口径13厘米,残高3.7厘米(图二〇五,5;彩版四五,1)。

2019ALDET8③c:4,口沿残片。夹砂灰陶,砂粒较细,内、外壁为浅灰褐色,胎为红褐色。侈口,斜沿,斜方唇,束颈,溜肩,深鼓腹。上腹部饰粗绳纹,被一道弦纹隔断,纹痕较浅。颈部有抹划痕迹,内壁抹平,较粗糙。口径12厘米,残高7.5厘米(图二〇五,6;彩版四五,2)。

2019ALDET9③b:4,口沿残片。夹砂灰陶,砂粒较细,内、外壁为深灰色,胎为深褐色。侈口,斜沿,斜方唇,束颈,圆肩,鼓腹。颈部与腹部饰绳纹,被五道凹弦纹隔断,纹痕较为明显。器表有烟炱痕,内壁抹平,较粗糙。口径30厘米,残高10.7厘米(图二〇五,8;彩版四五,3)。

2019ALDET9③c:1,口沿残片。夹砂灰陶,砂粒较粗,内、外壁为黑灰色,胎为深红褐色。侈口,斜沿,斜方唇,束颈,圆肩。肩部饰细绳纹,纹痕较为明显。器表有较厚的烟炱痕,内壁抹平,较粗糙。口径30厘米,残高5.5厘米(图二〇六,4;彩版四五,4)。

2019ALDET9③c:4,口沿残片。夹砂灰陶,砂粒较细,内、外壁为深灰色,胎为红褐色。侈

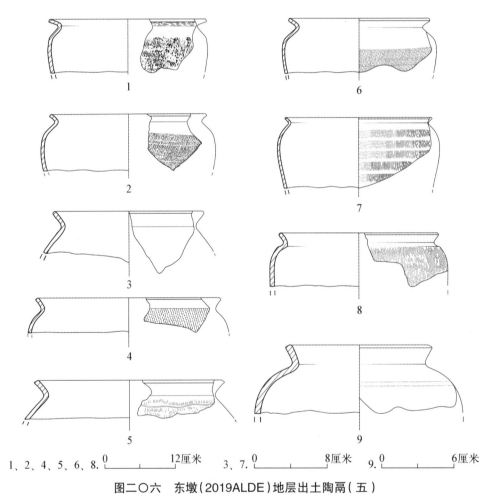

1、2、4、5、8. 0————12厘米　　　3、7. 0————8厘米　　9. 0————6厘米

图二〇六　东墩(2019ALDE)地层出土陶鬲(五)

1. 2019ALDET9③c:7　2. 2019ALDET9③c:4　3. 2019ALDET10②:4　4. 2019ALDET9③c:1　5. 2019ALDET9③c:6
6. 2019ALDET9③c:8　7. 2019ALDET9③c:9　8. 2019ALDET10②:2　9. 2019ALDET10③a:3

口,斜沿,斜方唇,束颈,折肩,鼓腹。腹部饰绳纹,被四道凹弦纹隔断,纹痕较为明显。颈部有抹划痕迹,内壁抹平,较粗糙。口径26厘米,残高9厘米(图二〇六,2;彩版四五,5)。

2019ALDET9③c:6,口沿残片。夹砂灰陶,砂粒较粗,内、外壁为深灰色,胎为深褐色。侈口,斜沿,尖唇,束颈,溜肩。肩部饰细绳纹,被一道弯曲状凹弦纹隔断,纹痕较为明显。器表有较厚的烟炱痕,内壁抹平,较粗糙。口径31.5厘米,残高6厘米(图二〇六,5;彩版四五,6)。

2019ALDET9③c:7,口沿残片。夹砂灰陶,砂粒较细,内、外壁为浅灰色,胎为深褐色。侈口,斜沿,斜方唇,束颈,折肩,鼓腹。颈部饰交错绳纹,腹部饰绳纹,被数道凹弦纹隔断,纹痕较为明显。内壁抹平,较粗糙。口径26厘米,残高8.3厘米(图二〇六,1;彩版四六,5)。

2019ALDET9③c:8,口沿残片。夹砂灰陶,砂粒较细,内、外壁为灰色,胎为深褐色。侈口,斜沿,斜方唇,束颈,折肩,腹斜收。上腹部饰绳纹,被两道凹弦纹隔断,纹痕较为明显。内壁抹平,较粗糙。口径23厘米,残高8.6厘米(图二〇六,6;彩版四六,6)。

2019ALDET9③c:9,口沿残片。夹砂红陶,砂粒较细,内壁为灰褐色,外壁及胎为深红褐色。侈口,斜沿,尖圆唇,束颈,圆肩,腹斜收。肩部与腹部饰细绳纹,被数道凹弦纹隔断,纹痕较为明显。器表有少许烟炱痕,内壁抹平,较粗糙。口径16厘米,残高7.3厘米(图二〇六,7;彩版四六,3)。

2019ALDET10②:2,口沿残片。夹砂红陶,砂粒较细,内、外壁及胎均为红褐色。侈口,斜沿,圆唇,束颈,圆肩,上腹较直。肩部与腹部饰细绳纹,纹痕较浅。器表有烟炱痕,内壁抹平,较粗糙。口径26厘米,残高8.4厘米(图二〇六,8;彩版四六,4)。

2019ALDET10②:4,口沿残片。夹砂红陶,砂粒较粗,内、外壁及胎为红褐色。侈口,斜沿,圆唇,束颈,溜肩。素面。内壁抹平,较粗糙。口径16厘米,残高6.5厘米(图二〇六,3;彩版四六,1)。

2019ALDET10③a:3,口沿残片。夹砂灰陶,砂粒较细,内、外壁及胎均为深灰色。侈口,斜沿,斜方唇,束颈,圆肩。肩部饰两道凸棱纹。器表有较厚的烟炱痕,内壁抹平,较粗糙。口径12厘米,残高7.1厘米(图二〇六,9;彩版四六,2)。

鬲足 32件。

2019ALDET2③a:1,夹砂红陶,砂粒较细,外壁及胎为红褐色,内壁为灰褐色。袋足较肥,锥形足,足尖残,足内填塞柱状泥芯,厚胎。足部饰细绳纹,纹痕较浅。器表有烟炱痕,内壁抹平,较光滑。残高9厘米,器壁厚0.8~1厘米(图二〇七,1;彩版四九,6)。

2019ALDET3③b:3,夹砂红陶,砂粒较粗,外壁及胎为红褐色,内壁为灰褐色。袋足较肥,锥形足,足尖残,足内填塞柱状泥芯,厚胎。足部饰细绳纹,纹痕较浅。器表有明显的烟炱痕,内壁抹平,较光滑。残高9厘米,器壁厚0.8~1厘米(图二〇七,2;彩版五〇,1)。

2019ALDET3③d:3,夹砂灰陶,砂粒较细,内、外壁为浅灰色,胎为红褐色。袋足较瘦,柱形足,足尖残,足内填塞柱状泥芯,厚胎。足部饰细绳纹,纹痕较浅。器表有少许烟炱痕,内壁抹平,较光滑。残高7.5厘米,器壁厚0.8~1厘米(图二〇七,3;彩版五〇,2)。

2019ALDET3③f:3,夹砂红陶,砂粒较粗,外壁及胎为红褐色,内壁为灰褐色。袋足略肥,锥形足,足内填塞柱状泥芯,厚胎。素面。内壁抹平,较光滑。残高8厘米,器壁厚0.8~1厘米(图

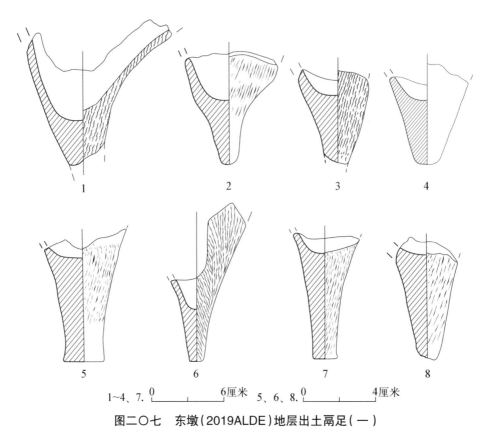

1~4、7. <u>　　　</u> 6厘米　5、6、8. <u>　　　</u> 4厘米

图二〇七　东墩（2019ALDE）地层出土鬲足（一）

1. 2019ALDET2③a：1　2. 2019ALDET3③b：3　3. 2019ALDET3③d：3　4. 2019ALDET3③f：3
5. 2019ALDET4③c：2　6. 2019ALDET4③d：4　7. 2019ALDET4③d：5　8. 2019ALDET5③b：3

二〇七,4；彩版五〇,3）。

2019ALDET4③c：2,夹砂灰陶,砂粒较细,内、外壁及胎均为灰褐色。袋足较瘦,柱形足,底部较平,足内填塞柱状泥芯,厚胎。素面。内壁抹平,较光滑。残高7厘米,器壁厚0.8～1厘米（图二〇七,5）。

2019ALDET4③d：4,夹砂灰陶,砂粒较粗,内、外壁及胎均为浅灰色。袋足较瘦,锥形足,底部较平,足内填塞柱状泥芯,厚胎。足部饰细绳纹。内壁抹平,较光滑。残高8.5厘米,器壁厚0.8～1厘米（图二〇七,6）。

2019ALDET4③d：5,夹砂红陶,砂粒较粗,内、外壁及胎均为红褐色。袋足较瘦,柱形足,底部较平,足内填塞柱状泥芯,厚胎。足部饰细绳纹。内壁抹平,较光滑。残高10.2厘米,器壁厚0.8～1厘米（图二〇七,7）。

2019ALDET5③b：3,夹砂红陶,砂粒较细,外壁及胎为浅红褐色,内壁为浅灰褐色。袋足较瘦,锥形足,足内填塞柱状泥芯,厚胎。足部饰绳纹,纹痕极浅。器表有少许烟炱痕,内壁抹平,较光滑。残高6.5厘米,器壁厚0.8～1厘米（图二〇七,8；彩版五〇,5）。

2019ALDET5③b：4,夹砂红陶,砂粒较细,内、外壁及胎均为深红褐色。袋足较瘦,锥形足,足内填塞柱状泥芯,厚胎。素面。内壁抹平,较光滑。残高7.6厘米,器壁厚0.8～1厘米（图二〇八,1)。

2019ALDET5③c:2,夹砂红陶,砂粒较细,外壁及胎为红褐色,内壁为灰褐色。袋足较瘦,锥形足,足内填塞柱状泥芯,厚胎。素面。内壁抹平,较光滑。残高6厘米,器壁厚0.8～1厘米(图二〇八,2)。

2019ALDET5③c:3,夹砂红陶,砂粒较粗,外壁及胎为红褐色,内壁为灰褐色。袋足略肥,锥形足,足尖残,足内填塞柱状泥芯,厚胎。足部饰绳纹,纹痕极浅。器表有少许烟炱痕,内壁抹平,较光滑。残高7厘米,器壁厚0.8～1厘米(图二〇八,3;彩版五〇,4)。

2019ALDET5③c:4,夹砂红陶,砂粒较细,外壁及胎为红褐色,内壁为灰褐色。袋足略肥,锥形足,足内填塞柱状泥芯,厚胎。足部饰细绳纹,纹痕清晰。器表有烟炱痕,内壁抹平,较光滑。残高10.4厘米,器壁厚0.8～1厘米(图二〇八,4;彩版五〇,6)。

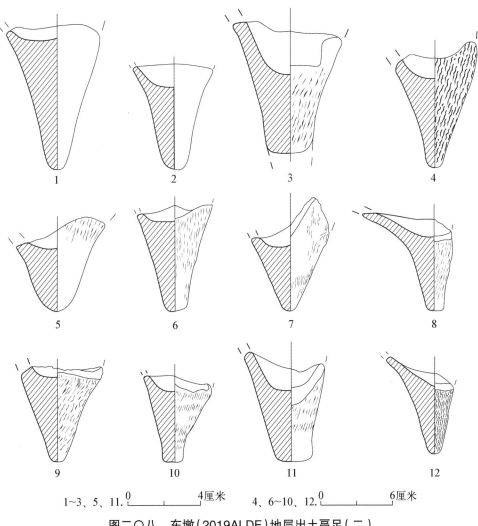

1～3、5、11. $\underset{0}{\rule{0pt}{0pt}}$＿＿＿＿4厘米　　4、6～10、12. $\underset{0}{\rule{0pt}{0pt}}$＿＿＿＿6厘米

图二〇八　东墩(2019ALDE)地层出土鬲足(二)

1. 2019ALDET5③b:4　2. 2019ALDET5③c:2　3. 2019ALDET5③c:3　4. 2019ALDET5③c:4
5. 2019ALDET5③e:1　6. 2019ALDET6②:1　7. 2019ALDET6②:3　8. 2019ALDET6③a:2
9. 2019ALDET6③a:3　10. 2019ALDET6③b:2　11. 2019ALDET6③c:2　12. 2019ALDET8③a:7

2019ALDET5③e：1，夹砂红陶，砂粒较细，内、外壁及胎均为红褐色。袋足较肥，锥形足，足内填塞柱状泥芯，厚胎。足部饰细绳纹，内壁抹平，较光滑。残高5厘米，器壁厚0.8～1厘米（图二〇八，5；彩版五一，1）。

2019ALDET6②：1，夹砂红陶，砂粒较细，外壁及胎为红褐色，内壁为灰褐色。袋足较瘦，锥形足，足内填塞柱状泥芯，厚胎。足部饰细绳纹，纹痕较浅。器表有烟炱痕，内壁抹平，较光滑。残高8.5厘米，器壁厚0.8～1厘米（图二〇八，6；彩版五一，2）。

2019ALDET6②：3，夹砂红陶，砂粒较细，外壁及胎为红褐色，内壁为灰褐色。袋足较肥，锥形足，足内填塞柱状泥芯，厚胎。足部饰细绳纹，纹痕较浅。器表有烟炱痕，内壁抹平，较光滑。残高9厘米，器壁厚0.8～1厘米（图二〇八，7彩版五一，3）。

2019ALDET6③a：2，夹砂灰陶，砂粒较细，内、外壁及胎均为深灰色。袋足较瘦，锥形足，足底略平，足内填塞柱状泥芯，厚胎。足部饰绳纹，纹痕较浅。器表有少许烟炱痕，内壁抹平，较光滑。残高7.8厘米，器壁厚0.8～1厘米（图二〇八，8；彩版五一，4）。

2019ALDET6③a：3，夹砂红陶，砂粒较细，外壁及胎为红褐色，内壁为灰褐色。袋足略瘦，锥形足，足内填塞柱状泥芯，厚胎。足部饰细绳纹，纹痕极浅。器表有烟炱痕，内壁抹平，较光滑。残高7.6厘米，器壁厚0.8～1厘米（图二〇八，9；彩版五一，5）。

2019ALDET6③b：2，夹砂灰陶，砂粒较细，内、外壁及胎均为灰色。袋足较瘦，锥形足，足底较平，足内填塞柱状泥芯，厚胎。足部饰细绳纹，纹痕极浅。器表有少许烟炱痕，内壁抹平，较光滑。残高6.9厘米，器壁厚0.8～1厘米（图二〇八，10彩版五一，6）。

2019ALDET6③c：2，夹砂红陶，砂粒较细，外壁及胎为红褐色，内壁为灰褐色。袋足较瘦，锥形足，足底较平，足内填塞柱状泥芯，厚胎。足部饰细绳纹，纹痕极浅。器表有少许烟炱痕，内壁抹平，较光滑。残高5.8厘米，器壁厚0.8～1厘米（图二〇八，11）。

2019ALDET8③a：7，夹砂红陶，砂粒较细，外壁及胎为红褐色，内壁为灰褐色。袋足较瘦，锥形足，足内填塞柱状泥芯，厚胎。足部饰细绳纹，纹痕较浅。器表有烟炱痕，内壁抹平，较光滑。残高7.7厘米，器壁厚0.8～1厘米（图二〇八，12；彩版五二，1）。

2019ALDET8③b：1，夹砂红陶，砂粒较粗，内、外壁及胎均为红褐色。袋足较瘦，锥形足，足填塞柱状泥芯，厚胎。足部饰绳纹，纹痕明显。内壁抹平，较光滑。残高7厘米，器壁厚0.8～1厘米（图二〇九，1；彩版五二，2）。

2019ALDET8③c：3，夹砂红陶，砂粒较细，外壁及胎为红褐色，内壁为灰褐色。袋足较瘦，锥形足，足尖残，足内填塞柱状泥芯，厚胎。足部饰粗绳纹，纹痕较浅。器表有少许烟炱痕，内壁抹平，较光滑。残高6厘米，器壁厚0.8～1厘米（图二〇九，2；彩版五二，3）。

2019ALDET9③b：3，夹砂灰陶，砂粒较细，内、外壁及胎均为灰褐色。袋足较瘦，锥形足，足底较平，足填塞柱状泥芯，厚胎。足部饰绳纹，纹痕极浅。内壁抹平，较光滑。残高8厘米，器壁厚0.8～1厘米（图二〇九，3；彩版五二，4）。

2019ALDET9③b：5，夹砂红陶，砂粒较细，外壁及胎为红褐色，内壁为灰褐色。袋足略肥，锥形足，足填塞柱状泥芯，厚胎。足部饰细绳纹，纹痕较浅。内壁抹平，较光滑。残高6.5厘米，器壁

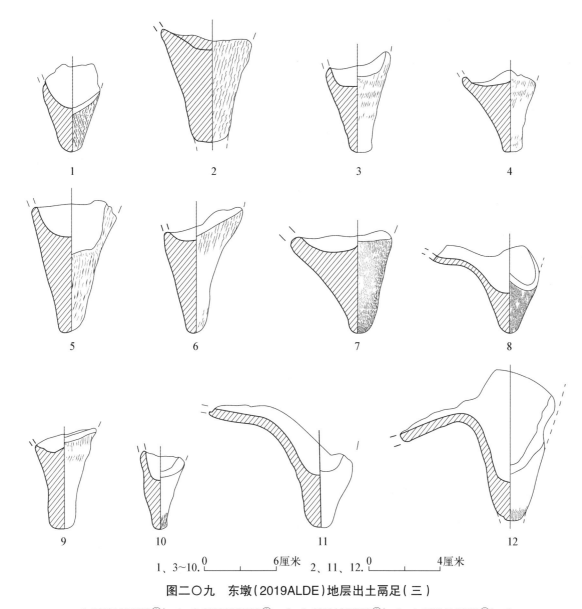

1、3～10. 0 ⎬ 6厘米　2、11、12. 0 ⎬ 4厘米

图二〇九　东墩（2019ALDE）地层出土鬲足（三）

1. 2019ALDET8③b：1　2. 2019ALDET8③c：3　3. 2019ALDET9③b：3　4. 2019ALDET9③b：5
5. 2019ALDET9③c：2　6. 2019ALDET9③c：5　7. 2019ALDET9③d：1　8. 2019ALDET10②：1
9. 2019ALDET10②：3　10. 2019ALDET10③a：2　11. 2019ALDET10③a：4　12. 2019ALDET10③b：1

厚0.8～1厘米（图二〇九，4；彩版五二，5）。

2019ALDET9③c：2，夹砂红陶，砂粒较粗，外壁及胎为红褐色，内壁为灰褐色。袋足较瘦，锥形足，足填塞柱状泥芯，厚胎。足部饰细绳纹，纹痕极浅。内壁抹平，较光滑。残高10.5厘米，器壁厚0.8～1厘米（图二〇九，5；彩版五二，6）。

2019ALDET9③c：5，夹砂红陶，砂粒较细，外壁及胎为红褐色，内壁为黑灰色。袋足较瘦，锥形足，足内填塞柱状泥芯，厚胎。足部饰绳纹，纹痕极浅。器表有烟炱痕，内壁抹平，较光滑。残高10厘米，器壁厚0.8～1厘米（图二〇九，6；彩版五三，1）。

2019ALDET9③d：1，夹砂红陶，砂粒较细，外壁及胎为红褐色，内壁为黑灰色。袋足较肥，锥形足，足内填塞柱状泥芯，厚胎。足部饰细绳纹，纹痕清晰。器表和内壁有烟炱痕，内壁抹平，较光滑。残高9厘米，器壁厚0.8～1厘米（图二〇九，7；彩版五三，2）。

2019ALDET10②：1，夹砂红陶，砂粒较细，内、外壁及胎均为深红褐色。袋足较肥，锥形足，足内填塞柱状泥芯，厚胎。足部饰细绳纹，纹痕清晰。器表有烟炱痕，内壁抹平，较光滑。残高6.9厘米，器壁厚0.8～1厘米（图二〇九，8；彩版五三，3）。

2019ALDET10②：3，夹砂灰陶，砂粒较细，内、外壁及胎均为灰色。袋足较瘦，柱形足，足内填塞柱状泥芯，厚胎。足部饰细绳纹，纹痕极浅。内壁抹平，较光滑。残高7.5厘米，器壁厚0.8～1厘米（图二〇九，9；彩版五三，4）。

2019ALDET10③a：2，夹砂红陶，砂粒较细，内、外壁及胎均为浅红褐色。袋足较瘦，锥形足，底部略平，足内填塞柱状泥芯，厚胎。足部饰细绳纹，纹痕较浅。器表有少许烟炱痕，内壁抹平，较光滑。残高6.2厘米，器壁厚0.8～1厘米（图二〇九，10）。

2019ALDET10③a：4，夹砂红陶，砂粒较细，外壁及胎为深红褐色，内壁为灰褐色。袋足较瘦，锥形足，足尖残，足内填塞柱状泥芯，厚胎。素面。器表有烟炱痕，内壁抹平，较光滑。残高6.5厘米，器壁厚0.8～1厘米（图二〇九，11；彩版五三，5）。

2019ALDET10③b：1，夹砂红陶，砂粒较细，外壁及胎为红褐色，内壁为灰褐色。袋足较瘦，锥形足，足尖残，足内填塞柱状泥芯，厚胎。素面。内壁抹平，较光滑。残高8厘米，器壁厚0.8～1厘米（图二〇九，12；彩版五三，6）。

陶罐　4件。

2019ALDET2③a：5，腹底残片。夹砂红陶，砂粒较粗，内、外壁及胎均为红褐色。下腹弧收，矮圈足。器表有少许烟炱，内壁粗糙。素面。底径8.3厘米，残高6.8厘米（图二一〇，1；彩版五四，5）。

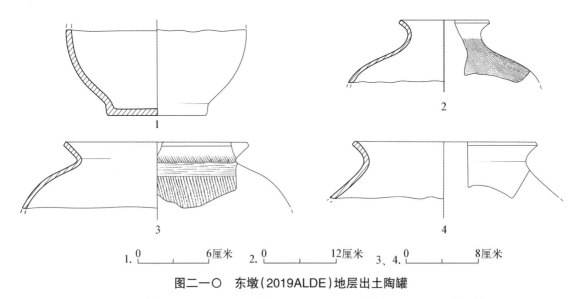

图二一〇　东墩（2019ALDE）地层出土陶罐

1. 2019ALDET2③a：5　2. 2019ALDET10③b：2　3. 2019ALDET3③f：1　4. 2019ALDET4③d：3

2019ALDET3③f：1，口沿残片。夹砂黑皮陶，砂粒较粗，内壁为灰褐色，外壁为黑色陶衣，胎为深褐色。侈口，斜沿，斜方唇，束颈，圆肩，鼓腹。颈部饰绳纹和数道弦纹，肩部与腹部饰绳纹，纹痕较浅。内壁抹平，较粗糙。口径20厘米，残高7厘米（图二一〇，3；彩版五四，3）。

2019ALDET4③d：3，口沿残片。夹砂灰陶，砂粒较粗，内、外壁为灰褐色，胎为深褐色。侈口，斜沿，斜方唇，束颈，折肩。素面。口沿轮修，内壁抹平，较粗糙。口径20厘米，残高6厘米（图二一〇，4）。

2019ALDET10③b：2，口沿残片。夹砂灰陶，砂粒较细，内、外壁及胎为均灰褐色。侈口，斜方唇，束颈，广肩。鼓腹。颈部与肩部饰细绳纹，纹痕较浅。内壁抹平，较粗糙。口径14.7厘米，残高9.6厘米（图二一〇，2；彩版五四，4）。

陶簋　1件。

2019ALDET3③d：5，泥质红陶，内、外壁为浅红褐色，胎为红褐色。口微敛，方唇，上腹较直，下腹斜收，喇叭形矮圈足。素面。器壁较厚，内壁抹平，较粗糙。口径11.5厘米，圈足径11.4厘米，高3.8厘米（图二一一，4；彩版五四，6）。

陶豆　4件。

2019ALDET3③d：6，泥质灰陶，内、外壁及胎为浅灰色。敛口，尖圆唇，深腹弧收，圜底，高柄下接喇叭状圈足。素面。器表气孔较多，内壁抹平，较粗糙。口径12厘米，圈足径10厘米，高9厘米（图二一一，1彩版五五，3）。

2019ALDET3③d：7，夹砂红陶，砂粒较细，内、外壁为红色，胎为深红褐色。敞口，方唇，浅腹弧收，底略平，矮柄下接喇叭状圈足。素面。内壁抹平，较粗糙。口径12厘米，圈足径8.4厘米，高5.8厘米（图二一一，2；彩版五五，2）。

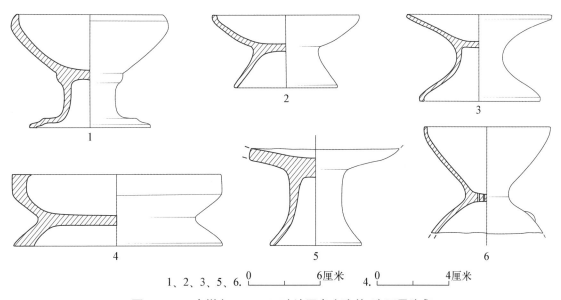

图二一一　东墩（2019ALDE）地层出土陶簋、陶豆及陶甗

1. 陶豆（2019ALDET3③d：6）　2. 陶豆（2019ALDET3③d：7）　3. 陶豆（2019ALDET5③d：1）
4. 陶簋（2019ALDET3③d：5）　5. 陶豆（2019ALDET8③a：3）　6. 陶甗（2019ALDET6③e：1）

2019ALDET5③d：1，泥质红陶，内、外壁及胎均为红褐色。敞口，方唇，浅腹斜收，底略平，矮柄下接喇叭状圈足。素面。内壁抹平，较粗糙。口径12厘米，圈足径8厘米，高7厘米（图二一一，3；彩版五一一，1）。

2019ALDET8③a：3，泥质红陶，内、外壁为浅红褐色，胎为深灰褐色。口沿残，浅腹斜收，底略圜，高柄下接喇叭状圈足。素面。器表有较多气孔，内壁抹平，较粗糙。残口径7.5厘米，圈足径6厘米，残高7.7厘米（图二一一，5；彩版五五，4）。

陶甗　1件。

2019ALDET6③c：1，夹砂灰陶，砂粒较细，内、外壁为灰褐色，胎为浅灰色。甗鬲连体，甑直口，方唇，深腹斜收，平底，底部分布数个箅孔；鬲圆肩，鼓腹，下腹部与足残，上腹部有圈状凸起。内壁抹平，较粗糙。口径10.5厘米，残高8.5厘米（图二一一，6；彩版五五，5）。

陶钵　3件。

2019ALDET4③c：5，口沿残片。泥质灰陶，内、外壁及胎均为灰褐色。敛口，凹唇，微鼓腹。素面。器壁较厚，内壁抹平，较粗糙。口径15厘米，残高3厘米（图二一二，1）。

2019ALDET6③c：5，夹砂灰陶，砂粒较细，内、外壁及胎均为深灰色。敛口，方唇，上腹微鼓，下腹斜收，平底。素面。器壁较薄，内壁抹平。口径10厘米，底径8厘米，高5.4厘米（图二一二，2；彩版五六，1）。

2019ALDET10扩③a：1，夹砂灰陶，砂粒较细，内、外壁及胎均为黑灰色。敛口，方唇，上腹微鼓，下腹弧收，平底。素面。内壁抹平，较粗糙。口径11厘米，底径7厘米，高5.5厘米（图二一二，3；彩版五六，2）。

陶瓮　1件。

2019ALDET10③b：3，口沿残片。夹砂红陶，砂粒较细，内、外壁为浅红褐色，胎为深红褐色。侈口，斜沿，尖圆唇，束颈，溜肩，上腹外鼓，下腹与底部残。肩部与腹部饰数周竖向短绳纹，被数道凹弦纹隔断。内壁抹平，较粗糙。口径11.5厘米，残高8.5厘米（图二一二，4；彩版五五，6）。

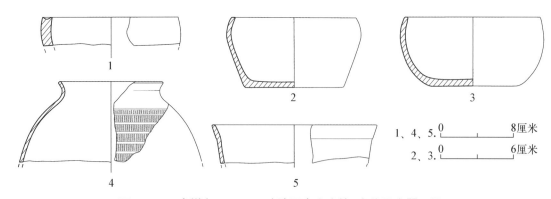

图二一二　东墩（2019ALDE）地层出土陶钵、陶瓮及陶器口沿

1~3.陶钵（2019ALDET4③c：5、2019ALDET6③c：5、2019ALDET10扩③a：1）

4.陶瓮（2019ALDET10③b：3）　5.陶器口沿（2019ALDET4③d：2）

陶器口沿　1件。

2019ALDET4③d：2，夹砂灰陶，砂粒较细，内、外壁及胎均为灰色。敞口，圆唇，口沿下有一道折棱，腹斜收。素面。口径18.2厘米，残高4.2厘米（图二一二，5）。

器腹　11件。

2019ALDET3③c：2，夹砂红陶，砂粒较细，内、外壁为浅红褐色，胎为深红褐色。腹部饰交错绳纹，被数道凹弦纹隔断，纹痕较浅。内壁抹平，较粗糙。残宽4.5厘米，残高8.8厘米（图二一三，1；彩版五七，4）。

2019ALDET5③c：5，夹砂灰陶，砂粒较细，内、外壁为浅灰褐色，胎为深褐色。腹部饰网格纹，纹痕较明显。内壁抹平，略粗糙。残长8.6厘米，残宽5厘米（图二一三，2；彩版五七，5）。

2019ALDET8③a：1，印纹硬陶，泥质灰陶，内、外壁为灰褐色，胎为深灰褐色。腹部饰规整的菱形纹、直棱纹和雷纹，痕较明显。内壁抹平，较粗糙。残长8.8厘米，残宽5.1厘米（图二一三，3；彩版五七，3）。

2019ALDET8③a：5，印纹硬陶，夹砂红陶，内、外壁为浅红褐色，胎为深红褐色。腹部饰粗绳纹和一周附加堆纹，纹痕较明显。内壁抹平，较粗糙。残长8厘米，残宽6厘米（图二一三，4；彩版五八，1）。

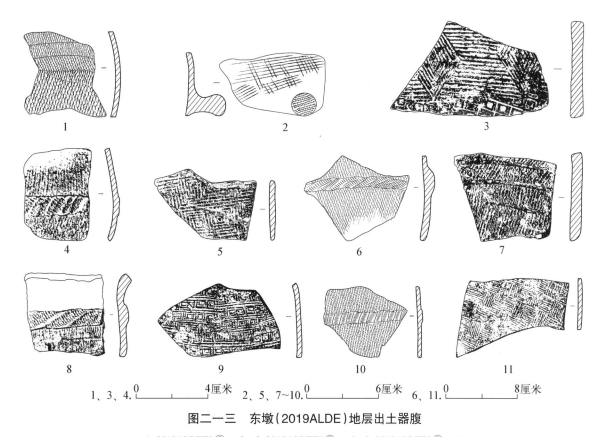

1、3、4.　0 ⊢——⊣ 4厘米　　2、5、7~10.　0 ⊢——⊣ 6厘米　　6、11.　0 ⊢——⊣ 8厘米

图二一三　东墩（2019ALDE）地层出土器腹

1. 2019ALDET3③c：2　2. 2019ALDET5③c：5　3. 2019ALDET8③a：1
4. 2019ALDET8③a：5　5. 2019ALDET8③b：2　6. 2019ALDET8③b：3　7. 2019ALDET8③c：1
8. 2019ALDET8③c：2　9. 2019ALDET9③b：1　10. 2019ALDET9③b：2　11. 2019ALDET9③c：3

2019ALDET8③b：2，印纹硬陶，泥质红陶，内、外壁为红色，胎为深红褐色。腹部饰较为规整的回形纹，纹痕较明显。内壁抹平，较粗糙。残长8.3厘米，残宽5厘米（图二一三，5；彩版五八，2）。

2019ALDET8③b：3，印纹硬陶，夹砂灰陶，砂粒较细，内、外壁为灰色，胎为深灰褐色。腹部饰交错绳纹与一周附加对纹，纹痕较明显。内壁抹平，较粗糙。残长11.5厘米，残宽9厘米（图二一三，6；彩版五八，3）。

2019ALDET8③c：1，印纹硬陶，泥质红陶，内、外壁为浅红褐色，胎为深红褐色。腹部饰绳纹，被数道凹弦纹隔断，纹痕较明显。内壁抹平，较粗糙。残长8.5厘米，残宽6厘米（图二一三，7；彩版五八，4）。

2019ALDET8③c：2，印纹硬陶，泥质灰陶，内、外壁为灰色，胎为深灰褐色。腹部饰绳纹与一周附加堆纹，纹痕较明显。内壁抹平，较粗糙。残长6.6厘米，残宽6.4厘米（图二一三，8；彩版五八，5）。

2019ALDET9③b：1，泥质灰陶，内、外壁为深灰色，胎为深灰褐色。腹部饰较为规整的回形纹，纹痕较明显。内壁抹平，较粗糙。残长10厘米，残宽6厘米（图二一三，9；彩版五八，6）。

2019ALDET9③b：2，印纹硬陶，泥质灰陶，内、外壁为灰色，胎为灰褐色。腹部饰绳纹与一周附加堆纹，纹痕较明显。内壁抹平，较粗糙。残长7.5厘米，残宽5.6厘米（图二一三，10；彩版五九，1）。

2019ALDET9③c：3，印纹硬陶，泥质红陶，内、外壁为红褐色，胎为深灰褐色。腹部饰较为规整的席纹，纹痕较明显。内壁抹平，较粗糙。残长12厘米，残宽8.1厘米（图二一三，11；彩版五九，2）。

器底　5件。

2019ALDET3③d：1，泥质灰陶，内壁为灰褐色，内、外壁及胎均为浅灰色。下腹斜收，平底。下腹部饰粗绳纹，纹痕清晰。内壁抹平，较粗糙。底径13厘米，残高3厘米（图二一四，2；彩版六〇，3）。

2019ALDET3③f：2，夹砂黑皮陶，砂粒较细，内壁为灰褐色，胎为红褐色，外壁为黑色陶衣。下腹斜收，平底。下腹部饰粗绳纹，纹痕较浅。内壁抹平，较粗糙。底径16厘米，残高5厘米（图二一四，5；彩版六〇，4）。

2019ALDET4③c：1，夹砂灰陶，砂粒较细，内、外壁及胎均为浅灰色。下腹斜收，平底。下腹部饰细绳纹，有抹划痕迹。内壁抹平，较粗糙。底径16厘米，残高4.1厘米（图二一四，3）。

2019ALDET4③c：3，夹砂红陶，砂粒较细，内、外壁及胎均为红褐色。下腹斜收，平底。下腹部饰粗绳纹。内壁抹平，较粗糙。底径16.3厘米，残高4.3厘米（图二一四，4）。

2019ALDET4③d：6，夹砂灰陶，砂粒较粗，内、外壁及胎均为灰色。下腹斜收，平底。下腹部饰细绳纹。内壁抹平，较粗糙。底径16.1厘米，残高2.1厘米（图二一四，1）。

系耳　2件。

2019ALDET4③c：6，泥质灰陶，内、外壁为浅灰色，胎为深灰褐色。上腹外鼓，上腹部置半环

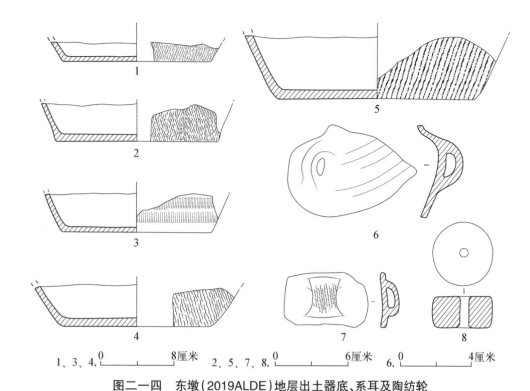

1、3、4. $\overline{0 \qquad 8厘米}$　2、5、7、8. $\overline{0 \qquad 6厘米}$　6. $\overline{0 \qquad 4厘米}$

图二一四　东墩（2019ALDE）地层出土器底、系耳及陶纺轮

1~5. 器底（2019ALDET4③d：6、2019ALDET3③d：1、2019ALDET4③c：1、2019ALDET4③c：3、2019ALDET3③f：2）

6、7. 系耳（2019ALDET4③c：6、2019ALDET6③b：3）　8. 陶纺轮（2019ALDET6③d：2）

形耳。素面。器表有较多气孔，内壁抹平，较粗糙。残宽7厘米，残高4.8厘米（图二一四，6）。

2019ALDET6③b：3，泥质红陶，内、外壁及胎均为红褐色。腹较直，腹部置半环形耳。耳面饰绳纹，纹痕清晰。残宽6.8厘米，残高4.4厘米（图二一四，7；彩版五六，6）。

陶纺轮　1件。

2019ALDET6③d：2，夹砂红陶，砂粒较细，器表与胎均呈深红褐色。圆饼状，中部有孔。素面。直径4.8厘米，孔径0.7厘米，厚2.4厘米（图二一四，8；彩版六〇，5）。

（二）瓷器

共2件，其中瓷杯1件、瓷罐1件。

瓷杯　1件。

2019ALDET7③a：1，白釉，轮制。敞口，尖圆唇，斜腹弧收，矮圈足。腹部饰青花图案。口径5厘米，圈足径2.1厘米，高2.5厘米（图二一五，2）。

瓷罐　1件。

2019ALDET9③c：11，原始瓷器。口沿内缘及罐腹近底部露胎，乳白色，外施黄褐色半釉，轮制。侈口，斜方唇，束颈，圆肩，上腹外鼓，下腹斜收，平底。素面。内壁抹平，较粗糙。口径11厘米，高14厘米（图二一五，1；彩版六〇，6）。

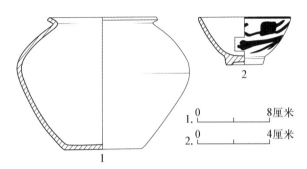

图二一五 东墩（2019ALDE）地层出土瓷器
1.瓷罐（2019ALDET9③c：11） 2.瓷杯（2019ALDET7③a：1）

（三）铜器

铜镞 1件。

2019ALDET7③b：1，残，腐朽严重，表面开裂。双翼，呈柳叶形，中部起脊，截面呈菱形，铤残。残长3.6厘米（图二一六；彩版六一，1）。

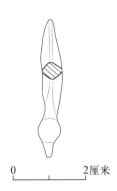

图二一六 东墩（2019ALDE）地层出土铜镞（2019ALDET7③b：1）

（四）石器

共5件，其中石镞1件、石钺1件、石锛1件、磨石1件、双刃器1件。

石镞 1件。

2019ALDET8③a：8，青黑色，磨制。双翼，呈柳叶形，中部起脊，截面为菱形，铤残。残长5.5厘米（图二一七，1；彩版六一，2）。

石钺 1件。

2019ALDET6③b：5，米黄色，磨制。平面近长方形，残，仅存一半。边沿略残，不甚规整，中部钻孔，厚度均匀，向一侧开刃。残长6.8厘米，残宽7厘米，厚1厘米，孔径0.8厘米（图二一七，3；彩版六一，5）。

石锛 1件。

2019ALDET6③b：4，青黑色，磨制。长舌形，扁平状，上窄下宽，下端向一侧开刃。长12.3厘

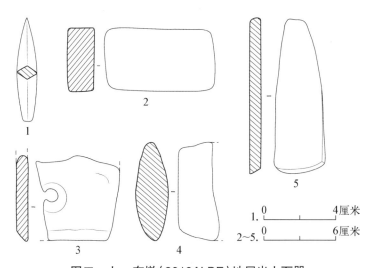

图二一七 东墩(2019ALDE)地层出土石器

1. 石镞(2019ALDET8③a：8)　2. 磨石(2019ALDET9③c：10)　3. 石钺(2019ALDET6③b：5)
4. 双刃器(2019ALDET6③c：4)　5. 石锛(2019ALDET6③b：4)

米,宽4厘米,厚1厘米(图二一七,5；彩版六一,4)。

磨石 1件。

2019ALDET9③c：10,青灰色,磨制。长方体,表面平整,略粗糙。长9厘米,宽4厘米(图二一七,2；彩版六一,6)。

双刃器 1件。

2019ALDET6③c：4,米白色,磨制。残,平面略呈梯形,中部鼓起,两侧开刃,截面略呈椭圆形。残长7.8厘米,残宽3.4厘米,厚2.7厘米(图二一七,4)。

三、器物类型学分析

东墩遗迹与地层中出土陶器共计156件,其中陶鬲数量最多,共89件(完整陶鬲8件、陶鬲口沿40件、鬲足41件),占比57.1%；其余容器如陶罐、陶豆、陶钵、陶簋、陶盉、陶甗、陶瓮等数量均太少,不具备类型学分析的条件。陶鬲口沿与鬲足的类型学分析又缺乏科学性,因此,现对8件完整陶鬲做一类型学分析。

根据通高与口径的比值大小,可分二型。

A型：3件。通高大于口径,或与口径相近。

2019ALDEH21：1,夹砂灰陶,砂粒较细,内、外壁及内胎均为浅灰色。侈口,尖圆唇,微束颈,腹微鼓,连裆较高,下接三锥形足。腹部与足饰细绳纹,纹痕较浅。器表有烟炱痕,内壁抹平,较粗糙。口径14.4厘米,高12厘米(图九四,3)。

2019ALDET3③d：8,夹砂灰陶,砂粒较细,内、外壁均为浅灰色,胎为灰褐色。侈口,斜沿,斜方唇,束颈,溜肩,腹斜收,连裆较高,下接三空锥形足。腹部与足饰细绳纹,纹痕较浅。器表有少许烟炱痕,内壁抹平,较粗糙。口径11.2厘米,高13厘米(图二〇二,1)。

2019ALDET10扩③a：2，夹砂红陶，砂粒较粗，内、外壁及胎均为红褐色。侈口，斜沿，斜方唇，束颈，溜肩，深腹微鼓，连裆较高，下接三空锥形足。腹部与足饰粗绳纹，被四道凹弦纹隔断，纹痕较浅。器表有烟炱痕，内壁抹平，较粗糙。口径11厘米，高12厘米（图二○二，4）。

B型：5件。通高小于口径。

2019ALDEH37：1，夹砂红陶，砂粒较粗，内、外壁及胎均为红褐色。侈口，斜折沿，斜方唇，束颈，微鼓腹，连裆较高，下接三锥形空足。腹部与足饰粗绳纹，纹痕较浅。器表有烟炱痕，内壁抹平，较粗糙。口径13.6厘米，高8.2厘米（图一一二）。

2019ALDET3③d：9，夹砂灰陶，砂粒较粗，内、外壁均为深灰色，胎为红褐色。侈口，斜沿，方唇，束领，圆肩，腹斜收，连裆较矮，下接三空锥形足。腹部与足饰细绳纹，纹痕较浅。器表有较厚的烟炱痕，内壁抹平，较粗糙。口径15.9厘米，高9.5厘米（图二○二，2）。

2019ALDET5③d：2，夹砂红陶，砂粒较细，内、外壁及胎均为红褐色。侈口，斜沿，斜方唇，束颈，溜肩，腹较直，连裆较矮，下接三空锥形足。腹部与足饰细绳纹，纹痕较浅。器表有少许烟炱痕，内壁抹平，较粗糙。口径19厘米，高15厘米（图二○二，3）。

2019ALDET6③d：1，夹砂灰陶，砂粒较粗，内、外壁为黑灰色，胎为红褐色。侈口，斜沿，圆唇，溜肩，腹微鼓，连裆较矮，下接三空锥形足。足饰细绳纹，纹痕较浅。器表有较厚的烟炱痕，内壁抹平，较粗糙。口径13.9厘米，高10.8厘米（图二○二，6）。

2019ALDET9③c：12，夹砂灰陶，砂粒较细，内、外壁为灰色，胎为红褐色。侈口，斜沿，尖唇，束颈，溜肩，浅腹，连裆较矮，下接三空锥形足。腹部与足饰粗绳纹，纹痕较浅。内壁抹平，较粗糙。口径19厘米，高12厘米（图二○二，5）。

第五节　小　结

从勘探和考古发掘可知，东墩的东侧紧依河岸，外围有宽约1.5～2.5米的夯土围墙。遗迹以灰坑居多，墓葬、墙垣、房址、灰沟等均较少。出土遗物中陶器占大宗，间或有极少量的石器、铜器和瓷器等，出土于地层和少数遗迹中。从出土陶器的总体特征来看，年代大致属于西周中晚期。

从墙垣断面及房址内平坦光滑的居住面可以看出明显的夯筑痕迹。其建筑方法是依地形规划设计，清理地面，削高补低，先挖基槽再填土逐层夯实，形成坚实的夯土基础。这与中原地区源远流长的夯土版筑技术一致。二里头遗址、洹北商城、殷墟、宗周、成周等宫殿建筑基址或城垣一般都是先在拟建区域内挖基槽，然后填土层层夯实，其上筑夯土台，在夯土台之上筑墙架屋；有的房址整个建筑区都经过夯打，房子的围墙就建筑在这种房基之上。从目前发现的距今5 000多年的郑州西山仰韶晚期城址算起，夯筑技术至西周时期已有两千多年的历史。东墩墙垣及房址居住面的夯筑技术带有先进的中原文化的深深烙印。

出土的遗物以陶器为主，且多是口沿、器底和足部残片，完整及可修复的陶器有15件（陶鬲8件、陶豆3件、陶钵2件、陶簋1件、陶纺轮1件），仅占出土陶器总数量的10.2%。陶鬲被称为"中华古文化的一种代表化石"[1]"近代中国考古学的一块铺路石"[2]。陶鬲作为当时最常见、时代变化最明显的考古遗物,是建立淮河流域周代考古学文化分期的基础[3]。所以,东墩的年代主要通过将修复完整的陶鬲与团墩、周边周代文化遗址或中原地区同类遗物进行比较来获得。2019ALDEH21:1,与陕西省宝鸡市博物馆收藏的陶鬲954·ICI·135相似,时代为西周中期。2019ALDEH37:1,与陕西省宝鸡市博物馆收藏的陶鬲3654·ICI·71相似,时代为西周早期[4]。2019ALDEH39:2、2019ALDEG5:11,与山西平陆虞国故城遗址周代陶鬲标本(10:28)[5]相似,已发表的简报称,标本10:28与张家坡A型Ⅳe式陶鬲(M95:1)[6]、天马—曲村Aa型Ⅲ式陶鬲(J7H23:35)[7]相似,时代为西周中期。2019ALDET3③d:9、2019ALDET9③c:12,与团墩第四期出土的Da型Ⅱ式、Db型Ⅱ式陶鬲相似,时代为西周中期。2019ALDET5③d:2与团墩第三期Da型Ⅰ式陶鬲(M7:3)相似,时代为西周中晚期。2019ALDWET10扩③a:2,与山西平陆虞国故城遗址周代陶鬲标本(71:249)[8]相似,已发表的简报称,标本71:249与张家坡A型Ⅳe式陶鬲(M629:1)[9]、闻喜上郭村A型Ⅰ式陶鬲(89WSM7:6)[10]相似,时代为西周晚期,又与庐江大神墩遗址A型Ⅱ式陶鬲(T332④:4、T332④:4)相似,发掘简报称该遗址的时代为西周中晚期或更晚。

经与周边地区商周时期遗存比较,初步判断东墩遗址的年代为西周时期。该遗址出土遗物不多,是一处面积不大,但延续时间较长、文化堆积比较丰富的墩台类古代文化遗址。综上,东墩遗址出土的周代文化遗物与中原地区西周中晚期遗存的同类器物具有相似性,但未见春秋时期的遗物。由此,东墩遗址始建于西周早中期,其废弃的年代应为西周晚期。

① 苏秉琦:《陕西省宝鸡县斗鸡台发掘所得瓦鬲研究》,《苏秉琦考古学论述选集》,文物出版社,1984年,第103页。
② 杨晶:《中国陶鬲谱系研究》,故宫出版社,2014年,第563页。
③ 杨习良:《淮河流域周代陶鬲研究》,吉林大学2018年硕士学位论文。
④ 刘宝爱、啸鸣:《宝鸡市博物馆收藏的陶鬲》,《文物》1989年第5期。
⑤ 山西大学北方考古研究中心、山西省考古研究所侯马工作站、平陆县文物旅游局:《山西平陆虞国故城遗址调查简报》,《中原文物》2019年第6期。
⑥ 中国社会科学院考古研究所:《张家坡西周墓地》,中国大百科全书出版社,1999年,第101页。
⑦ 北京大学考古系商周组、陕西省考古研究所:《天马—曲村(1980~1989)》,科学出版社,2000年,第63页。
⑧ 山西大学北方考古研究中心、山西省考古研究所侯马工作站、平陆县文物旅游局:《山西平陆虞国故城遗址调查简报》,《中原文物》2019年第6期。
⑨ 中国社会科学院考古研究所:《张家坡西周墓地》,中国大百科全书出版社,1999年,第101页。
⑩ 山西省考古研究所:《闻喜县上郭村1989年发掘简报》,《三晋考古(第一辑)》,山西人民出版社,1994年,第148页。

结　语

　　考古学是对古代历史的挖掘，是一门面对默默无闻的古代物质文化遗存找寻其特点及规律，并结合遗址所在区域自然地理环境和历史人文环境理解材料和运用材料的学问。依前文可知，位于安徽省庐江县万山镇丁家畈自然村东约500米的丁家畈遗址，是一处位于大别山余脉东麓平原区两河交汇处，由人工夯筑的高出周围地面约26米的墩台类遗址，是江淮地区巢湖流域以西周文化遗存为主体的典型墩台类遗址。遗址区三面环水，一面向外通联，选址特点具有很强的防御功能，整体保存状况较好。同时，根据周代安徽江淮地区自然、人文等时空背景，结合2018年团墩文化遗存特征及其年代、性质分析，本报告认为月亮墩、槐树墩、东墩应是西周王朝为了巩固疆域和维护统治，于团墩之后陆续兴建的。

　　在2019年度的考古发掘中，槐树墩仅发现遗迹3处，包括灰坑1个、柱洞2个；月亮墩发现遗迹26处，包括房址3处、灰坑18个、灰沟1个、墙垣1处、墓葬3座；东墩发现遗迹127处，包括墙垣1处、灰坑90个、墓葬2座、灰沟5条、柱洞21个、房址8处。

　　从墙垣的分布来看，东墩台地最外侧夯筑有墙垣，环绕台地南、西、北缘，在南与西、西与北转折处呈圆弧形，于东面向罗埠河的方向留有开口，以备出入。墙垣南、西、北三面保存较好，墙基大致都能连接起来，总长度约300米，墙基宽约2.1～2.5米，残存最高处约1.5米，墙体呈黄灰色，土质纯净，夯打坚硬。月亮墩的外围亦发现一堵墙垣。墙垣均夯筑于生土之上。槐树墩未发现墙垣遗迹。

　　从房址遗迹分布来看，东墩的密度比较大，且散见于墩台顶部发掘区的各个探方内，位于西北角T10的有2处（2019ALDEF5、2019ALDEF7）、T11有1处（2019ALDEF8）；位于墩台顶部近边缘西南部的T3、T4、T6、T8、T9各有1处（2019ALDEF1、2019ALDEF3、2019ALDEF6、2019ALDEF4、2019ALDEF2）。月亮墩发掘区仅零星发现3处房址，分别是位于T5的2019ALDWⅡF1、T3的2019ALDWⅡF2、T4的2019ALDWⅡF3。槐树墩遗址没有发现房址遗迹。

　　墓葬数量不多，共有5座，东墩2座（2019ALDEM1、2019ALDEM2），月亮墩3座（2019ALDWⅡM1、2019ALDWⅡM2、2019ALDWⅡM3）。其中，东墩2座均系现代墓，2019ALDWⅡM2为宋代晚期墓葬，仅2019ALDWⅡM1、2019ALDWⅡM3属于西周中晚期墓葬，但皆无随葬品，等级应该不高。

　　灰坑数量最多，共发掘108处。东墩分布密度较大，有90处，虽然发掘区东南部灰坑打破关系较多，但绝大部分灰坑出土陶片极少且多为残片，多数灰坑无遗物出土，能挑出标本的灰坑有2019ALDEH21（出土陶鬲1件）、2019ALDEH22（出土石锛1件）、2019ALDEH37（出土陶鬲1件）。月亮墩发掘灰坑18处，主要位于西南部的T3和T4内，T3有6处，T4有7处；另外T2有2处，T5和T7各有1处，大都无遗物出土。槐树墩发掘灰坑1处，无遗物出土。

从各墩台遗迹分布的情况可以看出，东墩遗迹类型全、数量多，多集中于台地边缘；月亮墩遗迹数量较少，槐树墩遗迹最少。结合遗迹、遗物的时代特征推测，东墩使用时间最长，月亮墩延续时间相对较短，槐树墩使用时间最短，很可能夯筑起之后未来得及使用便被废弃。单就先行选址规划而后人工夯筑高台的建设模式而言，遗址选址应与这里的地理位置优势有很大关系，也与这里的文化生态、族群关系、军事形势、重要战略资源管控等有着一定的联系。丁家畈遗址地处罗埠河、小河与大水塘环抱之中，且东北距巢湖不远，古时的降水量很大。因而，为防止水淹或出于其他重要目的（如军政据点），需要既不能远离水源又得防潮防水患，人们需要在高于周围地面数米的高台上居住。同时，我们通过对地层和遗迹单位之间的叠压关系及出土遗物的比对分析，在考古学文化上能够体现出或联系到西周时期富有转折性意义的历史事件或者政治变化。因此，这类墩台遗址很有可能是西周王朝为巩固政治统一和资源管控在此地设置的行政军事据点。

另外，基于对丁家畈遗址2018年团墩和2019年东墩、月亮墩、槐树墩考古发掘资料的分析，团墩西周时期的文化遗存可分为四期，即团墩第一期：西周初期至西周早期偏早阶段；团墩第二期：西周早期偏晚至西周中期阶段；团墩第三期：西周中期至西周晚期阶段；团墩第四期：西周晚期阶段。东墩西周时期的文化遗存大致可分为三期，大致相当于团墩第二至第四期。月亮墩西周时期文化遗存与团墩第二期至第四期同类遗存特征相似。槐树墩使用时间太短，甚至刚刚夯筑完就遭废弃，仅发现极少量的西周晚期的陶片。团墩一至四期与安徽江淮地区西周文化遗址（如肥东吴大墩、六安众德寺、含山大城墩、六安堰墩、霍邱王郢、枞阳汤家墩、寿县青莲寺、肥西塘岗、霍邱绣鞋墩、霍邱堰台、凤阳卞庄、庐江大神墩、六安白鹭洲、蚌埠双墩等）的考古学文化分期及文化特征基本一致。团墩第一期的文化遗存与绣鞋墩第二期、斗鸡台第五期、含山大城墩第五期、肥东古城吴大墩第四期有相似性。生产工具有纺轮、骨锥、蚌镰、石锛等。生活用具以陶器为主，陶质分夹砂灰陶、夹砂黑衣陶、泥质陶，夹砂陶数量相对较多，泥质陶较少。纹饰以绳纹最多，素面为次，其他有附加堆纹、指窝纹、弦纹等。制法以轮、模合制为主。主要器类有鬲、罐、豆、钵、盆、瓮等，以鬲、罐为大宗。鬲侈口方唇，弧腹略瘦，足呈深袋状，足根处或矮柱状，或矮锥状。罐型式多样，有折肩罐。团墩第二期、第三期与绣鞋墩三期、西古城四期、众德寺四期、青莲寺四期、肥东吴大墩第五期颇为相似。生产工具有石锛、陶拍、陶网坠等。生活用具以陶器为主，陶质以夹砂陶为主，纹饰以绳纹最多，其次有弦纹、附加堆纹等，可辨器形有鬲、罐、豆、盆、钵、瓮等，以鬲、罐数量最多。鬲为折沿方唇、束颈、裆部稍高、袋足较深，有柱足和锥足两种，出现在周式鬲基础上发展起来的淮式鬲。团墩第四期与绣鞋墩四期、西古城五期、众德寺五期、青莲寺五期有很大的相似性。生产工具有石锛、石刀等。生活用具均是陶器，陶质、纹饰与早期、中期基本相同，仍以夹砂陶和绳纹占有较大比例，器类主要有鬲、罐、豆、盆、钵等，以鬲、罐数量最多，出现圆唇、束颈、折肩、弧裆较高、高柱足的折肩鬲，以及具有较强地方特征的甗形盉。这种盉在庐江大神墩遗址、枞阳汤家墩遗址等安徽西南地区普遍存在，是春秋时期群舒文化中典型铜器甗形盉的雏形。月亮墩、东墩出土遗物有团墩第二期、第三期、第四期的特征。从地层学与类型学的角度分析，其时代属于西周早期至西周中晚期，其文化因素以中原周文化因素为主，间或有当地淮夷或群舒文化、江镇地区文化的因素。

　　值得注意的是，四个墩台西周时期考古遗存的分期与历史分期基本一致，并且认为后者正是促成前者变化的重要因素，前者也正是体现后者的物质遗存。也就是说，这些墩台类遗址应当与西周时期发生于该区域内中原王朝经略东南地区的历史事迹有关。在反叛与平叛的过程中，江淮地区不同程度地受到中原统一王朝文化的影响，其文化因素主要为中原地区同时代的文化因素或是以中原西周文化因素为主，并融合了少量当地文化因素或南方吴越文化因素的特征。团墩遗址第一期还出现西周早期中原周文化风格的器物，说明周文化可能很早就已经进入这里。

　　到了风云变幻的春秋时期，江淮这个特殊的地理区域和丰富的自然资源，引得有争霸之心的诸侯莫不觊觎此地。面对来自不同方向的对手，如西面的楚、北方的齐、南面的吴等，该区域人群落入任人摆布的艰难处境。如《春秋》所载，庄公二十六年"秋，公会宋人、齐人伐徐"；禧公三年"徐人取舒"；禧公十五年"楚人伐徐"；禧公十七年"春，齐人、徐人伐英氏"；文公五年"秋，楚人灭六"；文公十二年"夏，楚人围巢"；宣公八年"楚人灭舒蓼"；成公七年"吴始伐楚、伐巢、伐徐"；昭公十六年"春，齐侯伐徐"；昭公三十年"冬十又二月，吴灭徐，徐子章羽奔楚"。随着楚、吴、齐等各方势力相继涌入江淮之间、"淮夷"中各个政治力量的相继瓦解，丁家畈遗址作为军政据点存在的意义也失去了。

　　因此，丁家畈遗址是江淮地区出现的以中原周文化为主体，并融合有当地文化特点的西周文化遗存，其性质应是西周时期中原王朝经略江淮派驻地方的军政据点，兼有江淮地区"金道锡行"中转站的重要职能。这一发现从考古学上增补了安徽西周文化的历史，对推动淮河流域周代文化遗存的深入研究有着十分重要的学术价值。

附录一 遗迹登记表

序号	编　　号	位　置	层 位 关 系	开口形状与结构	尺寸（厘米）	出土器物	时代
1	2019ALDEH1	T1东南部	③b⇒H1→生土	近椭圆形，斜弧壁圜底	长46，宽40，深12	无	西周中晚期
2	2019ALDEH2	T6西南部	②⇒H2→③a	不规则形，斜壁平底	长153，宽94，深30	无	西周中晚期
3	2019ALDEH3	T5西北部	③d⇒H3→③e	椭圆形，斜弧壁圜底	长82，宽75，深28	无	西周中晚期
4	2019ALDEH4	T5中部	③e⇒H4→生土	近圆形，斜壁凹凸不平底	长118，宽112，深15	无	西周中晚期
5	2019ALDEH5	T1东部	③b⇒H5→生土	近半椭圆形，斜弧壁圜底	长298，宽62，深44	无	西周中晚期
6	2019ALDEH6	T5西南部	③e⇒H6→生土	近圆形，弧壁圜底	长63，宽60，深32	无	西周中晚期
7	2019ALDEH7	T5西南部	③e⇒H7→生土	近长椭圆形，直壁倒马鞍形底	长196，宽69，深44	无	西周中晚期
8	2019ALDEH8	T5西北部	③e⇒H8→生土	椭圆形，斜壁圜底	长200，宽126，深57	无	西周中晚期
9	2019ALDEH9	T5东南部	③e⇒H9→生土	近椭圆形，斜壁凹凸不平底	长130，宽83，深40	无	西周中晚期
10	2019ALDEH10	T8北部偏西	③d⇒H10→生土	不规则形，斜弧壁圜底	长122，宽120，深38	陶鬲	西周中晚期

续表

序号	编　号	位　置	层位关系	开口形状与结构	尺寸（厘米）	出土器物	时代
11	2019ALDEH11	T5南部	③e⇒H11→生土	不规则形，直壁凹凸不平底	长170，宽142，深36	高足	西周中晚期
12	2019ALDEH12	T8北部	③d⇒H12→生土	不规则形，斜壁圜底	长100，宽36，深10	无	西周中晚期
13	2019ALDEH13	T9东南部	③d⇒H13→生土	不规则形，斜壁平底	长123，宽98，深46	无	西周中晚期
14	2019ALDEH14	T8西北部	③d⇒H14→生土	不规则形，弧壁凹凸不平底	长340，宽192，深44	陶鬲	西周中晚期
15	2019ALDEH15	T4西部	③e⇒H15→生土	椭圆形，斜壁平底	长61，宽50，深20	高足	西周中晚期
16	2019ALDEH16	T3西部	③f⇒H16→生土	近长方形，弧壁圜底	长87，宽66，深18	无	西周中晚期
17	2019ALDEH17	T8东南部	③d⇒H17→生土	椭圆形，弧壁圜底	长68，宽60，深8	无	西周中晚期
18	2019ALDEH18	T8西南部	③d⇒H18→生土	近椭圆形，弧壁圜底	长72，宽60，深40	无	西周中晚期
19	2019ALDEH19	T8西南部	③c⇒H19→生土	不规则形，弧壁圜底	长68，宽60，深30	无	西周中晚期
20	2019ALDEH20	T6东南部	③c⇒H20→③d	近椭圆形，弧壁圜底	长80，宽70，深12	无	西周中晚期
21	2019ALDEH21	T3南部	③f⇒H21→生土	不规则形，斜壁平底	长428，宽274，深67	陶鬲、高足	西周中晚期
22	2019ALDEH22	T3东南部	③f⇒H22→生土	近椭圆形，斜壁圜底	长124，宽110，深22	陶器底、石锛	西周中晚期

续表

序号	编　号	位　置	层位关系	开口形状与结构	尺寸（厘米）	出土器物	时代
23	2019ALDEH23	T6南部	③c⇒H23→③d	半椭圆形，弧壁圜底	长118，宽38，深19	无	西周中晚期
24	2019ALDEH24	T5东北部	③e⇒H24→生土	圆角长方形，直壁圜底	长63，宽41，深16	无	西周中晚期
25	2019ALDEH25	T5东北部	③e⇒H25→生土	近长方形，斜壁平底	长112，宽64，深14	无	西周中晚期
26	2019ALDEH26	T5西北部	③e⇒H26→生土	近椭圆形，直壁平底	长130，宽47，深15	无	西周中晚期
27	2019ALDEH27	T5西北部	③e⇒H27→生土	近圆角长方形，直壁平底	长99，宽58，深12	无	西周中晚期
28	2019ALDEH28	T5西北部	③e⇒H28→生土	近圆形，直壁圜底	长85，宽82，深20	无	西周中晚期
29	2019ALDEH29	T5东部	③e⇒H29→生土	椭圆形，斜壁平底	长96，短73，深18	无	西周中晚期
30	2019ALDEH30	T5中部	③e⇒H30→生土	圆角长方形，直壁圜底	长98，宽54，深20	无	西周中晚期
31	2019ALDEH31	T5西南部	③e⇒H31→生土	椭圆形，直壁圜底	长88，宽70，深39	无	西周中晚期
32	2019ALDEH32	T5东南部	③e⇒H32→生土	近圆角长方形，斜壁平底	长114，宽97，深20	无	西周中晚期
33	2019ALDEH33	T5西南部	③e⇒H33→生土	椭圆形，直壁平底	长68，宽62，深60	无	西周中晚期
34	2019ALDEH34	T8东南部	③e⇒H34→生土	不规则形，斜壁凹凸不平底	长212，宽129，深73	无	西周中晚期

续表

序号	编　号	位　置	层位关系	开口形状与结构	尺寸（厘米）	出土器物	时代
35	2019ALDEH35	T4东北部	③e⇒H35→生土	近椭圆形，斜弧壁圜底	长118，宽76，深48	无	西周中晚期
36	2019ALDEH36	T8西南部	③c⇒H36→③d	不规则形，斜壁圜底	长224，宽222，深45	无	西周中晚期
37	2019ALDEH37	T3东北部	③f⇒H37→生土	不规则形，斜壁圜底	长266，宽133，深70	陶鬲	西周中晚期
38	2019ALDEH38	T9西南部	③d⇒H38→生土	近椭圆形，斜壁圜底	长101，宽92，深44	无	西周中晚期
39	2019ALDEH39	T8东北部	③c⇒H39→生土	不规则形，斜壁凹凸不平底	长384，宽204，深92	陶罐、陶鬲、鬲高足	西周中晚期
40	2019ALDEH40	T8东部	③d⇒H40→生土	不规则形，斜弧壁圜底	长163，宽118，深42	无	西周中晚期
41	2019ALDEH41	T8东南部	③d⇒H41→生土	不规则形，斜壁圜底	长170，宽116，深40	无	西周中晚期
42	2019ALDEH42	T3东北部	③f⇒H42→生土	不规则形，斜弧壁圜底	长336，宽162，深56	无	西周中晚期
43	2019ALDEH43	T8南部	③d⇒H43→生土	不规则椭圆形，斜壁圜底	长60，宽57，深28	无	西周中晚期
44	2019ALDEH45	T4西南部	③d⇒H45→生土	不规则形，弧壁平底	长313，宽385，深24～78	腹片、陶鬲高足、器底	西周中晚期
45	2019ALDEH46	T4西部	③e⇒H46→生土	近圆角长方形，斜壁平底	长308，宽180，深68	无	西周中晚期
46	2019ALDEH47	T4东南部	③d⇒H47→生土	近圆角长方形，斜壁倒置马鞍形底	长278，宽130，深24～97	无	西周中晚期

续表

序号	编　号	位　置	层　位　关　系	开口形状与结构	尺寸（厘米）	出土器物	时代
47	2019ALDEH48	T4东北部	③e⇒H48→生土	不规则形，斜壁倒置马鞍形底	长322，宽144，深60	无	西周中晚期
48	2019ALDEH49	T4西南部	③d⇒H49→生土	椭圆形，弧壁圜底	长54，宽40，深23	无	西周中晚期
49	2019ALDEH50	T4中部	③d⇒H50→生土	不规则形，斜壁平底	长44，宽37，深17	无	西周中晚期
50	2019ALDEH51	T4中部偏西	③e⇒H51→生土	近圆角长方形，弧壁平底	长78，宽40，深18	无	西周中晚期
51	2019ALDEH52	T4中部偏西	③e⇒H52→生土	不规则椭圆形，直壁平底	长66，宽52，深20	无	西周中晚期
52	2019ALDEH54	T4西北部	③e⇒H54→生土	椭圆形，斜壁平底	长75，宽57，深33	无	西周中晚期
53	2019ALDEH55	T4北部	③e⇒H55→生土	近椭圆形，弧壁圜底	长52，宽40，深10	无	西周中晚期
54	2019ALDEH56	T4东北部	③e⇒H56→生土	近半椭圆形，斜弧壁圜底	长58，宽51，深35	无	西周中晚期
55	2019ALDEH57	T4东南部	③d⇒H57→生土	不规则半圆形，弧壁圜底	长130，宽85，深60	无	西周中晚期
56	2019ALDEH58	T4东南部	③d⇒H58→生土	不规则形，斜壁平底	长144，宽37，深42	无	西周中晚期
57	2019ALDEH59	T9西部	③d⇒H59→生土	不规则形，斜壁圜底	长130，宽120，深44	无	西周中晚期
58	2019ALDEH60	T3中部偏东	③f⇒H60→生土	近圆形，直壁平底	长71，宽70，深62	无	西周中晚期

续表

序号	编　号	位　置	层位关系	开口形状与结构	尺寸（厘米）	出土器物	时代
59	2019ALDEH61	T3北部	③f⇒H61→生土	不规则形，弧壁平底	长170，宽148，深35	无	西周中晚期
60	2019ALDEH62	T3南部	③f⇒H62→生土	不规则形，斜壁平底	长363，宽240，深40	陶鬲、器底	西周中晚期
61	2019ALDEH63	T9西北部	③d⇒H63→生土	不规则长方形，斜壁圜底	长176，宽72，深56	无	西周中晚期
62	2019ALDEH64	T9西部	③d⇒H64→生土	不规则形，斜壁圜底	长243，宽164，深90	无	西周中晚期
63	2019ALDEH65	T4东北部	③e⇒H65→生土	不规则半圆形，斜壁平底	长89，宽47，深30	无	西周中晚期
64	2019ALDEH66	T9西南部	③d⇒H66→生土	不规则形，斜弧壁圜底	长195，宽143，深80	无	西周中晚期
65	2019ALDEH67	T9北部	③d⇒H67→生土	不规则形，斜弧壁圜底	长80，宽42，深29	无	西周中晚期
66	2019ALDEH68	T9北部	③d⇒H68→生土	不规则半圆形，斜弧壁圜底	长120，宽100，深45	无	西周中晚期
67	2019ALDEH69	T9西北部	③d⇒H69→生土	长方形，直壁圜底	宽72，深53，深54	无	西周中晚期
68	2019ALDEH70	T9西北部	③d⇒H70→生土	不规则形，弧壁圜底	长132，宽72，深56	无	西周中晚期
69	2019ALDEH71	T8西北部	③d⇒H71→生土	不规则形，弧壁圜底	长212，宽178，深60	无	西周中晚期
70	2019ALDEH72	T1西北部	③b⇒H72→生土	近圆形，弧壁圜底	长67，深24	无	西周中晚期

续表

序号	编号	位置	层位关系	开口形状与结构	尺寸（厘米）	出土器物	时代
71	2019ALDEH73	T8西部偏北	③d⇒H73→生土	半圆形，斜壁圜底	长132，宽102，深90	无	西周中晚期
72	2019ALDEH74	T8西部偏北	③d⇒H74→生土	半椭圆形，斜弧壁圜底	长144，宽50，深40	无	西周中晚期
73	2019ALDEH75	T8西部	③d⇒H75→生土	圆角长方形，斜弧壁圜底	长75，宽46，深28	无	西周中晚期
74	2019ALDEH76	T8西部	③d⇒H76→生土	不规则形，斜弧壁圜底	长240，宽198，深74	无	西周中晚期
75	2019ALDEH77	T9中部	③d⇒H77→生土	不规则形，斜壁凹凸不平底	长333，宽280，深15～40	无	西周中晚期
76	2019ALDEH78	T8北部偏东	③d⇒H78→生土	近椭圆形，斜壁圜底	长110，宽110，深56	无	西周中晚期
77	2019ALDEH79	T9南部偏东	③d<H79→生土	不规则形，斜壁平底	长401，宽164，深40	无	西周中晚期
78	2019ALDEH80	T10东南部	②⇒H80→③e	近圆形，斜壁平底	口径370，底径352，深70～82	无	西周中晚期
79	2019ALDEH81	T8东南部	③e⇒H81→生土	近圆角长方形，斜弧壁圜底	长88，宽44，深16	无	西周中晚期
80	2019ALDEH82	T8东南部	③d⇒H82→生土	近椭圆形，斜壁平底	长153，宽81，深12	无	西周中晚期
81	2019ALDEH83	T8东部	③d⇒H83→生土	不规则形，直壁略圜底	长116，宽113，深8～50	无	西周中晚期
82	2019ALDEH84	T8东部	③d⇒H84→生土	近椭圆形，弧壁圜底	长50，宽37，深14	无	西周中晚期

续表

序号	编　号	位　置	层 位 关 系	开口形状与结构	尺寸（厘米）	出土器物	时代
83	2019ALDEH85	T8东部	③d⇒H85→生土	不规则形，斜壁圜底	长140，宽67，深28	无	西周中晚期
84	2019ALDEH87	T6西部	③d⇒H87→③e→生土	近椭圆形，直壁平底	长120，宽100，深70	无	西周中晚期
85	2019ALDEH88	T6西南部	③d⇒H88→③e→生土	不规则形，斜弧壁平底	长130，宽54，深30	无	西周中晚期
86	2019ALDEH89	T6西南部	③d⇒H89→③e→生土	近椭圆形，直壁倒置马鞍形底	长190，宽72，深40	无	西周中晚期
87	2019ALDEH90	T6西南部	③d⇒H90→③e→生土	圆角长方形，斜壁圜底	长70，宽44，深40	无	西周中晚期
88	2019ALDEH91	T6西南部	③d⇒H91→③e→生土	近椭圆形，斜壁平底	长62，宽54，深26	无	西周中晚期
89	2019ALDEH92	T10西南部、东部	③f<H92→生土	近椭圆形，弧壁圜底	长90，宽80，深22	无	西周中晚期
90	2019ALDEH93	T11北部偏东	③d⇒H93→③e→③f	半圆形，斜壁圜底	口径35，深17	无	西周中晚期
91	2019ALDEG1	T1、T2、T3、T4、T5、T6均有分布	①⇒G1→②	近长条形，斜壁平底	长3 670，宽104～778，深9～28	无	明清
92	2019ALDEG2	T6北部	③c⇒G2→③d	近长条形，斜壁平底	长320，宽50，深14	无	西周中晚期
93	2019ALDEG3	T11东南部	③c⇒G3→③d→③e	近长条形，斜壁平底	长109，宽50～62，深20	无	西周中晚期

续表

序号	编号	位置	层位关系	开口形状与结构	尺寸（厘米）	出土器物	时代
94	2019ALDEG4	T10西部、T11	③e⇒G4→③f	T形，斜壁平底	南北长1210、宽200～264，深20，东西长102、宽210、深18	无	西周中晚期
95	2019ALDEG5	T1南部	③b⇒G5→生土	长条形，斜壁平底	长800、宽280～310，深180	陶鬲、陶足、陶罐、器底、陶盉、腹片、系耳	西周中晚期
96	2019ALDEM1	T2西部	①⇒M1→②	长方形竖穴土坑墓	长190、宽100，深33	无	近现代
97	2019ALDEM2	T2中部	①⇒M2→②	长方形竖穴土坑墓	长210、宽70，深25	无	近现代
98	2019ALDED1	T3东北部	③d⇒D1→生土	近圆形，直壁圜底	柱坑直径16，深12；柱洞直径6，深12	无	西周中晚期
99	2019ALDED2	T3东北部	③d⇒D2→生土	近圆形，弧壁圜底	柱坑直径17，深13；柱洞直径5，深12	无	西周中晚期
100	2019ALDED3	T3东北部	③d⇒D3→生土	近圆形，弧壁圜底	柱坑直径15，深10；柱洞直径5，深10	无	西周中晚期
101	2019ALDED4	T3东北部	③d⇒D4→生土	近圆形，斜壁圜底	柱坑直径16，深24；柱洞直径5，深24	无	西周中晚期
102	2019ALDED5	T6东北部	③a⇒D5→③b	圆形，直壁平底	直径36，深16	无	西周中晚期
103	2019ALDED6	T6北部	③a⇒D6→③b	圆形，直壁平底	直径42，深36	无	西周中晚期
104	2019ALDED7	T6北部偏西	③a⇒D7→③b	近圆形，弧壁平底	直径24，深12	无	西周中晚期

续表

序号	编　号	位　置	层　位　关　系	开口形状与结构	尺寸（厘米）	出土器物	时代
105	2019ALDED8	T6北部	③a⇒D8→③b	近圆形，弧壁平底	直径32，深14	无	西周中晚期
106	2019ALDED9	T6北部偏西	③a⇒D9→③b	近圆形，弧壁平底	直径34，深18	无	西周中晚期
107	2019ALDED10	T6北部偏西	③a⇒D10→③b	椭圆形，弧壁平底	长60，宽46，深26	无	西周中晚期
108	2019ALDED11	T6南部	③c⇒D11→③e	椭圆形，斜壁圜底	长80，宽40，深14	无	西周中晚期
109	2019ALDED12	T6东南部	③c⇒D12→③e	圆形，弧壁圜底	直径46，深22	无	西周中晚期
110	2019ALDED13	T6东南部	③c⇒D13→③e	半圆形，直壁圜底	长54，深44	无	西周中晚期
111	2019ALDED14	T6东南部	③c⇒D14→③e	近圆形，直壁圜底	直径24，深12	无	西周中晚期
112	2019ALDED15	T6东南部	③c⇒D15→③e	近圆形，弧壁平底	直径18，深6	无	西周中晚期
113	2019ALDED16	T6东南部	③c⇒D16→③e	近圆形，弧壁圜底	直径20，深6	无	西周中晚期
114	2019ALDED17	T6东南部	③c⇒D17→③e	近圆形，弧壁圜底	直径64，深28	无	西周中晚期
115	2019ALDED18	T6南部	③c⇒D18→③e	近圆形，弧壁圜底	直径56，深32	无	西周中晚期
116	2019ALDED20	T5西北部	③e⇒D20→③f	近圆形，斜壁圜底	直径10，深20	无	西周中晚期

续表

序号	编　　号	位　　置	层　位　关　系	开口形状与结构	尺寸（厘米）	出土器物	时代
117	2019ALDED21	T5西北部	③e⇒D21→③f	近圆形，直壁圆底	直径10，深16	无	西周中晚期
118	2019ALDED22	T5中部	③e⇒D22→③f	近圆形，直壁圆底	直径10，深17	无	西周中晚期
119	2019ALDEF1	T3西部近西壁处	③f⇒F1→生土	近长方形	长202，宽305	无	西周中晚期
120	2019ALDEF2	T9西南部	③c⇒F2→生土	近长方形	长498，宽304	无	西周中晚期
121	2019ALDEF3	T4南部	③d⇒F3→生土	近长方形	长425，宽308	无	西周中晚期
122	2019ALDEF4	T8东部	③d⇒F4→生土	近长方形	长660，宽640	无	西周中晚期
123	2019ALDEF5	T10西南部	③a⇒F5→生土	近长方形	长310，宽280	无	西周中晚期
124	2019ALDEF6	T6中部	③d⇒F6→生土	近长方形	长550，宽460	无	西周中晚期
125	2019ALDEF7	T10南部	③f⇒F7→生土	近长方形	长1 120，宽576	无	西周中晚期
126	2019ALDEF8	T11内	③f⇒F8→生土	近长方形	长670，宽475	无	西周中晚期
127	2019ALDEQ1	T2、T6、T7、T10均有分布	①⇒Q1→②→③a	近长方形	长30 000，宽210～250，残高150	无	西周中晚期
128	2019ALDWⅠD1	T2西南部	③a⇒D1→③b	圆形，斜直壁平底	直径16，深12	无	西周中晚期

续表

序号	编　号	位　置	层位关系	开口形状与结构	尺寸（厘米）	出土器物	时代
129	2019ALDWⅠD2	T2西南部	③a⇒D2→③b	圆形，斜直壁近平底	直径16，深11	无	西周中晚期
130	2019ALDWⅠH1	T1南部居中	③a⇒H1→③b	近椭圆形，斜壁凹圜底	长80，宽72，深36	无	西周中晚期
131	2019ALDWⅡH1	T3中部偏西	③a⇒H1→生土	椭圆形，斜壁平底	长189，宽72，深44	无	西周中晚期
132	2019ALDWⅡH2	T2西北部	③b⇒H2→生土	椭圆形，斜壁圜底	长65，宽40，深13	无	西周中晚期
133	2019ALDWⅡH3	T3西南部	③a⇒H3→生土	圆形，斜壁坡状底	直径54，深35	无	西周中晚期
134	2019ALDWⅡH4	T3西南部	③a⇒H4→生土	近圆形，斜壁平底	直径74，深54	无	西周中晚期
135	2019ALDWⅡH5	T5东北，T6东南	③a⇒H5→生土	不规则形，斜壁凹凸不平底	长420，宽325，深65	无	西周中晚期
136	2019ALDWⅡH6	T3东南部	③a⇒H6→生土	扇形，斜弧壁平底	长240，宽237，深34	无	西周中晚期
137	2019ALDWⅡH7	T3西北部	③a⇒H7→生土	扇形，斜壁平底	长90，宽54，深18	无	西周中晚期
138	2019ALDWⅡH8	T3中部偏东南部	③a⇒H8→生土	近圆形，斜壁凹凸不平底	长82，宽74，深35	无	西周中晚期
139	2019ALDWⅡH9	T3东部偏北处	③a⇒H9→生土	椭圆形，斜直壁坡状底	长63，宽44，深34	无	西周中晚期
140	2019ALDWⅡH11	T2北北部	③b⇒H11→生土	半圆形，弧壁坡状底	长162，宽98，深77	无	西周中晚期

序号	编　号	位　置	层位关系	开口形状与结构	尺寸（厘米）	出土器物	时代
141	2019ALDWⅡH12	T4西南部	③b⇒H12→生土	长椭圆形，斜壁凹凸底	长250，宽53，深13～61	无	西周中晚期
142	2019ALDWⅡH13	T4西部	③b⇒H13→生土	长椭圆形，斜壁凹凸底	长130，宽52，深16～30	无	西周中晚期
143	2019ALDWⅡH14	T4西北部	③b⇒H14→生土	椭圆形，斜壁坡状底	长96，宽38，深22	无	西周中晚期
144	2019ALDWⅡH15	T4西北部	③b⇒H15→生土	椭圆形，斜壁平底	长50，宽41，深19	无	西周中晚期
145	2019ALDWⅡH18	T7西北部	③a⇒H8→生土	近椭圆形，斜壁平底	长110，宽50，深10	无	西周中晚期
146	2019ALDWⅡH19	T4中北部	③b⇒H19→生土	椭圆形，斜壁平底	长70，宽31，深21	无	西周中晚期
147	2019ALDWⅡH20	T4西北部	③b⇒H20→生土	椭圆形，斜壁平底	长64，宽30，深29	无	西周中晚期
148	2019ALDWⅡH21	T4东北部	③b⇒H21→生土	椭圆形，斜壁圜底	长92，宽70，深23	无	西周中晚期
149	2019ALDWⅡF1	T5南部	③b⇒F1→生土	长方形	长375，宽325	无	西周中晚期
150	2019ALDWⅡF2	T3内	③a⇒F2→生土	不明	不明	无	西周中晚期
151	2019ALDWⅡF3	T4中西部	③b⇒F3→生土	不明	不明	无	西周中晚期
152	2019ALDWⅡM1	T6东北部	③b⇒M1→生土	长方形竖穴土坑墓	长210，宽62，深16	无	西周中晚期

续表

序号	编　号	位　置	层 位 关 系	开口形状与结构	尺寸（厘米）	出土器物	时代
153	2019ALDWⅡM2	T2西北部	②⇒M2→生土	长方形竖穴土坑墓	长212，宽45～52，深28	陶瓶2、陶盆1、陶砚1、瓷碗2、铜钱67	北宋晚期
154	2019ALDWⅡM3	TG2内	③a⇒M3→生土	长方形竖穴土坑墓	长200，宽62，深30	无	西周中晚期
155	2019ALDWⅡG1	T1东北部	③a⇒G1→生土	不规则长条状，斜壁平底	长450，宽140，深24	无	西周中晚期
156	2019ALDWⅡQ1	TG2内	①⇒Q1→生土	长条状	宽360，高450	无	

附录二 河南大学考古系16级实习实录

实习让大家进一步认识考古、感悟考古。从落叶枯枝到盈满春芽的几个月里,河南大学2016级考古学专业的同学们赴安徽庐江丁家畈遗址进行田野考古实习。离开熟悉的校园,带着无限的期待与不安来到陌生的环境,经历了一段充实的人生旅途。考古的时光在同学们的眼中,会是什么样子呢?这里特别附上参与此次丁家畈遗址考古发掘的学生记录的点滴片段,让本报告阅读者倾听实习学生心声的同时,更多地了解考古工作者那些融入生活中的甜蜜和考验,更多地体会挖出陶片时莫名的兴奋与激动,更多地理解兴奋过后一个个"女娇娥"渐渐变成"女汉子"的无奈与疲惫,更多地感受一个个地层剖面、一件件不起眼的瓦砾所深藏的诸多历史信息,认识到在"考古衡今"的理想和"与尘土为友"的现实之中所蕴含的无穷智慧。另外,也借此回顾一下诸多考古工作者们的青春记忆和对考古工作的无限感慨与眷恋。

片段一 从开始选择以历史为学习研究对象的时候,我的心中就一直存在一个疑问,类似勒高夫的《圣路易》所表达的,即我们现在能接触到的信息、史料,大部分根本不能称为史实,我们只能处在无限接近真实的道路上而永远无法到达终点,这是一个悲凉的现实。来到考古工地以后,我的目所及、手所触、脚所踏的一切,都和几千年前西周社会的生活息息相关,这让我觉得太真实,真实到魔幻,真实到不那么真实。在这里,几千年的时间被压缩成一本名为地层的书,而我们这些发掘者成了翻书的人,每打开一页,就能看到在这片土地上人类休憩、居住、烹饪、娱乐所留下的痕迹。我常常在想,我手上捧的这些罐和鬲,几千年前也有一双同样的手捧着它,我看着它们的底部因为被火灼烧而产生的黑红色的印记,似乎能听到木屑燃烧时的噼啪声,看到四溅的火星。

当几千年的世易时移,以最直白而残酷的方式横陈在眼前,我,一颗存在不过20载的尘埃,能暂时平静下来,面对庞大的时间,不受控于欲望、恐惧、虚荣、羞愧、内疚、自责,甚至快乐、甜蜜、热情,不执着自身有别于他人的特殊性,甚至不焦虑自我的存在有无价值,我鄙薄的灵魂会感到世界是一体的,人类与所有生物生生不息。(胡怡乐)

片段二 不知不觉实习已经过了一个多月,刚开始听说要实习,有志忑,有惶恐,也有期待,对未知的迷茫一直都在心里。而现在,实习一个多月了,规律的作息仿佛成了本能,日出而作,日落而息，每天都在泥土中呼吸。最开心的莫过于学到的一些理论得到了实践的证明，而不单单是我脑中的理论，第一次看到地层交界面，第一次可以自己判断地层，第一次发现遗迹，第一次使用手铲刮铲感受泥土的硬度，第一次画图，第一次整理资料……很多很多的第一次，这些第一次让我对考古的认识从平面到立体，从二维到三维。结方的时候有种想哭的冲动，好像两年多的学习第一次被落到了实处，不再那么空泛。实习还在继续，而我对下一个属于自己的探方，充满了期待。（李爽）

片段三　2019年3月4日，我们一行人来到安徽省合肥市庐江县丁家畈遗址、开启了实习之旅。经过刚开始的勘探、布方，接着开始了挖掘过程。严格按照"平、剖结合，由早及晚"的发掘原则，对探方进行发掘，对于出土的陶片等遗物按层位收集，对于遗迹及时画图，发掘日记每天记录，晚上回来之后对一天的发掘过程进行总结，主动阅读发掘报告，大致了解发掘遗址的情况。这对于持续的发掘过程有很大的帮助。在接下来的实习过程中，应该提高主动学习的积极性，努力获得更多的实习收获。（晋经昊）

片段四　在一个多月的考古实习的日子里，学习到了很多知识，也有一些心得体会。在此记下，以便更好地储存学到的知识，也为记录下与同窗共度的青葱岁月。本人及同学们跟随李溯源老师前往安徽省合肥市庐江县附近的考古工地实习，初体验即是考古工地的艰苦，但与同学们同吃同住，在与友人朝夕相伴的日子里，也很快适应了工地的生活。李溯源老师本着教学与实践相结合的原则，从勘探到布方再到发掘，及后续的书写工作日记和整理资料，均是同学们一起合作完成，老师在一旁加以指导。所以本人也熟悉了考古工作的基本流程，掌握了一些发掘的基本方法。但因身体原因不能在工地继续实习，深表遗憾，但这段经历必使我毕生难忘。（谭茜文）

片段五　实习最大的体会便是——"人死如灯灭"。以前总觉着人的一生很长，长到可以挥霍、颓废。即使不停犯错也没什么。但当那些穿越了千年而来的人和物都出现在你的面前的时候，当你触摸它们、体会它们的时候，才觉得人的一生很短，也很卑微。无论生前如何，终究一抔黄土。唯有把握现在，珍惜当下，才有意义。（邱雪）

片段六　实习期间，我认为在考古工地上可以学到比课本的知识更实际的东西，从发掘到整理资料，我们都参与其中，田野考古不仅可以完善我们的专业知识，还能锻炼我们与人交际的能力。如何与民工打交道，这也是一门重要的知识！在实习期间，也会看到许多人性的多面，以前想都没有想过的，在我们实习时也都会见到，实习可谓是已经踏入了半个社会。（戴飘飘）

片段七　考古实习已经过了一个月，在这一个月中，我看着自己从一个空有理论知识但毫无操作经验的考古小白成长为一个考古新人，心中激动的感觉难以形容。第一次布方、第一次发现灰坑、第一次刮壁、第一次画线……这许许多多的考古的"第一次"令人感到新奇以及成就感十足,每一铲的挖掘、每一片陶片的出土、每一个大型遗迹的出现,都让人感觉历史真实鲜活地出现在了我们的眼前,历史不再是书籍文献上的文字,而是真实存在于某处的过去。(冯琬云)

片段八　已经在学校进行了两年的系统性的考古学学习,考试也能取得较不错的成绩,但我依然对正规的田野考古发掘充满了好奇。得益于这次学校组织的考古实习,我来到了安徽省合肥市丁家畈。在这里开始了我的第一次田野考古发掘。发掘的目的是揭露此地的西周中晚期墩台遗址。刚来到工地时,我对一切都充满了好奇,连在耕土层中发掘出一片碎瓷片,都激动不已,跟同学开玩笑说这可是钧瓷碎片。发掘到西周文化层之后,陶片层出不穷,我也没有了最初"土包子"般的兴奋,冷静地用手铲小心剔除陶片上的泥土,判断它的器形、陶质。考古实习已经进行一个多月了,将学校学到的知识与实践结合得愈发熟练,对考古的理解也更深刻。感谢学校提供的这次实习机会。(赵含润)

片段九　夏天已经来了,考古实习也一个月了,从城市到农村,从课堂到田野,我好像第一次真正融入自然,真切体会什么是从前慢。挖土、铲面、绘图、整理,日出而作,日落而息。和大爷大妈聊天就像和家人在一起一样。课堂上的东西生动了起来,虽然辛苦,但每天都有收获。生活也变得规律。田野工作是学习,也是生活。在土地里感受历史的厚,在陶片中触摸先人的智慧。这一刻考古的意义可能就是感受历史、感受生活吧!(李柳)

片段十　一个多月的实习生活,每天都在感叹时间过得好慢,但突然回想起来,却惊觉时间过得真快。远离了城市的喧嚣,享受着乡村的宁静,每天的工作看似无趣又辛苦,但其实丰富多彩且充实。书本上枯燥的理论在这里变成了我们判断、决定的依据,一个个探方成了我们操练的演武场。虽然刮面刮到崩溃,画地层线画到眼花,画图测量手忙脚乱,但这就是考古人的生活,实实在在的生活呀!(刘源扬)

片段十一　不知不觉从学校来到工地实习已经一个月的时间了,在这一个月里我们经历了将两年的知识转换成经验,将抽象的技巧转化成实际的(辨认)地层的能力。理性地说,因为初次接触的好奇而过于急躁,因为知识理解不透彻而错误判断,使我们并没有很好的完成这一过程,在处理地层关系与遗迹现象上出现了太多的问题。而现在我们正处在田野发掘的收尾阶段,在进行资料的整理,希望能更加细心,按照田野发掘的程序完成好田野发掘资料的整理,也期待在下一个工地的田野发掘能做得更好。(彭珺彪)

片段十二　考古工地生活和考古课堂是对我们来说是完全不同的两种体验,课堂是理论的传授和思想的碰撞。而工地则完全是手铲和探铲的天下,刮面、划线、掏灰坑、找遗迹。各种各样的工作填满了每一天的生活,晚上回到宿舍倒头就睡,完全没有了之前熬夜的心劲。除了工作,工地的环境也和学校完全不同,没有朗朗的读书声,隔壁的鸡叫倒是每天早上都能听到,离开嘈

杂的城市,在安静的村庄日出而作,日落而息,好像退化到了古代的生活方式。(王俏)

片段十三　实习已经一个月了,每天规律的生活让我像一个公务员,上工下工成为习惯,刮面画线成为习惯,虽然重复但并不枯燥,这里的生活别有一番滋味,常常扮演好几个角色:拿着手铲铁锹的农民、手持相机无人机的摄影师、铅笔尺子不离手的绘图技术员……虽然很累,但是很开心,因为你永远也不知道下一层地层会给你带来什么惊喜,也许是灰坑,柱洞,也许挖的是寂寞……在这里,同学之间更加熟悉,师生更加理解,自己的知识也在一点点增长,更坚定了我学习考古的信心。(吕国豪)

片段十四　在上大学以前我根本都不知道自己以后会学考古这个专业,那个时候考古这两个字对我来说仍然很陌生,在高中时对历史感兴趣,大学选择了历史这个专业,在大二分流的时候,怀抱着对新事物的好奇,我选择了考古专业。经过了大二的理论学习,使我对考古有了一个基础的认识,大二结束的那个暑假,我去了安徽一个工地学习,是安徽省考古所的,在那里初步了解了田野考古的实际工作。在今年的三月份,我正式开始了实习,也是在安徽。实践出真知,到了工地才发现原来划分地层也不是几条简简单单的线的事,在这里我时常遇到无法判断的地层线,经常需要老师的指导,而如何判断遗迹也成了一个难题,在我负责的探沟里,开始并没有辨认出城墙的遗迹,经过发掘,往下挖了两层才意识到这是个遗迹,这才赶紧进行记录绘图。如此种种问题,我才意识到自己只是接触了考古这个专业的九牛一毛,远远无法支撑自己以后的工作,还需要不断学习。(叶凯亮)

后　记

　　本报告为集体劳动成果。发掘执照［2019］第465号，项目组领导安徽省文物考古研究所宫希成、河南大学历史文化学院李竞艳，项目顾问南京大学历史学院水涛，考古监理武汉大学徐承泰，项目负责人河南大学历史文化学院李溯源。参加发掘和基础资料整理的有信阳师范大学贺辉，河南大学考古专业学生宋志瑞、王统、晋经昊、吕国豪、彭珺彪、叶凯亮、赵含润、刘源杨、胡怡乐、李爽、王俏、邱雪、李柳、戴飘飘，以及丁家畈70多位村民。报告撰写李溯源、李秋展、刘昊、李思静，统稿李溯源，摄影王统、蒙建州、刘昊，绘图李思静、张志丹、乔金丽、华佳莹、华铭，线图修整郭龙、许顺等。在发掘和资料整理过程中，得到安徽省文物考古研究所叶润清、张辉、张义中、方玲，南京大学赵东升，河南大学苗书梅、张礼刚、展龙、祁琛云等领导专家的关心和支持，在此一并致以衷心的感谢！

彩　版

1. 丁家畈遗址总鸟瞰

2. 月亮墩鸟瞰

丁家畈遗址鸟瞰图

1. 东墩鸟瞰

2. 发掘现场

丁家畈遗址发掘现场

1. 省所专家陪同武汉大学徐承泰等莅临现场

2. 河南大学魏继印教授与同学在一起

专家莅临指导

1. 省所领导陪同社科院徐良高研究员莅临现场

2. 省所领导陪同国家博物馆雷生霖研究员莅临现场

专家莅临

1. 现场教学

2. 工地课堂

现场教学

1. 2019ALDWⅠT1 北壁

2. 2019ALDWⅠT2 东壁

槐树墩地层

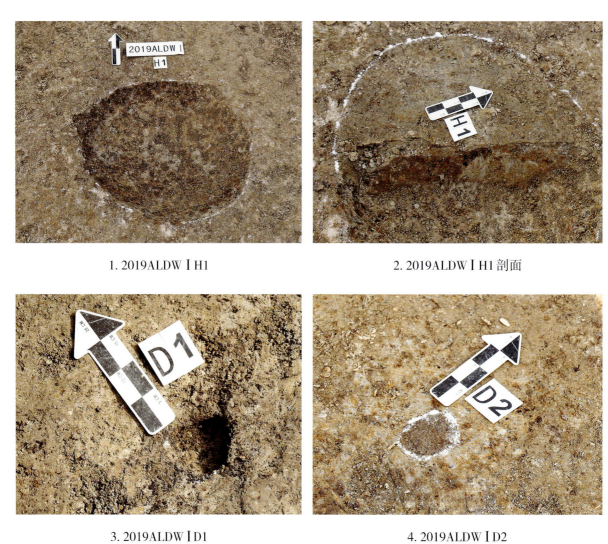

1. 2019ALDWⅠH1

2. 2019ALDWⅠH1 剖面

3. 2019ALDWⅠD1

4. 2019ALDWⅠD2

1. 2019ALDWⅡT2东壁

2. 2019ALDWⅡT7（扩）东壁

月亮墩探方地层

1. 2019ALDWⅡF1

2. 2019ALDWⅡF3

月亮墩房址

1. 2019ALDWⅡH1

2. 2019ALDWⅡH4

月亮墩灰坑（一）

1. 2019ALDWⅡH7

2. 2019ALDWⅡH8

月亮墩灰坑（二）

1. 2019ALDWⅡH9

2. 2019ALDWⅡH13

月亮墩灰坑（三）

1. 2019ALDWⅡM1

2. 2019ALDWⅡM2

月亮墩墓葬

1. 陶鬲口沿 2019ALDW ⅡT4③b：1

2. 陶鬲口沿 2019ALDW ⅡT5③b：2

3. 陶鬲口沿 2019ALDW ⅡT7③c：8

4. 陶鬲口沿 2019ALDW ⅡT7③c：9

5. 陶鬲口沿 2019ALDW ⅡT7③c：14

6. 陶鬲口沿 2019ALDW ⅡT7③c：15

月亮墩出土陶鬲口沿（一）

1.陶鬲口沿 2019ALDW Ⅱ T7③c：16

2.陶鬲口沿 2019ALDW Ⅱ T5③b：3

3.陶鬲口沿 2019ALDW Ⅱ T5③b：4

4.陶鬲口沿 2019ALDW Ⅱ T7③c：1

5.陶鬲口沿 2019ALDW Ⅱ T5③b：1

6.陶鬲口沿 2019ALDW Ⅱ T7③c：11

月亮墩出土陶鬲口沿（二）

1. 陶鬲口沿 2019ALDW Ⅱ T4③b：2

2. 鬲足 2019ALDW Ⅱ T3③b：1

3. 鬲足 2019ALDW Ⅱ T4③b：3

4. 鬲足 2019ALDW Ⅱ T4③b：4

5. 陶盆口沿 2019ALDW Ⅱ T7③c：4

6. 陶盆口沿 2019ALDW Ⅱ T7③c：12

月亮墩出土陶鬲口沿、鬲足、陶盆口沿

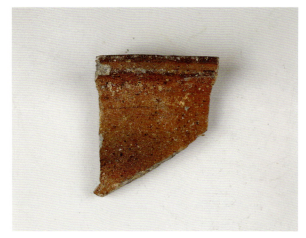

1. 陶罐口沿 2019ALDWⅡT3②：1

2. 陶罐口沿 2019ALDWⅡT7③c：2

3. 陶罐口沿 2019ALDWⅡT7③c：5

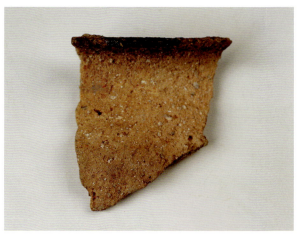

4. 陶罐口沿 2019ALDWⅡT7③c：6

5. 陶罐口沿 2019ALDWⅡT7③c：7

6. 陶罐口沿 2019ALDWⅡT7③c：10

月亮墩出土陶罐口沿

1. 器腹 2019ALDW Ⅱ T5③b：5

2. 器底 2019ALDW Ⅱ T4③a：1

3. 器底 2019ALDW Ⅱ T4③b：5

4. 器底 2019ALDW Ⅱ T4③b：6

5. 器底 2019ALDW Ⅱ T4③b：7

6. 器底 2019ALDW Ⅱ T7③c：13

月亮墩出土器腹、器底

1. 2019ALDWⅡM2随葬器物组合

2. 陶瓶 2019ALDWⅡM2（M2：1、M2：7）

3. 瓷碗 2019ALDWⅡM2：2

4. 瓷碗 2019ALDWⅡM2：3

月亮墩M2出土器物（一）

1. 陶砚 2019ALDW Ⅱ M2：4

2. 陶盆 2019ALDW Ⅱ M2：5

3. 开元通宝 2019ALDW Ⅱ M2：6-1

4. 乾元重宝 2019ALDW Ⅱ M2：6-2

5. 唐国通宝 2019ALDW Ⅱ M2：6-3

6. 祥符元宝 2019ALDW Ⅱ M2：6-4

月亮墩 M2 出土器物（二）

1. 景德元宝 2019ALDWⅡM2：6-5

2. 咸平元宝 2019ALDWⅡM2：6-6

3. 天禧通宝 2019ALDWⅡM2：6-7

4. 至和元宝 2019ALDWⅡM2：6-8

5. 圣宋元宝 2019ALDWⅡM2：6-9

6. 皇宋通宝 2019ALDWⅡM2：6-10

月亮墩 **M2** 出土器物（三）

1. 嘉祐通宝 2019ALDW Ⅱ M2：6-11

2. 熙宁元宝 2019ALDW Ⅱ M2：6-12

3. 元丰通宝 2019ALDW Ⅱ M2：6-13

4. 元祐通宝 2019ALDW Ⅱ M2：6-14

5. 大观通宝 2019ALDW Ⅱ M2：6-15

6. 政和通宝 2019ALDW Ⅱ M2：6-16

1. 2019ALDET2Q1（西墙）

2. 2019ALDET7Q1（东墙）

东墩墙垣

1. 2019ALDEF1

2. 2019ALDEF3

东墩房址（一）

1. 2019ALDEF4（含扩方部分）

2. 2019ALDEF5

东墩房址（二）

1. 2019ALDEF6

2. 2019ALDEF7

东墩房址（三）

1. 2019ALDEH1

2. 2019ALDEH5

东墩灰坑（一）

1. 2019ALDEH11

2. 2019ALDEH21

东墩灰坑（二）

1. 2019ALDEH22

2. 2019ALDEH37

东墩灰坑（三）

1. 2019ALDEH42

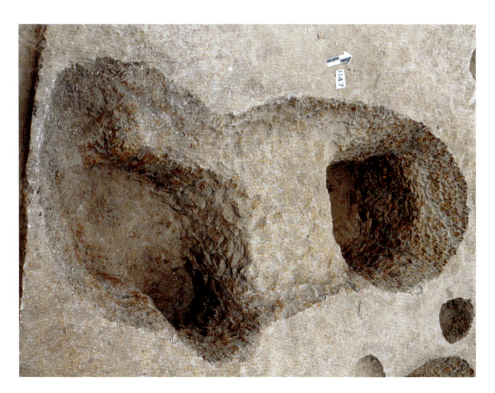

2. 2019ALDEH47

东墩灰坑（四）

1. 2019ALDEH57

2. 2019ALDEH58

东墩灰坑（五）

1. 2019ALDEH61

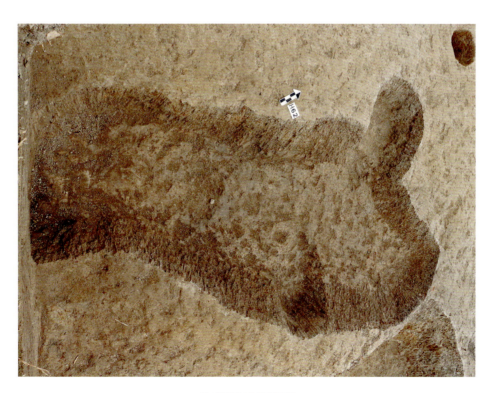

2. 2019ALDEH62

东墩灰坑（六）

1. 2019ALDEG1

2. 2019ALDEG1-1（T1）

东墩灰沟（一）

1. 2019ALDEG1-2（T4）

2. 2019ALDEG1-3（T5）

东墩灰沟（二）

1. 2019ALDEG1-4（T6）

2. 2019ALDEG4

东墩灰沟（三）

1. 2019ALDEG5

2. 2019ALDEG5（局部）

东墩灰沟（四）

1. 2019ALDEM1

2. 2019ALDEM2

东墩墓葬

1. 2019ALDED1

2. 2019ALDED4

3. 2019ALDED6

4. 2019ALDED9

5. 2019ALDED13

6. 2019ALDED20

东墩柱洞

1. 陶鬲 2019ALDET3③d：8

2. 陶鬲 2019ALDET5③d：2

3. 陶鬲 2019ALDET10扩③a：2

4. 陶鬲 2019ALDEH37：1

5. 陶鬲 2019ALDET3③d：9

6. 陶鬲 2019ALDEH21：1

东墩出土陶鬲

1. 陶鬲 2019ALDET9③c：12

2. 陶鬲 2019ALDET6③d：1

3. 陶鬲口沿 2019ALDEG5：7

4. 陶鬲口沿 2019ALDEG5：11

5. 陶鬲口沿 2019ALDEH10：1

6. 陶鬲口沿 2019ALDEH14：1

东墩出土陶鬲、陶鬲口沿

1. 陶鬲口沿 2019ALDEH21：3

2. 陶鬲口沿 2019ALDEH39：2

3. 陶鬲口沿 2019ALDEH45：2

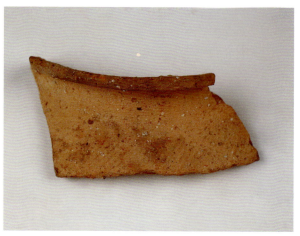

4. 陶鬲口沿 2019ALDEH45：3

5. 陶鬲口沿 2019ALDEH62：2

6. 陶鬲口沿 2019ALDET2③a：2

东墩出土陶鬲口沿（一）

1. 陶鬲口沿 2019ALDET2③a：3

2. 陶鬲口沿 2019ALDET2③a：4

3. 陶鬲口沿 2019ALDET3③b：1

4. 陶鬲口沿 2019ALDET3③b：2

5. 陶鬲口沿 2019ALDET3③c：1

6. 陶鬲口沿 2019ALDET3③d：2

东墩出土陶鬲口沿（二）

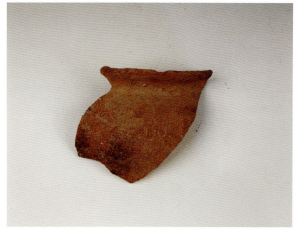

1. 陶鬲口沿 2019ALDET3③d：4

2. 陶鬲口沿 2019ALDET5③b：1

3. 陶鬲口沿 2019ALDET5③e：2

4. 陶鬲口沿 2019ALDET5③b：5

5. 陶鬲口沿 2019ALDET5③c：1

6. 陶鬲口沿 2019ALDET5③b：2

东墩出土陶鬲口沿（三）

1. 陶鬲口沿 2019ALDET6②：2

2. 陶鬲口沿 2019ALDET6③a：1

3. 陶鬲口沿 2019ALDET6③b：1

4. 陶鬲口沿 2019ALDET6③c：3

5. 陶鬲口沿 2019ALDET8③a：2

6. 陶鬲口沿 2019ALDET8③a：4

1. 陶鬲口沿 2019ALDET8③a：6

2. 陶鬲口沿 2019ALDET8③c：4

3. 陶鬲口沿 2019ALDET9③b：4

4. 陶鬲口沿 2019ALDET9③c：1

5. 陶鬲口沿 2019ALDET9③c：4

6. 陶鬲口沿 2019ALDET9③c：6

东墩出土陶鬲口沿（五）

1. 陶鬲口沿 2019ALDET10②：4

2. 陶鬲口沿 2019ALDET10③a：3

3. 陶鬲口沿 2019ALDET10③c：9

4. 陶鬲口沿 2019ALDET10②：2

5. 陶鬲口沿 2019ALDET9③c：7

6. 陶鬲口沿 2019ALDET9③c：8

东墩出土陶鬲口沿（六）

1. 鬲足 2019ALDEG5：8

2. 鬲足 2019ALDEG5：9

3. 鬲足 2019ALDEG5：10

4. 鬲足 2019ALDEG5：12

5. 鬲足 2019ALDEG5：13

6. 鬲足 2019ALDEG5：14

东墩出土鬲足（一）

1. 鬲足 2019ALDEG5：18

2. 鬲足 2019ALDEG5：19

3. 鬲足 2019ALDEH11：1

4. 鬲足 2019ALDEH15：1

5. 鬲足 2019ALDEH11：3

6. 鬲足 2019ALDEH11：2

东墩出土鬲足（二）

1. 鬲足 2019ALDEH15：2

2. 鬲足 2019ALDEH21：2

3. 鬲足 2019ALDEH39：3

4. 鬲足 2019ALDEH39：4

5. 鬲足 2019ALDEH45：4

6. 鬲足 2019ALDET2③a：1

东墩出土鬲足（三）

1. 鬲足 2019ALDET3③b：3

2. 鬲足 2019ALDET3③d：3

3. 鬲足 2019ALDET3③f：3

4. 鬲足 2019ALDET5③c：3

5. 鬲足 2019ALDET5③b：3

6. 鬲足 2019ALDET5③c：4

东墩出土鬲足（四）

1. 鬲足 2019ALDET5③e：1

2. 鬲足 2019ALDET6②：1

3. 鬲足 2019ALDET6②：3

4. 鬲足 2019ALDET6③a：2

5. 鬲足 2019ALDET6③a：3

6. 鬲足 2019ALDET6③b：2

东墩出土鬲足（五）

1. 鬲足 2019ALDET8③a：7

2. 鬲足 2019ALDET8③b：1

3. 鬲足 2019ALDET8③c：3

4. 鬲足 2019ALDET9③b：3

5. 鬲足 2019ALDET9③b：5

6. 鬲足 2019ALDET9③c：2

东墩出土鬲足（六）

1. 鬲足 2019ALDET9③c：5

2. 鬲足 2019ALDET9③d：1

3. 鬲足 2019ALDET10②：1

4. 鬲足 2019ALDET10②：3

5. 鬲足 2019ALDET10③a：4

6. 鬲足 2019ALDET10③b：1

东墩出土鬲足（七）

1. 陶罐口沿 2019ALDEG5：6

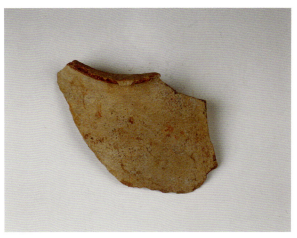

2. 陶罐口沿 2019ALDEH39：1

3. 陶罐口沿 2019ALDET3③f：1

4. 陶罐口沿 2019ALDET10③b：2

5. 陶罐底部 2019ALDET2③a：5

6. 陶簋 2019ALDET3③d：5

东墩出土陶罐口沿、陶簋

1. 陶豆 2019ALDET5③d：1

2. 陶豆 2019ALDET3③d：7

3. 陶豆 2019ALDET3③d：6

4. 陶豆 2019ALDET8③a：3

5. 陶甑 2019ALDET6③c：1

6. 陶瓮 2019ALDET10③b：3

东墩出土陶豆、陶甑、陶瓮

1. 陶钵 2019ALDET6③c：5

2. 陶钵 2019ALDET10扩③a：1

3. 陶盉 2019ALDEG5：1

4. 系耳 2019ALDEG5：4

5. 系耳 2019ALDEG5：5

6. 系耳 2019ALDET6③b：3

东墩出土陶钵、陶盉、系耳

1. 器腹 2019ALDEG5：15

2. 器腹 2019ALDEG5：17

3. 器腹 2019ALDET8③a：1

4. 器腹 2019ALDET3③c：2

5. 器腹 2019ALDET5③c：5

6. 器腹 2019ALDEH45：1

东墩出土器腹（一）

1. 器腹 2019ALDET8③a：5

2. 器腹 2019ALDET8③b：2

3. 器腹 2019ALDET8③b：3

4. 器腹 2019ALDET8③c：1

5. 器腹 2019ALDET8③c：2

6. 器腹 2019ALDET9③b：1

东墩出土器腹（二）

1. 器腹 2019ALDET9③b：2

2. 器腹 2019ALDET9③c：3

3. 器底 2019ALDEG5：2

4. 器底 2019ALDEG5：3

5. 器底 2019ALDEG5：16

6. 器底 2019ALDEH22：2

东墩出土器腹、器底

1. 器底 2019ALDEH45：5

2. 器底 2019ALDEH62：1

3. 器底 2019ALDET3③d：1

4. 器底 2019ALDET3③f：2

5. 陶纺轮 2019ALDET6③d：2

6. 瓷罐 2019ALDET9③c：11

东墩出土器底、陶纺轮、瓷罐

1. 铜镞 2019ALDET7③b：1

2. 石镞 2019ALDET8③a：8

3. 石锛 2019ALDEH22：1

4. 石锛 2019ALDET6③b：4

5. 石钺 2019ALDET6③b：5

6. 磨石 2019ALDET9③c：10

东墩出土铜器、石器